Serie: Refutation des «Idées Salafies» No: 1
Tazkiyat al-Nafs /Tassawwouf, Ihsan

La Science De La Purification Du Cœur

Et l'État d'Excellence

Cheikh Mouhammad Hisham Kabbani

Publié par
Le Conseil Suprême Islamique des Etats Unis de l'Amerique

© Cheikh Mouhammad Hicham Kabbani, 2006

Aucune partie de ce livre ne peut être reproduite ou utilisée sous aucunes forme ou par quelque procédé que se soit, électronique ou mécanique, y compris des photocopies et des rapports ou par aucun moyen de mise en mémoire d'information et de système de récupération sans la permission écrite de l'auteur:

Cheikh Mouhammad Hicham Kabbani,
Le Conseil Suprême Islamique de l'Amerique
Islamic Supreme Council of America

17195 Silver Parkway # 401
Fenton, MI 48430
Etats Unis d'Amerique (USA)
Tel.: (810) 593-1222
Fax: (810) 222-2885

Email: staff@islamicsupremecouncil.org
www: http://www.islamicsupremecouncil.org

imprimé en Amerique par Lightning Source Inc.,
www.lightningsource.com

ISBN 1-930409-40-0

TABLE DES MATIÈRES

Une Note des Traducteurs vii
A Propos de l'Auteur viii
Introduction 11
I - Qu'est-ce le Tassawwouf ? 16

Définition, terminologie et aspect historique 16
  1. Le *Tassawwouf* (la purification du soi) parmi les *Salaf*... 16
  2. Le Chemin (*Tariqa*) 19
  3. Jihad et Soufis *Moujahiddin* 23
    3.1. La mauvaise compréhension des temps modernes. 26
    3.2. La nécessité du développement des sciences Islamiques après le temps du Prophète 31
    3.3. Les racines linguistiques du mot *Tassawwouf* 33
    3.4. La suprématie du cœur sur tous les autres organes 34

II - Les Preuves dans le Coran 41
  1. Allah Décrit *Tazkiyat Al-Nafs* Comme un Devoir du Prophète 41
  2. Allah ordonne aux croyants de chercher un moyen d'approche à Lui et d'accompagner les *Sadiqin*. 42
  Il promet de guider les *Mouhsinin* 42
  3. Allah décrit quelqu'un qui a directement appris de Lui: Al-Khidr 43
  4. La supériorité de l'Amour dans l'adoration 44
  5. D'autres versets et commentaires sur *Tazkiyat Al-Nafs* 49
  6. Des versets au sujet du caractère parfait, *Ihsan* 50

III - Les preuves à partir des hadiths 54
  1. *Oumm al-ahadith*: le hadith de Jibril 55

2. La troisième composante de la religion de l'Islam: La perfection du caractère (*Ihsan*) 57
3. Le commentaire de l'Imam Nawawi sur le hadith de Jibril 60
   3.1. Parle moi au sujet de l'*Iman* (la foi) 60
   3.2. Et de croire en ce qui a été décrété (*qadar*), le bien et le mal 62
   3.3. Informe-moi au sujet de l'*ihsan* (l'excellence). 66
   3.4. Il te voit certainement 67
   3.5. Informe-moi au sujet de l'Heure. 67
   3.6. Informe-moi au sujet de ses signes 68
   3.7. Tu verras les va-nu-pieds, les déguenillés, les pasteurs miséreux rivalisant les uns les autres dans la construction de grands édifices 68
   3.8. Et il (le Prophète ﷺ) attendit [*labitha*] longtemps. 69
   3.9. C'était Gabriel. Il était venu vous enseigner les prescriptions de votre religion. 70
4. L'école de la perfection du caractère (*Ihsan*) et de la purification du soi (*Tazkiya*) 72
5. La relation entre la Loi (*Chari'a*) et la Réalité (*Haqiqa*)... 72
6. Le grand *jihad*: Le *jihad* Contre l'ego (*jihad Al-Nafs*) 75
   6.1. Hadith sur le *jihad* contre L'ego 78

IV - Dires et écrits des Imams et savants au sujet de la purification du soi (Tassawwouf) 82
   1. Al-Hassan al-Basri (D. 110 AH) 82
   2. Imam Abou Hanifa (D.150 AH) 85
   3. Soufyan al-Thawri (D.161 AH) 85
   4. Imam Malik (D. 179 AH) 86
   5. Imam Chafi'i (D.204 AH) 89
   6. Imam Ahmad bin Hanbal (D.241 AH) 90

7. L'Imam al-Harith al-Mouhassibi (D.243 AH)................ 91
　7.1. Le respect de l'Imam Ahmad envers Al-Mouhassibi
　... 100
　7.2. Les maîtres soufis de hadith de Dhahabi................ 108
8. Qassim ibn 'Outhman al-Jou'i (D.248 AH) 121
9. L'Imam al-Jounayd al-Baghdadi (D.297 AH) 123
10. Hakim al-Tirmidhi (D.320 AH) 123
11. L'imam Abou Mansour 'Abd al-Qahir al-Baghdadi
(D.429 AH) 134
12. L'Imam Abou al-Qassim al-Qouchayri (D.465 AH) .. 136
13. Cheikh Abou Ismai'il 'Abd Allah al-Harawi al-Ansari
(D.481 AH) 144
14. Imam Ghazali (D.505 AH) 146
　14.1. Ceux qui qttaquent l'Imam Ghazali 152
　14.2. La validité des hadiths faibles 159
15. Abou al-Wafa' Ibn 'Aqil al-Hanbali (D.513 AH) 166
16. Cheikh 'Abd al-Qadir al-Gilani (D.561 AH) 167
17. Ibn al-Jawzi (D.597) 173
18. Imam Fakr al-Din Razi (D.606 AH).............................. 177
19. Abou al-Hassan al-Chadhili (D.656 AH)..................... 178
20. Al-'Izz ibn 'Abd al-Salam al-Soulami (D.660 AH)..... 178
21. Imam Nawawi (D.676 AH) 185
22. Al-'Izz b. 'Abd al-Salam b. Ahmad b. 'Anim al-
Maqdissi (D.678 AH)... 190
23. Ibn Taymiyya (D.728 AH) 191
　23.1. Ibn Taymiyya au sujet de *fana'* et *chatahat* 205
　23.2. Le débat entre Ibn Ata Allah al-Iskandari et Ibn
　Taymiyya 208
　23.3. Texte du débat.. 209
24. Taj al-Din al-Soubki (D.771 AH).................................. 225
25. Imam Abou Ishaq al-Chatibi al-Maliki (D.790 AH)... 226

26. Ibn Khaldoun (D.808 AH) 227
27. Imam al-Sakhawi (D.902 AH) 228
28. Jalal Al-Din al-Souyouti (D.911 AH) 233
29. Zakariyya ibn Mouhammad Ansari (D.926 AH) 234
30. Ibn Hajar al-Haytami (D.974 AH) 235
31. ʿAbd al-Wahhab al-Chaʿrani (D.973 AH) 245
32. Moulla ʿAli al-Qari (D. 1014 AH) 247
33. Ibn ʿAbidin al-Hanafi (D.1252 AH) 250
34. Abou al-ʿAla' al-Mawdoudi (D.1399) 252

V - Pour en savoir plus sur l'histoire et le sens du tassawwouf 254
  1. Réfutation d'arguments peu convaincants contre le *tassawwouf* 270
    Questions et Réponses 270

Glossaire 288

UNE NOTE DES TRADUCTEURS

Traduit de l'anglais avec la permission de Cheikh Hicham Kabbani par Diomandé Vakoua.

Toute erreur de traduction de l'anglais au français n'incombe nullement à l'auteur sauf au traducteur.

Nous remercions infiniment notre Cheikh, Mawlana Cheikh Mouhammad Hicham Kabbani de nous avoir permis de mettre à la disposition du public d'expression française, ce livre qui traite de l'un des plus importants aspects de notre religion, la Science de la Purification du Cœur connue sous le nom de *tazkyatoul Nafs* ou encore appelée *Tassawwouf*. Dans ce livre, nous découvrons que le Prophète ﷺ a pratiqué et enseigné le *Tassawwouf* à ses illustres Compagnons. Ensuite les générations qui les ont suivi, en passant par les Imams fondateurs des quatre Ecoles Juridiques, les Imams des Traditions Prophétiques ainsi que ceux des générations qui apparurent plus tard, tous, ont étudié et pratiqué la science de la purification du cœur qui mène à la félicité. Elle est l'essence même de l'Islam. Malheureusement aujourd'hui, cette science est mal connue de la nouvelle génération de Musulmans, et Mawlana Cheikh Hicham Mouhammad Kabbani a bien résumé cela en ces termes: «**Du temps du Prophète ﷺ, le *Tassawwouf* était une réalité sans nom, aujourd'hui elle existe sous un nom, mais peu sont ceux qui connaissent ses réalités**».

A Propos de l'Auteur

Cheikh Mouhammad Hicham Kabbani est un auteur mondialement connu et un savant religieux. Il a consacré sa vie à la promotion des principes traditionnels de l'Islam qui sont la paix, la tolérance, l'amour, la compassion et la fraternité tout en s'opposant à l'extrémisme sous toutes ses formes. Le cheikh est issu d'une lignée, très respectée, de savants de l'Islam traditionnel tels que l'ancien directeur de l'Association des Savants Musulmans du Liban et l'actuel Grand Moufti[1] du Liban.

Aux États-Unis, Cheikh Kabbani dirige le *Islamic Supreme Council of America*. Il est également le fondateur de l'Ordre Soufi Naqchbandi en Amérique; conseiller de l'Organisation mondiale pour le développement des Ressources et de l'Éducation; directeur de *As-Sunnah Foundation of America*; directeur de *Kamilat*, une organisation de femmes musulmanes; fondateur et président d'une revue musulmane, *The Muslim Magazine*.

Cheikh Kabbani a reçu une formation hors du commun, que ce soit dans les sciences ou dans la doctrine islamique. Il est diplômé en chimie et a fait des études de médecine. Il possède également un diplôme dans la Loi Musulmane et sous l'autorité de Cheikh ʿAbd Allah Daghestani, il a la permission d'enseigner, de guider et conseiller les étudiants intéressés par la spiritualité musulmane en puisant dans les enseignements de Cheikh

---

[1] La plus grande autorité religieuse du pays.

A Propos de l'Auteur

Mouhammad Nazim ʿAdil al-Qoubrousi al-Haqqani an-Naqshbandi, le maître de l'Ordre Soufi Naqshbandi-Haqqani.

Il est l'auteur des ouvrages suivants: Il est l'auteur des ouvrages suivants: *Les Perles et le Corail* (2006); *La Science Soufie de l'Accomplissement de Soi* (2006), *L'Islam Classique et l'Ordre Soufie Naqchbandi* (2004), *Les clefs au Royaume Divin* (2004), *L'approche d'Armageddon: une Perspective Islamique* (2003), *L'encyclopédie de la Doctrine Islamique* (en 7 volumes, 1998), *L'encyclopédie des Femmes Compagnons de Mohamed et les Traditions qu'elles ont Rapportées* (1998, avec Dr. L. Bakhtiar), *Les Anges Dévoilés* (1996), *La Voie Soufie Naqchbandi* (1995), *Le Rappel de Dieu; Liturgie des Maîtres Soufis Naqchbandi* (1994).

En plus de promouvoir sans relâche une meilleure compréhension de l'Islam traditionnel, Cheikh Kabbani a organisé deux conférences internationales aux États-Unis qui ont réuni tous les savants du monde musulman. En tant que porte-parole de l'Islam traditionnel, il est sollicité par les journalistes, les intellectuels et les chefs de gouvernements pour donner des conseils.

Symbole Universel

Le symbole arabe suivant est sacré et est reconnu par tous les Musulmans:

Le symbole ﷺ signifie *sall-Allahou 'alayhi wa sallam* (bénédictions et la paix de Dieu sur le Prophète), une louange d'usage qui est récitée après avoir lu ou prononcé le saint nom du Prophète Mouhammad ﷺ.

Le symbole ؑ signifie *alayhi 's-salam* (la paix soit sur lui/elle), une louange d'usage qui est récitée après avoir lu ou prononcé le nom béni des prophètes, les membres de la famille du Prophète Mouhammad ﷺ et les anges.

INTRODUCTION

Que signifie la purification du soi (*tazkiyat al-nafs*)? Quelles sont les preuves à partir du Coran et du hadith au sujet de la purification du soi? Il est bien connu que ce sont les leaders spirituels Soufis qui propagèrent l'Islam dans le sous-continent Indien, au centre et au Sud-est de l'Asie, du Nord au Sud de l'Afrique, aussi bien que dans des parties de la Russie, en Europe et aujourd'hui en Amérique. Quelle est l'origine des Soufis? Quand est-ce qu'ils furent leur première apparition? Quelle fut la position des Compagnons, des écoles de lois Islamiques et les savants de la Communauté (*Oumma*) vis-à-vis de la purification du soi? Ce volume est dévoué aux principes de la purification du soi (*tazkiyat al-nafs*) et la méthode des gens de la purification du soi qui ont beaucoup accompli.

Aujourd'hui, l'Islam est enseigné par des gens qui ne prennent pas soin de le pratiquer dans sa pureté ou de se purifier eux-mêmes dans sa pratique. Ceci fut décrit dans plusieurs hadiths qui disent: «Ils ordonneront aux autres et ne ferons pas attention à leur propre avertissement, et ils sont le pire des gens.»[2] Similairement, le Prophète ﷺ dit: «Je ne crains pas l'antéchrist seulement pour vous.» Ils lui interrogèrent: «De qui d'autre crains-tu alors?» Il dit: «Le

---

[2] Transmit sur l'autorité de ʿOumar, ʿAli, Ibn ʿAbbas, et autres. Recits rassemblés par Abou Talib al-Makki dans le chapître intitulé « La différence entre les savants du monde et ceux de l'au-delà » dans son *Qout al-qouloub fi mouʿamalat al-mahboub* (Le Caire: Matbaʿat al maymouniyya, 1310/1893) 1:140-141.

savant malavisé.» Le Prophète ﷺ dit aussi: «Ce que je crains le plus pour ma nation est un hypocrite qui a une langue de savant.»³

Telle ne fut pas la voie des Compagnons y compris les Compagnons du Banc, *Ahl al-Souffa* au sujet desquels le verset suivant fut révélé:

> *Résigne-toi à la compagnie de ceux qui évoquent leur Seigneur au début du jour et à sa fin dans l'espoir de (voir un jour) Son visage. Et ne laisse pas tes yeux se détourner d'eux, désirant le luxe de ce bas monde; et n'obéis pas à celui dont nous avons rendu le cœur inattentif à Notre Rappel, qui poursuit sa passion et dont le comportement est outrancier. (18:28)*

Ceci ne fut pas non plus la voie d'Abou Bakr al-Siddiq, au sujet duquel Bakr ibn 'Abd Allah dit: «Abou Bakr n'a de préséance sur vous non pas parce qu'il prie et jeûne beaucoup, mais à cause d'un secret qui a pris racine dans son cœur.»⁴ Ceci ne fut non plus la voie des Tabi'in tels que Hassan al-Basri, Soufyan al-Thawri et autres de la génération de soufis qui les ont suivi et prirent pour model. Al Qouchayri rapporte que al-Jounayd dit: «La purification de soi (*tassawwouf*) n'est pas l'abondance de prière et de jeûne,

---

³ Rapporté par Ahmad dans son *Mousnad* avec une bonne chaîne.
⁴ Transmit par Ahmad avec une chaîne valable dans *Kitab fada'il al-Sahaba*, ed. Wasi Allah ibn Mouhammad 'Abbas (Mecca: Mou'assasat al-risala, 1983) 1:141 (#118).

mais le vide de la poitrine et ne pas être sous l'emprise de son soi.»[5]

Ceci ne fut pas non plus la voie des Quatre Imams qui placèrent l'ascétisme (*zouhd*) et l'acquisition de la vraie peur d'Allah (*wara*) au-dessus de la simple pratique des obligations, tel l'Imam Ahmad qui composa deux livres avec ces deux qualités comme titres respectifs. Celui-ci plaça la connaissance des saints au-dessus de celle des savants, comme cela est montré par le rapport suivant de son élève Abou Bakr al-Marwazi:

> J'entendis Fath ibn Abi al-Fath dire à Abou 'Abd Allah (l'Imam Ahmad) durant sa dernière maladie: «Invoque Allah pour nous afin qu'Il nous donne un bon successeur (khalifa) pour te succéder.» Il continua: «Qui devrons-nous consulter en matière de connaissance après toi?» Ahmad repondit: «consultez 'Abd al-Wahhab.» Quelqu'un qui était présent dit: «Mais il n'a pas assez de connaissance» Abou 'Abd Allah répliqua: « C'est un saint (*innahou rajouloun salih*), et ainsi il lui est accordé de dire vrai.»[6]

Dans une célèbre *fatwa* citée dans les lignes à suivre, le savant Chafi'i al-'Izz ibn 'Abd al-Salam donne la même priorité au mystique ou connaisseur d'Allah (*arifin*) au-dessus des juristes. La même articulation est placée sur la

---

[5] Al-Qoushayri, *Risalat kitab al-sama'* dans *al-Rasa'il al-qoushayriyya* (Sidon et Béirut: al-maktaba al-'asriyya, 1970) p. 60.
[6] Ahmad, *Kitab al-wara'* (Béirout: Dar al-kitab al-'arabi, 1409/1988) p10.

perfection interne par l'Imam Malik dans sa déclaration: «La Religion ne consiste pas en la connaissance de plusieurs narrations, mais en la lumière qu'Allah place dans la poitrine.» Et Ibn 'Ata Allah cita Ibn 'Arabi disant: «La Certitude (*al-yaqin*) ne dérive pas des évidences de la raison mais sort des profondeurs du cœur.»

Ceci est la raison pour laquelle plusieurs Imans mirent en garde contre la pure et simple soif du savoir au dépend de l'asservissement de l'ego. L'Imam Ghazali abandonna les arènes du savoir au milieu d'une prestigieuse carrière en vue de se consacrer à la purification du soi. C'est à l'issue de cette période qu'il rédigea son chef-d'œuvre *Ihya' 'Ouloum al-din* dans lequel il lance un avertissement à tous ceux qui réduisent la religion en l'étude pure et simple de la jurisprudence.

Le même avertissement fut lancé par l'un des plus grands *houffaz* ou maîtres de hadith de son temps et par l'un des premiers soufis, Soufyan al-Thawri (d.161), à tous ceux qui prennent la narration de hadith pour la religion, lorsqu'il dit: «Si le hadith était avantageux il aurait disparu de même que toutes les bonnes choses ont disparu…Poursuivre l'étude du hadith ne fait pas partie de la préparation à la mort, mais c'est une maladie qui préoccupe les gens.»

Dhahabi cite cette narration et commente:

> Par Allah, il a dit la vérité… Aujourd'hui, la recherche du savoir et du hadith ne signifie plus pour les savants l'obligation de s'y conformer, ce qui est le but du hadith. Il a raison en ce qu'il dit parce que poursuivre

l'étude du hadith est autre que le hadith lui-même.⁷

C'est pour le «hadith en soi», dans le but de vivre en conformité avec la *sounna* du Prophète ﷺ qui est synonyme de vivre en conformité avec le saint Coran – selon le hadith bien connu de ʿAïcha concernant le caractère du Prophète ﷺ – que les grands maîtres de la purification du soi renoncèrent à la simple poursuite de la science en tant que séduction mondaine, et préférèrent l'acquisition de l'*ihsan* ou le caractère parfait. Un exemple est Abou Nasr Bishr al-Hafi (d.227), qui considéra l'étude du hadith comme une science hypothétique en comparaison à la certitude qu'il acquit par la fréquentation de Foudayl ibn ʿIyad (d.187).⁸ Ainsi, les deux, l'*ihsan* et le processus qui y conduit sont connus sous le nom de *tassawwouf,* comme les pages suivantes le démontrent.

---

⁷ Dadhhabi ainsi cité dans Sakhawi, *al-jawahir wa al-dourar fi tarjamat cheick al-islam* (al-ʿasqalani), ed. Hamid ʿAbd al-Majid et Taha al-zayni (Le Caire: *wizarat al-awqaf, al-majlis al-aʿla li al-shouʿoun al-islamiyya, lajnah ihyaʿ al-tourath al-islami,* 1986) p. 21-22.

⁸ Voir Ibn Saʿd, *Tabaqat* (ed. Sachau) 7(2):83; al-ʿArousi, *Nataʿij al-afkar al-qoudsiyya* (Boulaq, 1920/1873; et ʿAbd al-Wahhab al-Shaʿrani, *al-Tabaqat al-koubra* 1:57.

I - Qu'est-ce le Tassawwouf ?

Définition, terminologie et aspect historique

1. Le *Tassawwouf* (la purification du soi) parmi les *Salaf*

Comme il est défini clairement dans le hadith rapporté par Sayyidina 'Oumar au sujet de la rencontre de l'ange Gabriel avec le Prophète ﷺ[9], appartenir à *Ahl al-Sounna wa Jama'a* ne se limite pas seulement aux règles de la foi. Ce parcours entraîne l'adoption de principes qui conduisent à l'état d'*ihsan* ou la perfection de la croyance et de la pratique. Partant de là, le Groupe Sauvé suit l'une des plusieurs écoles de *soulouk (éthique personnelle)* en conformité avec les principes de la Chari'a et le *'aza'im* (les strictes applications) de la *sounna*, ou les modes de conduite de la complète détermination de l'un à plaire à son créateur selon le model du Prophète ﷺ. Ces écoles sont collectivement connues comme la science de *tassawwouf* ou la purification du soi.

Au cours du premier siècle de l'Hégire, la renonciation à ce bas monde (*zouhd*) se développa comme une réaction à la vie mondaine de la société. Cette réaction prit ses racines dans l'ordre d'Allah à Son Vertueux Apôtre de purifier l'humanité:

---

[9] Rapporté dans Boukhari et Muslim à travers plusieurs chaines. Nawawi l'inclut dans sa collection de quarante hadiths (#2).

DÉFINITION, TERMINOLOGIE ET ASPECT HISTORIQUE

«Un Messager ... pour leur réciter Tes versets, leur enseigner le Livre et la Sagesse, et les purifier» (2:129);

«Nous avons envoyé parmi vous un Messager de chez vous qui vous récite Nos versets, vous purifie, vous enseigne le Livre et la Sagesse » (2:151);

«Allah a certainement fait une immense faveur aux croyants lorsqu'Il a envoyé chez eux un Messager de parmi eux-mêmes, qui leur récite Ses verstes, les purifie et leur enseigne le Livre et la Sagesse» (3:164);

«Purifie les et bénis les, et prie pour eux. Certainement ta prière est une quiétude pour eux.» (9:103);

«C'est Lui qui a envoyé... un Messager des leurs qui leur récite Ses versets, les purifie et leur enseigne le Livre et la Sagesse» (62:2).

Les adeptes de cette voie s'attachèrent fermement au mode de vie Prophétique comme cela fut reproduit dans la vie de ses compagnons et de leurs successeurs, dans les voies qu'ils employèrent pour purifier leurs cœurs et leurs caractères des mœurs blâmables et de s'inculquer ainsi qu'à ceux qui furent autour d'eux les mœurs et la stature morale de la meilleure créature de toute l'humanité, le Prophète Mouhammad, la paix et la bénédiction d'Allah sur lui. Les exemples de ces homme-écoles de purification sont ceux cités par Abou Nou'aym et autres comme «Les Huit

Ascétiques»: Amir ibn 'Abd Qays, Abou Mouslim al-Khawlani, Ouways al-Qarani, al-Rabi' Ibn Khouthaym, al-Aswad ibn Yazid, Masrouq, Soufyan al-Thawri, Hassan al-Basri, parmi tant d'autres.

Le pouvoir de tels saints et leurs bénéfices aux gens fut attesté par le Prophète ﷺ lui-même, comme cela est témoigné par les nombreux hadiths rapportés au sujet d'Ouways al-Qarani[10]. L'Imam Ahmad en cite dans son livre *al-Zouhd*. Dans le récit suivant, le Prophète ﷺ ordonne aux gens, de solliciter auprès d'Ouways s'ils le rencontrent, le pardon (d'Allah) et déclare que l'intercession d'Ouways fera rentrer un nombre important de gens au Paradis:

> Le Prophète ﷺ dit: «Ouways ibn 'Amir poindra sur vous avec l'assistance des gens du Yémen de la tribu de Mourad et Qaran. Il était lépreux et fut guéri à peine. Il a une mère dont il respecte scrupuleusement les droits. S'il fait un vœu à Allah, Allah l'accomplira. Si vous pouvez lui faire demander le pardon pour vous, faites-le.
>
> Beaucoup de gens, plus que les habitants des tributs de Rabi' et Moudar entrerons au Paradis à travers l'intercession d'un certain homme de ma communauté.» Al-Hassan al-Basri dit: «C'est Ouways al-Qarani.»[11]

---

[10] L'Imam Ahmad en cite dans son livre *al-Zouhd*.
[11] Ahmad, *al-Zouhd* (Beirout: dar al-koutoub al-'ilmiyya, 1414/1993) p.414,416.

A travers une graduelle évolution et comme une réaction contre l'emprise grandissante de l'appétit de la vie d'ici-bas sur l'environnement social, les Musulmans se ruèrent vers ces saints et leurs disciples jusqu'à ce que leur régiment s'acheva en école de pensée pratique et d'action morale dotée de sa propre structure de règles et de principe. Ceci devint la base utilisée par les maîtres Soufis à guider les gens sur le droit chemin. Par conséquent, le monde fut témoin du développement d'une variété d'école de purification du soi (*tazkiyat an-nafs*). La pensée Soufi, comme elle se répandit partout, servit de force dynamique dans la croissance et l'établissement de l'éducation Islamique. Cette spectaculaire avancée s'étendit à partir du premier siècle de l'Hégire, en parallèle avec les développements suivants:

- Le développement des bases du *fiqh* (Loi et Jurisprudence), à travers les Quatre Imams;
- Le développement des bases de l'*aqida* (doctrine) à travers al-Ach'ari et autres;
- Le développement de la science du *hadith* (Les dires du Prophète ﷺ), qui déboucha en six principales collections et d'innombrables autres;
- Le développement des arts de *nahw* et *balagha* (La rhétorique et la grammaire Arabe).

2. Le Chemin (*Tariqa*)

Tariqa ou «chemin» est un terme dérivé du verset Coranique suivant:

> *« Et s'ils s'étaient maintenus dans la bonne voie (tariqa), Nous les aurions abreuvés, certes, d'une eau limpide (ou abondante) »* (72:16).

Le sens de « voie » mentionné dans le verset ci-dessus est expliqué par le hadith du Prophète ﷺ relaté par Boukhari et Mouslim, ordonnant les musulmans à suivre sa *Sounna* et la *Sounna* des ses successeurs. Comme tariqa dans le verset, le sens de *Sounna* dans le hadith est « chemin » et « voie ». Ainsi *tariqa* devint un terme appliqué aux groupes de gens appartenant à l'école de pensée exercé par un maître ou « Cheikh » comme une telle personne fut souvent appelée.

Quoique ces cheikhs appliquaient différentes méthodes dans l'enseignement de leurs disciples, le noyau de chaque discipline était identique. La situation n'était pas différente de ce que nous avons aujourd'hui dans les facultés de médecine ou de droit. L'approche en différente facultés peut varier, mais le corps en droit, l'état d'art en médecine, reste essentiellement le même en tout lieu. Les étudiants diplômés de ces facultés portent chacun la marque de leur branche. Néanmoins, aucun n'est considéré inférieur à l'autre parce qu'il est le produit d'une faculté ou d'une autre; l'avocat n'est pas considéré supérieur au docteur ni le docteur non plus à l'avocat.

Similairement, le disciple, produit d'un Cheikh quelconque portera le cachet de l'enseignement de ce cheikh. En conséquence, les noms donnés aux différentes écoles Soufies diffèrent selon le nom et les perspectives de leurs fondateurs. Cette variation se manifeste en elle même dans une plus concrète méthode dans les dévotions surérogatoires connues sous l'appellation de *awrad, ahzab ou adhkar*, utilisés comme la méthodologie pratique de la formation spirituelle. Ces différences cependant n'affectent pas les principes religieux. Dans les principes de bases, les écoles Soufies sont essentiellement les mêmes, juste comme les différences parmi les *madhahib* ou écoles de lois sont basées sur les méthodes et non sur l'essence de la religion, qui est uniforme.

Le régiment Soufi sous lequel chaque individu entreprit le chemin à Allah était un itinéraire finement aiguisé qui institua les disciplines du progrès externe et interne dans la foi et la pratique religieuse. Suivant la pratique des Compagnons du Prophète ﷺ qui fréquentaient régulièrement le groupe nommé *Ahl al-Souffa* («Les Gens du Banc»), les pratiquants de ce régiment menèrent une vie communautaire. Leurs habitations étaient les mosquées-écoles *(zawiya)*, les forts frontaliers *(ribat)*, et des maisons de hôtes *(khaniqa)* où ils se réunissaient régulièrement et en des occasions dédiées aux fêtes traditionnelles du calendrier musulman *('id)*.

Ces structures avaient des institutions éducationnelles, par exemple les deux forts frontaliers *(ribat)* fondées par le savant Soufi 'Abd Allah Ibn al-Moubarak à Merv, qui fonctionnèrent longtemps, et la *Khaniqa baybarsiya* du Caire, une autre école Soufie où le grand savant de hadith Ibn Hajar al-Asqalani fut recteur et maître de conférence pendant les quarante dernières années de sa vie, en assumant en même temps la fonction de juge principal en Syrie et en l'Egypte.

Les Soufis se réunissent également en associations informelle appelée *souhba* autour du Cheikh pour acquérir la connaissance, et en assemblée pour invoquer les noms d'Allah et de réciter les *adhkar* (pluriel de *dhikr*, «le souvenir de Dieu») hérités de la Tradition Prophétique. Encore, une autre raison de leur regroupement était d'écouter les prêches inspirées et les exhortations morales *(wi'az)*. Les cheikhs Soufis enseignèrent à leurs disciples de répondre activement à l'appel d'Allah et de Son Messager, de purifier leur cœur et leur âme de tous bas désirs incités par le «moi», de corriger toutes croyances erronées et de parfaire leur croyance en l'unicité d'Allah. Ces disciples furent enseignés à être honnête, loyal, digne de foi, patient dans la crainte d'Allah, à aimer son prochain, à ne dépendre que d'Allah et à s'en remettre à Lui tout au long de leur vie, et les autres moralités enseignées par l'Islam. Tout ceci fut accompli en s'attachant à la *Sounna* Prophétique. Les méthodes de souvenir d'Allah qu'ils inculquaient en leurs disciples furent les mêmes méthodes enseignées par le Prophète ﷺ. De cette manière, ils propagèrent le caractère exemplaire du Prophète ﷺ en parole et en action, pendant qu'ils encouragèrent les croyants à se consacrer à Allah de tout cœur. Le but de leur effort ne fut rien d'autre que d'obtenir la satisfaction d'Allah et d'inspirer en eux l'amour pour Son Prophète ﷺ. En d'autres termes, ce qu'ils visaient était un état où Allah serait content d'eux comme ils l'étaient avec Lui.

Ces cheikhs par conséquent furent des flambeaux qui dissipèrent les ténèbres de la voie du croyant aussi bien qu'ils illuminèrent les voies sur lesquelles la *Oumma* pourrait bâtir la fondation d'une société idéale. Cet idéal ici était l'esprit de sacrifice et de dévouement qui caractérisait tout leur effort. Ces valeurs, imprégnaient l'entière fabrique sociale de l'Islam. Les couvents ou maisons des hôtes (*khaniqa*), étaient établis dans les voisinages des pauvres et des économiquement désavantageux offrant gratuitement nourriture et hospitalité. Ce fut aussi un lieu et un moyen de communion entre le pauvre et le riche, entre le blanc et le noir, entre l'arabe et non arabe conformément au dire du Prophète ﷺ: «Il n'y a pas de différence entre un arabe et non arabe sauf dans les vertus.» Ces couvents furent des lieux de rencontre de toutes les races et de toutes les nationalités et des remèdes pour plusieurs maux sociaux.

Grâce à ces enseignements et cette formation, les disciples des cheikhs Soufis sortis de ces écoles étaient pleinement capables de supporter les fardeaux et les torts de leurs contemporains dans leur effort pour illuminer le chemin de la Vérité. En outre, à travers leur formation et discipline de soi, ils avaient développé la manifeste et très ferme volonté d'agir. Ces véritables sincères savants et maîtres de *tariqa* ne négligèrent aucun effort dans la conduite de leur *jihad*, un mot qui signifie à la fois la lutte physique contre les non-croyants et la lutte spirituelle contre les attraits invisibles qui piègent l'âme.

3. Jihad et Soufis *Moujahiddin*

Les livres d'histoires abondent de noms de Soufis *moujahidin* (Les Gens qui Combattent) et de *chouhada* (Martyres) qui ont consacré leur vie en confrontant les ennemis de la foi et en appelant l'humanité à la présence divine d'Allah, de même qu'en rappelant ceux qui ont dévié de la vraie voie et de la *Sounna* du Prophète ﷺ. Ils accomplirent ceci avec sagesse, et ils furent efficaces. Leurs noms et leurs récits sont trop nombreux pour être énuméré dans l'espace d'un livre, même si cela devrait couvrir plusieurs centaines de volumes. Il est suffisant de mentionner quelques exemples de l'histoire moderne comme cité par l'auteur de *The Reliance of the Traveller* (*'Oumdat al-Salik*) :

> Parmi les Sufis qui aidèrent l'Islam avec le sabre aussi bien que la plume, selon B.G. Martin dans *Muslim Brotherhoods in Nineteenth Century Africa* (Les Confrèreries Musulmanes dans l'Afrique du 19èm siècle), sont des hommes tels que le cheikh Naqchbandi Chamil Daghestani, qui mena une guerre prolongée contre les Russes dans le Caucase au cours du 19èm siècle; Sayyid Mouhammad 'Abdullah al-Somali, un cheikh de l'ordre Salihiyya qui conduisit les musulmans contre les Britanniques et les Italiens en Somalie de 1899 à 1920; le cheikh Qadiri 'Outhman ibn Fodio, qui mena *jihad* au nord du Nigeria de 1804 à 1808 pour établir un pouvoir Islamique; le cheikh Qadiri 'Abd al-Qadir al-Jaza'iri, qui conduisit les Algériens contre les Français de 1832 à 1847; le *faqir* Darqawi al-Hajj Mouhammad al-Ahrach, qui combattit les Français en Egypte en 1799; le cheikh Tijani al-Hajj 'Oumar Tal, qui mena un *jihad* Islamique en Guinée, au Sénégal, et au Mali de 1852 à 1864; et le cheikh Qadiri Ma' al-'Aynayn al-Qalqami, qui aida à rassembler la résistance

Musulmane contre les Français au nord de la Mauritanie et au sud du Maroc de 1905 à 1909.

Parmi les Soufis dont les travaux missionnaires Islamisèrent des régions entières sont des hommes tels que le fondateur de l'ordre Sanousiyya, Mouhammad ʿAli Sanousi, dont l'effort et le *jihad* de 1807 à 1859 consolida l'Islam comme religion des habitants du désert Libyen de l'Afrique du sud-sahara; le cheikh Chadhili Mouhammad Maʿrouf et le cheikh Qadiri Ouzaous al-Barawi, dont les efforts propagèrent l'Islam à l'Ouest et à l'intérieur à partir des côtes de l'Afrique de l'Est; et les centaines de cheikhs anonymes Naqshbandi qui enseignèrent et préservèrent l'Islam au sein de ce qui est appelé maintenant le sud de l'Union Soviétique et qui continuent encore de nos jour à servir la religion malgré la pression officielle. Il est évident de l'exemple de ces gens de qualités similaires que l'attachement du cœur à Allah, qui est l'aspect sur lequel le Soufisme met l'accent, ne gêne les travaux spirituels quels qu'ils soient, mais au contraire y fourni une base réelle. Et seul Allah donne le succès.[12]

Nous référons aussi le lecteur au *Mystics and Commissars* de Benningsen pour le rôle des Soufis dans la préservation de l'Islam en Union Soviétique, et *Lion of*

---

[12] *Reliance of the Traveller*, p.863.

Daghestan pour leur *jihad* contre les Tsars et leur dynastie. Nous rappelons aussi que ce sont les Naqshbandi qui préservèrent l'Islam en Chine dans le passé – à partir duquel il se rependit à la péninsule Malaisienne – et sous les sombres jours de la soi-disant «Révolution Culturelle» de Mao Tse-Toung. Dans tout ce qui a été énuméré ci-dessus, il y a une ample évidence que le *tassawwouf*, loin d'encourager l'évasion et l'immobilisme qui retarde le progrès social, soutient les plus hautes valeurs de la conscience sociale aussi bien que la recherche religieuse et la science. En fait, ils fournissent un témoignage adéquat à un inlassable *jihad* et la lutte contre les injustices sociales et l'inaction qui prirent place au fil des siècles.

3.1. La mauvaise compréhension des temps modernes

Il est bien su de tous qu'en notre temps, les gens ont une mauvaise compréhension du sujet du *tassawwouf*. Certains affirment que c'est une science opposée à l'Islam et n'est pas mentionnée dans la Chari'a, le Coran ou la *Sounna*. D'autres, les adhérents aux écoles de pensée des quatre Imams et les Imams qui les suivirent plus tard tels que Nawawi, Ibn Hajar, al-Soubki, al-Souyouti, Ibn Hajar al-Haytami, et plusieurs autres, même Ibn Taymiyya et Ibn Qayyim, (quoique ces deux derniers furent opposés à la doctrine de *Ahl al-Sounna* en plusieurs égards), l'acceptèrent et surent que le *tassawwouf* a ses racines profondes dans le Coran, dans la *Sounna* et dans la *Charia*. Ces savants acceptèrent le *tassawwouf* parce qu'ils connaissaient la réalité et le sens de ce terme, et non pas à cause de la réputation ou l'âge du terme en lui-même.

Il n'est pas rare d'entendre de ceux qui s'opposent au *tassawwouf* de «rejeter tout ce qui ne figure pas dans le Coran et dans la *Sounna*». Avancer une telle affirmation est faire preuve de manque d'esprit crique. Prenons par exemple les Sciences Islamiques, notamment la science du hadith. Le sens du mot «Hadith» dans le dictionnaire est défini comme «opposé à l'ancien (*qadim*), nouveau (*jadid*) ou alternativement, parole.» Le sens commun qui lui est attribué est «la Tradition du Prophète ﷺ» ou «la science des Traditions du Prophète ﷺ.» Lorsque le mot «hadith» est mentionné, les savants savent qu'il s'agit de «nouvelles.» Mais le sens attribué à ce mot après la période du Prophète ﷺ est tout ce que le Prophète ﷺ a dit et fait. Cependant, de son vivant, le mot «hadith» était rarement utilisé comme il l'est aujourd'hui. Il prit ce sens seulement lorsqu'il devint un terme technique pour décrire les dires et les actions au temps du Prophète ﷺ.

Dans Boukhari et Mouslim, le Prophète ﷺ dit: «Le meilleur siècle est mon siècle et celui qui le suit» et dans un autre hadith il dit: «le premier siècle et le second et le troisième.» Après les compagnons furent les Tabi'in et les Tabi Tabi'in. Tous les savants de l'Islam affirment que la période des Tabi'in fut la fin de l'an 150 de l'hégire et l'an 220 de l'hégire fut la fin du siècle des Tabi Tabi'in. C'est deux périodes furent témoin de l'apparition successive de l'Imam Abou Hanifa, l'Imam Malik, l'Imam Chafi'i, l'Imam Ahmad ibn Hanbal, fondateurs des quatre écoles juridiques, et de celle de l'Imam Boukhari, l'Imam Mouslim, l'Imam

LA SCIENCE DE LA PURIFICATION DU CŒUR

Abou Dawoud, l'Imam Abou Issa Tirmidhi, l'Imam An-Nassa'i et l'Imam Ibn Majah, auteurs des six livres canoniques de hadith.

Ces savants développèrent une vaste science à un moment où plusieurs non arabes embrassèrent l'Islam et mémorisèrent les hadiths; Ils trouvèrent nécessaire d'établir *Ilm oul-Hadith* ou la science de hadith, science qui n'existait pas au temps du Prophète ﷺ, en vu de préserver les dires, les pratiques et les anecdotes du Messager de Dieu et de ses compagnons. Cette science dès lors devint intégrale de l'Islam. Du temps du Messager ﷺ, la propagation et la vérification du hadith étaient naturelles, mais elles n'étaient pas formalisées. Cependant, après cette période, les savants précités développèrent des lois et des méthodes de classification, d'enregistrement, de transmission et de formalisation de hadith et y ajoutèrent des structures formelles et une méthodologie de vérification au mécanisme naturel de transmission qui incorpore toujours le *sanad*, chaîne vérifiable d'une pièce quelconque donnée d'information au sujet du Prophète ﷺ ou de ses compagnons. Ceci s'acheva par 35 classifications. De même, les savants développèrent plusieurs sciences[13] (*ouloum*) telles que: La science de grammaire, la science de l'explication de l'éloquence du Coran, la science de l'Unité de Dieu, la science de la croyance, la science du Coran, la science de la jurisprudence, la science des traditions du

---

[13] *'Ilm an-Nahuo, 'Ilm al-'Ajaaz, 'Ilm ul-Kalam, 'Ilm at-Tawhid, 'Ilm al-Aqida, 'Ilm al-Coran, 'Ilm al-Fiqh, 'Ilm al-Hadith, 'Ilm as-Sirah, 'Ilm as-Sarf, 'Ilm al-Bayan, 'Ilm at-Tafsir, 'Ilm al-Tajwid, 'Ilm at-Tassawwouf ou 'Ilm oul-Ihsan, 'Ilm oul-Mirath, etc…*

Prophète ﷺ, la science de la vie du Prophète ﷺ, la science de l'analyse linguistique, la science de la clarification, la science de l'exégèse du Coran, la science de la récitation, la science de la purification du Soi connue aussi comme la science de la perfection du caractère, la science de l'héritage, etc... et plusieurs autres sciences dérivant toutes du Saint Coran et des Hadiths du Messager ﷺ de Dieu. Aucune de ces disciplines ni leurs terminologies n'existaient du temps du Prophète ﷺ. Pourtant leurs réalités y existaient, puisque les *Sahaba* (Compagnons) les pratiquèrent mieux que tous ceux qui les succédèrent.

Une question logique surgit à ce point: Où dans le Coran et dans la *Sounna* figurent littéralement ces termes? Ce qui suit logiquement est: D'où vint la permission de développer ces classifications et terminologies dans la mesure où elles n'existaient pas du temps du Prophète ﷺ? Par conséquent s'opposer à la science de *Tassawwouf* ou la rejeter d'un trait parce qu'elle ne figure ni dans le Coran ni dans la *Sounna* contredit l'entendement d'une personne dotée d'intellect.

Le terme *tassawwouf* n'était pas connu au temps du Prophète ﷺ. Cependant, quoique le terme apparaisse nouveau, son essence est une partie intégrante de la religion et ne peut pas en être dissociée.

Une autre raison de la mauvaise compréhension de la réalité du *tassawwouf* est que certaines personnes confondent le vrai *tassawwouf* avec le *pseudo-tassawwouf*, alors que ce dernier nie la nécessité de la *charia* et crée ses propres règles, prétendant avoir une certaine autorité historique, mais en réalité amorphe et sans racines ni précédent. Ils ne sont ni

La Science De La Purification Du Cœur

soufi ni *moutassawwif* mais *moustaswif* ou «pseudo soufi» ainsi sont-ils défini par le grand maître 'Ali al-Houwjiri (d.469?) dans son *Kashf al-mahjoub*[14]. Les ennemis du *tassawwouf* cependant, à cause de l'opposition des Soufis à leur fausse accusation, brouillent souvent la différence entre les Soufis et les *moustaswifa* dans leurs références au *tassawwouf* en vue de se débarrasser à la fois des deux.

Un exemple en est le cas de l'aversion poussée de la secte Mou'tazila pour les soufis à un niveau tel qu'ils refusèrent de reconnaître les *karamat* ou miracles des saints qu'ils ne considérèrent pas comme un signe de vérité. De nos jours, nous trouvons encore des gens similaires à ces Mou'tazila, qui veulent formuler leur propre définition de l'Islam, avec ce qui convient et ce qui n'y appartient pas, en faisant un mélange de vrai et de faux afin qu'ils puissent se débarrasser de l'essence des enseignements de l'Islam qui exposent le caractère incomplet et les erreurs de ce qu'ils ont hérité.

L'objectif du *tassawwouf* est de purifier le cœur de toutes sortes de mauvais désirs et penchants, des impuretés qui s'y accumulent à cause des péchés et des mauvaises actions internes comme externes, de purifier le «soi» et enfin d'orner et de décorer le cœur d'avec le bon modèle et la bonne manière qu'exigent le Coran et la *Sounna* du Prophète ﷺ. Son but est de créer l'état d'*ishan*, la perfection du caractère, qui fut celui du Prophète ﷺ et l'état que tous ses Compagnons s'efforcèrent à atteindre.

---

[14] Al-Houwjiri, *Kashf al-mahjoub*, trad. R.A. Nicholson (Kazrachi: dar al-ishaat, 1990) p.35.

3.2. La nécessité du développement des sciences Islamiques après le temps du Prophète ﷺ

Pour prendre un exemple, au temps du Prophète ﷺ, il n'y avait pas la nécessité d'enseigner *'ilm al-nahou* (la science de la grammaire) même à un enfant. Dans le berceau de l'Islam, ayant grandi dans le *Hijaz*, même un enfant pouvait lire un poème ou un texte arabe sans avoir recours à aucuns signes diacritiques *(tashkil)*. Cette connaissance leurs était acquise naturellement au fur et mesure qu'ils grandissaient. Cependant plus tard, lorsque plusieurs non arabes commencèrent à embrasser l'Islam, et que le Coran se lisait incorrectement, il devint nécessaire de créer de nouvelles disciplines en vue d'assister les nouveaux Musulmans dans la lecture du Coran. Ainsi la grammaire fut développée et les signes diacritiques furent établis.

L'état de perfection *(ihsan)*, l'état d'austérité *(zouhd)*, l'état de la peur scrupuleuse d'Allah *(wara')* et l'état de la crainte d'Allah *(taqwa)* furent naturellement pratiqués par les Compagnons parce qu'ils étaient en compagnie du Prophète ﷺ et ces états furent un résultat direct de cette affinité. Ce fut la raison pour laquelle ils furent appelés Compagnons, et ceci étant, c'est cette association avec le Prophète ﷺ qui les permit d'être purifié.

Après les compagnons, comme plusieurs gens qui n'eurent pas l'opportunité de rencontrer le Prophète ﷺ ni ses Compagnons acceptèrent l'Islam, et comme aussi plusieurs nouveaux Musulmans en ce temps dévièrent du vrai chemin de l'Islam, il devint nécessaire d'établir une école avec une fondation, comme *'ilm al-nahou* fut établi avec ses écoles. Il fut nécessaire de mettre en place des écoles à travers lesquelles furent développées les disciplines spirituelles visant les états cités ci-dessus, et ces disciplines furent combinées sous une science principale appelée *'ilm al-tassawwouf*.

Il est important de comprendre que le *tassawwouf* n'est pas une chose nouvelle en Islam ni quelque chose d'inventé. Au contraire c'est une science héritée du Prophète ﷺ et des Compagnons et ses racines sont dans l'Islam. Elle n'est pas ce dont les ennemis de l'Islam, les Orientalistes et leurs disciples ont relaté. Ils ont innové et attribué plusieurs noms au *tassawwouf* afin d'attaquer la science et l'état d'*ihsan* que le Prophète ﷺ mentionna dans son hadith. Ils tentèrent d'appliquer le terme «superstition» (*sha'waza*) à la science de *tassawwouf*.

Il est bien su de tous que tout terme peut être employé pour nommer une science et l'on est libre de définir ou utiliser tout terme que l'on désire. De même *'ilm al-ihsan* ne change pas en lui attribuant un nom différent. Il est vivement espéré que personne ne soit prévenu ou interdit d'apprendre cette importante science citée dans le Coran et le hadith à cause du préjudice causé au *tassawwouf*. Si le terme est problématique à quiconque, qu'il lui substitue un nom différent, mais qu'il apprenne cette science par tout autre nom qui lui conviendra. Le terme *tassawwouf* qui est utilisé pour se référer aux voies de la purification du cœur, dénote la même chose que *tazkiyat al-nafs* dans le Coran. Les deux termes ont la même définition comme étant les sciences de «l'austérité» (*zouhd*) et celle de la perfection du caractère (*ihsan*). Les termes *zouhd* et *ihsan* furent utilisés au temps du Prophète ﷺ. Plus tard, ces termes furent définis en détails approfondis et redéfinis sous la direction du Coran et du hadith, comme furent les autres sciences Islamiques déjà citées.

3.3. Les racines linguistiques du mot *Tassawwouf*

Il y a quatre racines données au mot *tassawwouf*. Le premier dérive du mot Arabe *safa* ou *safw* qui signifie pureté comme du cristal et limpidité comme de l'eau claire. Le Prophète ﷺ compara le monde à une petite eau de pluie sur un plateau de montagne dont la limpidité (*safw*) avait déjà été bue et dont la lie (*kadar*) seulement restait[15]; et il appela al Sham[16] [Damas] la plus pure des terres d'Allah[17] après la Mecque et Médine. Ibn al-Athir défini le mot dans son dictionnaire *al-Nihaya* comme «le meilleur de tout sujet, sa quintessence et sa partie la plus pure.»[18]

Une autre racine dérive de *Ahl al-Soufa*, (les gens du Banc), qui furent ceux qui vivaient dans la mosquée du Prophète ﷺ de son vivant et qui furent mentionnés dans le Coran dans le verset suivant:

---

[15] Dans Ibn 'Assakir de la part d'Ibn Mas'oud. Al-Qouchayri et al-Houwjiri le citent dans leurs châpitres sur le *tassawwouf*, respectivement dans *Kashf al-mahjoub* (La traduction de Nicholson p.35) et al-Risala: traduction de B.R. Von Schlegell, *les principes du soufisme* (Berkeley, Mizan Press, 1990) p.301.
[16] Traducteurs: Lire Cham. Al-Sham comprend: La Syrie, la Palestine, la Jordanie et le Liban.
[17] Tabarani le cita et Haythami authentifia la chaîne à travers 'Irba ibn Sariya dans *Majma'al-zawa'id*, chapître sur les mérites de la Syrie.
[18] Ibn al-Athir, *al-Nihaya*, s.v.s-f-w.

> «(O Mouhammad!) Résigne-toi à la compagnie de ceux qui invoquent leur Seigneur matin et soir désirant Sa Face; et ne laisse pas tes yeux se détourner d'eux, voulant le luxe de ce bas monde; et n'obéis pas à celui dont nous avons rendu le cœur inattentif à Notre Rappel, qui poursuit sa passion et dont le comportement est outrancier.» (18:28)

Ce verset insiste sur la nécessité des croyants à se maintenir dans un état permanent de *dhikr*, le Souvenir d'Allah avec la bouche (la langue), dans l'esprit, et à travers le cœur. Cette racine est parfois comparée à *ahl al-Saff*, ou «les Gens du Rang», dans le sens de «premier rang», comme le premier rang est béni, et les soufis sont les élites de la communauté.

La troisième de ces racines est *al-souf* ou laine, comme ce fut la coutume des gens pieux de Koufa de s'en revêtir.

La quatrième racine linguistique dérive de *souffat al-kaffa* ou éponge molle en référence au soufi dont le cœur est très tendre à cause de sa pureté. Ceci est la raison pour laquelle le Prophète ﷺ montra toujours sa préoccupation pour ses Compagnons, en vu de purifier leurs cœurs et de leur montrer que le progrès du «soi» est basé sur un cœur débarrassé de toutes imperfections internes et externes.

3.4. La suprématie du cœur sur tous les autres organes

Le cœur est le siège de la sincérité en une personne sans laquelle aucunes de ses actions ne sont acceptées. Le Prophète ﷺ dit dans Boukhari: «Sûrement il y a dans le corps un petit morceau de chair; s'il est en bon état, le corps entier est en bon état, et s'il est corrompu le corps entier est corrompu et c'est le cœur»; et il dit dans deux autres hadiths rapportés par Mouslim: «En vérité, Allah ne regarde pas vos corps ni vos visages, mais Il regarde vos cœurs» et «N'entrera pas au paradis quiconque a même un atome d'orgueil en son cœur.» Plusieurs autres hadiths citent explicitement la primauté du cœur:

- Abou Hourayra rapporte: «Je dis: O Messager d'Allah! Qui sera le premier à bénéficier de ton intercession au jour de la résurrection?» Le Messager d'Allah dit: «O Abou Hourayra! Je savais que personne ne pouvait demandé au sujet de ceci avant toi à cause de ton grand désir pour la connaissance de hadith. Le premier à bénéficier de mon intercession au jour de la résurrection est celui qui dit «Il n'y a de dieu qu'Allah» purement et sincèrement de son cœur (*qalb*) ou de son âme (*nafs*).»[19] Ibn Hajar dit dans son commentaire sur Boukhari:

  > Le Prophète ﷺ mentionna le cœur pour insister, comme Allah dit à propos du pécheur: «*Certes, il a un cœur pécheur*» (2:283)... «Le Premier» fait allusion à leur différent ordre d'entrée au paradis comme ils sont classifiés selon leur rang de sincérité, cette dernière qualité étant mise en valeur par son dire «de son

---

[19] Boukhari le rapporte (english 1:79).

cœur» quoiqu'il soit clair que le siège de la sincérité est le cœur. Cependant, l'attribution de l'action à cet organe est plus accentuée.[20]

- L'un des Compagnons nommé Wabissa rapporte que les gens avaient l'habitude de demander le Prophète ﷺ au sujet des bonnes choses, mais lui se résolut de lui demander au sujet des mauvaises choses. Lorsqu'il vint au Messager de Dieu, celui-ci le tapota sur la poitrine avec ses doigts et dit par trois fois: «O Wabissa ! La peur d'Allah est là.» Ensuite il dit: «Demande la décision de ton coeur, peut importe la décision qu'untel ou untel te donne.»[21]

- De la part d'Oumar: Le Prophète ﷺ dit: «Toute chose a un poli, et le poli du cœur est le *dhikr* Allah. Rien ne sauve une personne de la punition plus que le *dhikr* Allah.» Ils dirent: «Même pas le *jihad* pour l'amour d'Allah?» Il dit: «Non, même si vous combattez jusqu'à ce que vos sabres se brisent.»[22]

- Ibn 'Oumar rapporte: J'étais assis avec le Prophète ﷺ lorsque Harmala ibn Zayd al-Ansari de la tribu des Banou Haritha vint à lui. Il s'assit en face du Messager d'Allah ﷺ et dit:

---

[20] Ibn Hajar, *Fath al-bari* (1989 ed.) 1:258 et 11:541.
[21] Rapporté dans Ahmad, Tabarani, Abou Ya'la et Abou Nou'aym.
[22] Bayhaqi le rapporte dans "*Shou'ab al-iman* 1:396 #522; al-Moundhiri dans *al-Targhib* 2:396; et Ibn Abi al-Dounya.

Définition, terminologie et aspect historique

«O Messager d'Allah! La croyance est là» – et il montra sa langue du doigt — «et l'hypocrisie est là» — et il montra son cœur du doigt — «et je ne fait pas assez de *dhikr* Allah à l'exception d'un petit nombre.» Le Messager d'Allah demeura silencieux. Harmala répéta ses mots sur lesquels le Prophète ﷺ saisit sa langue par son extrémité et dit: «O Allah! Donne lui une langue véridique et un cœur reconnaissant, et fait qu'il m'aime et aime tous ceux qui m'aime, et dirige ses affaires vers le succès.» Harmala dit: «O Messager d'Allah! J'ai deux frères qui sont hypocrites; j'étais tout à l'heure avec eux. Ne dois-je pas les conduire à toi (afin que tu pries pour eux)?» Le Prophète ﷺ dit: «(oui), quiconque vient à nous de la manière que tu es venu, nous demanderons le pardon pour eux comme nous avons demandé le pardon pour toi; et quiconque maintien cette voie, Allah devient son protecteur.»[23]

- Aussi d'Ibn 'Oumar: le Prophète ﷺ dit: «Ne parler pas assez que vous ne faites de *dhikr* Allah; parler beaucoup sans faire *dhikr* Allah

---

[23] Al- hafiz Abou Nou'aym le rapporta dans *Hilyat al-awliya*. Ibn Hajar dit dans *al-Isaba* (2:2 #1659): «Sa chaîne de transmission est acceptable et Ibn Mindah en a aussi déduit. Nous avons rapporté la même à travers Abou al-Darda' dans le *Fawa'id* de Hisham ibn 'Ammar.» Al-Tabarani aussi le rapporte à travers Abou al-Darda'. Haythami dit de cette chaîne: « Elle contient un narrateur inconnu, mais le reste est fiable. »

endurcit le cœur, et personne n'est éloigné d'Allah que celui qui a cœur dur.»[24]

Il est ainsi évident que le Prophète ﷺ liait toute chose à la condition du cœur. Lorsque l'on élimine ses mauvais caractères et adopte les bonnes manières, on aura en ce moment un cœur parfait et sain; Ceci est la raison pour laquelle Allah mentionne dans le Coran:

> «*Le jour où ni les biens, ni les enfants ne seront d'aucune utilité, sauf celui qui vient à Allah avec un cœur saint.*» *(26:88-89).*

Et Allah mentionne les cœurs de Ses vrais savants ('oulama) lorsqu'Il dit:

> «*Il consiste plutôt en des versets évidents, (préservés) dans les poitrines de ceux à qui le savoir a été donné. Et seuls les injustes renient nos versets.*» *(29:49).*

Quelles sont les maladies du cœur? L'Imam Souyouti dit dans son livre sur la *tariqa* Chadhili: «La science des cœurs, la connaissance de ses maladies telles que la jalousie, l'arrogance et la vanité, et s'en débarrasser, est une obligation pour tout Musulman.»[25] Les exégètes disent que la jalousie (*hassad*), l'ostentation (*al-riya'*), l'hypocrisie (*al-*

---

[24] Tirmidhi le rélate et dit: un hadith rare (*gharib*); Bayhaqi aussi dans le *shou'ab* 4:245 #4951.

[25] Souyuti, *Ta'yid al-haqiqa al-'aliyya wa-tashyid al-tariqa al-shadhiliyya*, ed. Abd Allah ibn Muhammad ibn al-Siddiq al-Ghumani al-Hassani (Cairo: al-matba' al-izlamiyya, 1934), p, 56.

nifaq) et la haine (*al-hiqd*) sont les plus communs caractères aux quels Allah fait référence lorsqu'Il dit:

> «Dis: Mon Seigneurs n'a interdit que les turpitudes tant apparentes que secrètes» (7:33).

Allah mentionnant «*tant apparents que secrets*» est la preuve de la nécessité pour toute personne de ne pas seulement corriger et parfaire les actions extérieures, mais de purifier celles qui sont cachées en son cœur et qui sont seulement connues de son Seigneur.

Le *tassawwouf* est la science et la connaissance par laquelle l'on apprend à purifier le moi des mauvais désirs de l'ego, tels que la jalousie, la tricherie, l'ostentation, l'amour des éloges, la vanité, l'arrogance, la colère, l'avidité, la radinerie, le respect du riche au dépens du pauvre, tout comme l'on doit purifier son aspect externe. La science de *tassawwouf* enseigne à se purifier selon le Saint Coran et la *Sounna* du Prophète ﷺ et enseigne à se vêtir des attributs parfaits (*al-sifat oul-kamila*) tels que le repentir (*tawba*), la peur de Dieu (*taqwa*), se maintenir dans le droit chemin (*istiqama*), la franchise (*sidq*), la sincérité (*ikhlas*), l'austérité (*zouhd*), la grande piété (*wara'*), se remettre à Allah (*tawakkoul*), accepter le Destin (*rida*), s'abandonner à Allah (*taslim*), les bonnes manières (*adab*), l'amour (*mahabba*), le souvenir (*dhikr*), la méditation (*mouraqaba*), et plusieurs autres qualités trop nombreuses à énumérer ici.

Tout comme la science de hadith a des douzaines de classifications, de même la science de *tassawwouf* a plusieurs classifications à savoir, les bonnes caractéristiques (*akhlaq hassana*) que le croyant doit obligatoirement développer, et les mauvaises (*akhlaq dhamima*) qu'il doit obligatoirement éliminer en vue d'atteindre l'état d'*ihsan*. Au moyen de la science de *tassawwouf*, le cœur, l'essence précieuse et la force vitale de l'Islam se manifestent en nous. En effet, l'Islam n'est pas seulement une pratique externe, mais il a aussi une vie interne. Ceci est la raison pour laquelle Allah dit: «*Evitez le péché apparent ou caché*» (6:120) et «*Il y a parmi les croyants, des hommes qui ont été sincères dans leur engagement envers Allah*» (33:23). Ceci signifie que tous les croyants ne sont pas inclus dans ce groupe sélectionné de «*ceux qui ont tenu leur engagement envers Allah.*» En d'autres termes, l'on peut être croyant, mais ne pas être parmi ceux qui ont tenu leur engagement à moins que l'on ait atteint l'état de la purification de soi, l'état d'*ihsan*, la perfection du caractère, que le Saint Prophète ﷺ mentionna dans le Hadith. Et ceci, comme nous l'avons maintenant rendu clair, est ce qui fut bien connu plus tard comme étant la science de *tassawwouf*.

II - Les Preuves dans le Coran

1. Allah Décrit *Tazkiyat Al-Nafs* Comme un Devoir du Prophète ﷺ

Comme mentionné précédemment, la preuve du *tassawwouf* à partir du Coran est la même que celle pour *tazkiyat al-nafs* ou la purification du soi qui a été établi dans les paragraphes antérieurs comme la définition du *tassawwouf*. Allah dit:

> «C'est Lui qui a envoyé à des gens sans Livre un Messager des leurs qui leur récite Ses versets, les purifie et leur enseigne le Livre et la Sagesse, bien qu'ils ne soient auparavant dans un égarement évident» (62:2).

Le terme utilisé ici est *wa youzakkihim* (les purifie). Les différents sens des différentes racines du mot *tazkiya* en arabe sont:

- *zaka*: «il nettoya» ou «il fut propre»
- *youzakki* «nettoyer» et «être purifié»
- *tazkiya* «purification»
- *zakat* «la taxe Islamique pour le nécessiteux,» «charité» «pureté»
- *azka* «la plus pure»
- *zaki* «pure, innocent»

Allah dit dans un autre verset: «*Et par l'âme et comme Il l'a ordonnée; en sorte qu'Il lui a inspiré son libertinage, de même que sa piété! A réussi, certes, celui qui la purifie. Et est perdu, certes, celui qui la corrompt.*» (91:7-10) Ce verset fait état de la nécessité de purifier et d'assainir l'ego (*nafs*) en vue de réussir dans cette vie et dans l'au-delà. Ceci est précisément le but du *tassawwouf*. Les versets suivants concernent d'autres voies et moyens à une telle purification du soi.

2. Allah ordonne aux croyants de chercher un moyen d'approche à Lui et d'accompagner les *Sadiqin*.

Il promet de guider les *Mouhsinin*

Allah ordonne: «O vous qui croyez! Craignez Allah, cherchez le moyen de vous rapprocher de Lui et luttez pour Sa cause. Peut-être serez-vous de ceux qui réussissent!» (5:35). Ce verset ordonne que l'on doit se battre dans la voie d'Allah – et non dans celle de l'ego et de ses désirs – si l'on souhaite être victorieux. Il indique la nécessité de suivre les pas du Prophète ﷺ comme un moyen d'approche à Allah Tout Puissant, et le prendre – avec ceux qui le connaissent – comme guide.

Allah dit aussi: «*O vous qui croyez! Craignez Allah et soyez avec les véridiques.*» (9:119). Le verset fourni des preuves de la nécessité de tenir compagnie et de s'associer avec les meilleurs serviteurs d'Allah. Les *Sadiqin* sont ceux qui ont atteint les plus hauts niveaux de la foi selon le verset déjà mentionné:

> «*Il y a parmi les croyants, des hommes qui ont été sincères dans leurs engagement envers Allah. Certains d'entre eux sont morts, et d'autres*

attendent encore; et ils n'ont varié aucunement (dans leur engagement).» (33:23).

Ceci signifie qu'en tout temps il y a des gens qui tiennent solidement à leur engagement envers Allah. Ceux-là sont les amis d'Allah mentionnés dans d'autres versets, parmi lesquels: «*En vérité, les bien-aimés d'Allah seront à l'abri de toute crainte, et ils ne sont point affligés*» (10:62). L'un de ces Amis d'Allah est al-Khidr, dont le prophète Moussa ﷺ fut ordonné d'accompagner afin d'apprendre auprès de lui. Allah dit:

> «*Quant à ceux qui luttent pour notre cause, Nous les guiderons certes sur Nos sentiers. Allah est en vérité avec les bienfaisants*» (29:62).

La plupart des savants de l'Islam pratiquèrent *tazkiyat al-nafs* et essayèrent d'atteindre l'état d'*ihsan* illustré par le haut calibre des saints dont le verset ci-dessus fait allusion. Ils sont les pieux exemples de ceux qui propagèrent l'Islam en Asie Centrale, en Inde, au Pakistan, en Turquie, en Bosnie, en Indonésie, en Malaisie, en Chine, en Indochine, en Espagne, et en Afrique. Tous ces savants pratiquèrent le *tassawwouf* et utilisèrent ses méthodes pour propager l'Islam dans ces pays à travers leurs états de *zouhd, wara', taqwa* et *tazkiya*, ce qui les rendit comme des aimants pour les masses des gens qui se virent attirées à l'Islam par leur entremise.

3. Allah décrit quelqu'un qui a directement appris de Lui: Al-Khidr

Allah décrit éloquemment la rencontre de Sayiddina Moussa ﷺ avec Sayiddina Khidr dans les versets suivants:

> «Ils trouvèrent l'un de Nos serviteurs à qui Nous avons donné une grâce de Notre part, et à qui Nous avons enseigné une science émanant de Nous. Moïse lui dit: «Puis-je te suivre à la condition que tu m'apprennes de ce qu'on t'a appris concernant une Haute Réalité?» L'autre dit: Sûrement, tu ne pourras pas être patient avec moi.» (18:65-67).

De ces versets, nous voyons que quoique Sayiddina Moussa fut un prophète et de surcroît le seul prophète à parler directement à Allah *(kalimoullah)*, Sayiddina Khidr possédait une connaissance que Moussa n'avait pas, et que Moussa cherchait à obtenir de lui parce qu'il savait que Khidr recevait son savoir directement de la Présence d'Allah *('ilm ladounni)*, car il était l'un des Amis d'Allah.

Allah dit aussi: «*Suis le chemin de celui qui se tourne vers Moi*» (31:15). Youssouf 'Ali commente parfaitement ce verset en ces termes: «Ceci est le chemin de ceux qui aiment Allah.» Un état d'amour qui est lié au cœur, non à l'esprit. A partir de l'ordre de tenir compagnie avec les Véridiques, à partir des versets de la rencontre de Moussa ﷺ avec al-Khidr, et à partir de l'ordre de suivre la voie des vrais Amoureux d'Allah, l'on dérive trois des nombreux preuves de l'obligation de suivre un guide ou «maître d'éducation» *(cheick al-tarbiya)* dans la terminologie technique du *tassawwouf*.

4. La supériorité de l'Amour dans l'adoration

Dans son livre intitulé *Rawdat al-mouhibbin wa nouzhat al-moushtaqin* (Le jardin des amoureux et la promenade des aspirants), Ibn Qayyim al-Jawziyya assembla certaines

II - Les Preuves dans le Coran

déclarations des grands Soufis regardant l'amour et sa priorité dans l'adoration[26]:

- Jounayd dit, «j'entendis al-Harith al-Mouhassabi dire: L'amour est quand tu inclines complètement vers quelque chose, suit la préférence de cette chose à toi-même et son emprise sur ton esprit et tes possessions, ensuite la conformité avec cette chose intérieurement et extérieurement, et la réalisation de ta faiblesse dans ton amour pour Lui.»
- Abdoullah ibn al-Moubarak dit: «Quiconque à qui il a été donné une part d'amour et à qui il n'a pas été donné une part équivalente de piété, a été lésé.»
- Yahya bin al-Mouadh al-Razi dit: «Un amour du poids d'un atome est plus préférable pour moi que d'adorer plus de soixante dix années sans amour.»
- Abou Bakrah al-Qattani dit:

  «Il y avait une discussion au sujet de l'amour (de Dieu) à la Mècque au cours du pèlerinage et les cheikhs en parlèrent. Jounayd était le moins âgé d'entre eux et ils dirent: Dis-nous ce que tu possèdes O Iraqi! Il baissa sa tête par déférence, et ses yeux se remplirent de larmes ensuite il dit: Un esclave se laissant soi-même,

---

[26] Ibn Qayyim, *rawdat al-mouhibbin wa nouzhat al-moushtaqin* (Béirut: Dar al-Koutoub al-ilmiyya, 1993) p. 406-409.

soudé au souvenir de son Seigneur, érigé avec l'accomplissement de ses obligations, Le regardant avec son cœur, lequel cœur est consumé par la lumière de son Essence, sa soif est satisfaite de la coupe de Son amour, et s'il parle c'est par Allah, et s'il met en garde c'est d'Allah, et s'il se déplace c'est l'ordre d'Allah, et s'il est silencieux c'est qu'il est avec Lui, et il est par Allah, il est pour Allah, il est avec Allah *(fa houwa billahi wa lillahi wa'allahi)*. Les cheikhs s'exclamèrent et dirent: Il n'y a rien au-dessus de ceci, qu'Allah te renforce, couronne des Connaisseurs!»

Ces mots de Jounayd sont liés à l'un des textes fondamentaux montrant la réalité du miracle ou *karamat* des saints, le *hadith qoudsi* (dire inspiré) rapporté dans Boukhari par Abou Hourayra, le Messager d'Allah dit: «Allah dit»:

> Quiconque nuit à celui qui s'est consacré à Moi, Je lui déclarerai la guerre. Mon serviteur ne se rapproche de Moi par rien qui M'est agréable plus que l'accomplissement des obligations que Je lui ai imposées. Mon serviteur ne cessera de se rapprocher de Moi par des pratiques surérogatoires jusqu'à ce que Je l'aime, et quand Je l'aime, Je deviens l'oreille par laquelle il entend, les yeux par lesquels il voit, la main par laquelle il empoigne, son pied par lequel il marche. S'il Me sollicite quelque chose, certes, Je la lui accorderai, et s'il sollicite Ma protection, certes, Je la lui accorderai ...

II - Les Preuves dans le Coran

- L'amour d'Allah fut mentionné par Dhoul-Noun et il dit:

  «Assez! Ne discutez pas de cette question car le *nafs* l'entendra et il le réclamera.»

  Et il continua:

  «En ce qui concerne le rebelle, la peur et le remords sont meilleurs! L'amour d'Allah est pour celui qui a déjà peur et est purifié de toute vulgarité.»

- Dhoul-Noun dit aussi:

  «Pour toute chose il y a une punition, et la punition pour le Connaisseur d'Allah est lorsqu'il est détaché du souvenir d'Allah (*dhikroullah*).»

- Jounayd fit allusion à cette différence de niveaux dans sa réponse lorsqu'il fut interrogé: «Par-dessus tout, il y a des gens qui disent que définitivement ils atteignent le niveau de la bonté en ne faisant aucunes actions.» Il dit:

  «Parlent-ils de la suppression des actes (obligatoires et autres)? Non, quiconque commet l'adultère et vole est mieux que celui qui tient un tel propos. Certainement, les connaisseurs d'Allah (*al 'arifina billah*) prennent les actions dictées par Allah et retournent à Lui avec ces actions, et si j'avais à vivre mille années je ne diminuerais jamais de faire de bonnes actions.»

- Jounayd dit aussi:

«Le connaisseur d'Allah n'est considéré de connaisseur que lorsqu'il ne devienne comme la terre; çà lui est égale qu'une bonne ou une mauvaise personne la piétine; ou comme la pluie, elle averse sans discrimination sur ceux qu'elle aime ou ceux qu'elle n'aime pas.»

- Soummoun dit:

«Les amoureux d'Allah ont obtenu l'honneur des deux, ce monde et celui de l'au delà. La Prophète ﷺ dit: «L'être humain est avec celui qu'il aime.» Ils sont avec Allah dans ce monde et dans l'au-delà.»

- Yahya ibn Mou'adh dit aussi:

«Il n'est pas véridique celui qui prétend qu'il L'aime et trépasse Ses limites.»

- Et il dit aussi:

«Le connaisseur d'Allah abandonne cette vie mondaine, et il n'a pas assez de deux choses: pleurer sur son propre soi et son grand désir pour son Seigneur.»

- Et quelqu'un dit:

«Le connaisseur d'Allah ne devient un connaisseur que lorsque s'il lui est offert les trésors de Souleymane, cela ne lui permettra pas d'être occupé par autre qu'Allah, même la durée d'un clin d'œil.»

II - LES PREUVES DANS LE CORAN

5. D'autres versets et commentaires sur *Tazkiyat Al-Nafs*

Des versets se référant à la purification et à la purification de soi dans le Coran ont été déjà mentionnés. Allah dit:

> «Notre Seigneur! Envoie l'un des leurs comme messager parmi eux pour leur réciter Tes versets, leur enseigner le Livre et la Sagesse, et les purifier.» (2:129)

> «Ainsi, Nous avons envoyé parmi vous un messager de chez vous qui vous récite Nos versets, vous purifie...» (2:151)

> «Réussit, certes, celui qui se purifie, et se rappel le nom de son Seigneur, puis prie.» (87:14-15)

> «Et quiconque se purifie, ne se purifie que pour lui-même et vers Allah est la Destination.» (35:18)

Dans tous ces versets, Allah Tout Puissant fait état des *moutassawif*, ou ceux qui sont préoccupés à se purifier. Ils se souviennent de leur Seigneur en tout lieu et en tout moment en invoquant Ses Noms et Attributs, et ils sont attentifs dans leurs prières. Ceci est l'essence du *tassawwouf*, et aussi l'essence de l'Islam. Nous rappelons encore le lecteur que ceci n'est qu'un terme technique qui peut être remplacé par tout autre synonyme. Pour quiconque prétend suivre ou pratiquer l'Islam, alors ce combat pour purifier le soi lui est obligatoire, comme il est clairement ordonné dans ces versets. En vérité, il est sans importance de prétendre qu'il puisse avoir une soumission totale à Allah sans se purifier soi-même et voici pourquoi certains savants, parmi lesquels l'Imam Ghazali et l'Iman Souyouti, ont considéré le *tassawwouf* comme une obligation religieuse (*wajib*).[27] Que l'on réussisse ou non dans cette poursuite dépend d'Allah, mais quoiqu'il en soit, sa nécessité incombe à tous les Musulmans, hommes et femmes.

6. Des versets au sujet du caractère parfait, *Ihsan*

Après les versets qui s'adressent à la purification, citons maintenant des versets qui évoquent l'état d'*ihsan* ou l'excellence du caractère. Allah dit:

«*La Miséricorde d'Allah est proche des bienfaisants.*» *(7:56)*

«*Certes, Allah est avec ceux qui Le craignent avec piété et ceux qui sont bienfaisants.*» *(16:128)*

«*Y a-t-il d'autre récompense pour l'Excellence que l'excellence ?*» *(55:60)*

«*Et Il récompense ceux qui font le bien par la meilleur récompense.*» *(53:31)*

«*Certes, Allah commande l'équité, la bienfaisance (ihsan) et l'assistance aux proches. Et Il interdit la*

---

[27] L'opinion de Ghazali est cité dans *The Reliance of the Traveller*, p.12. Pour Souyouti, voir la section des déclarations des savants à la fin de ce livre.

turpitude, le blâmable et la rébellion. Il vous exhorte afin que vous vous souveniez.» (16:90)

«Non, mais quiconque soumet à Allah son être entier tout en faisant du bien (dans l'état d'ihsan), aura sa rétribution auprès de son Seigneur. Pour eux nulle crainte, et ils ne serons point attristés.» (2:112)

«Et quiconque soumet son être entier à Allah tout étant bienfaisant (ihsan), s'accroche réellement à l'anse la plus ferme. La fin de toute chose appartient à Allah» (31:22)

«Qui est meilleur en religion que celui qui soumet son être entier à Allah tout en œuvrant bien dans la voie qu'Allah aime…» (4:125).

Les versets au sujet de l'état d'*ihsan* sont très nombreux, mais ce qui a été cité est suffisant. Le sens de l'*ihsan*, comme le Prophète ﷺ l'a défini, est prier avec humilité et soumission (*khoudou'* et *khouchou'*) comme si l'on voit Allah et être conscient qu'Il nous voit. Dans son livre «Livre des Définitions» (*Kitab al-ta'rifat*), al-Jourjani (d. 816) dit:

> *al-ihsan*: nom verbal dénotant ce que l'on doit faire dans la voie du bien. Dans la Chari'a cela signifie adorer Allah comme si tu Le vois, et si tu ne Le vois pas, Lui te vois. C'est le degré de la vraie adoration dans la servitude qui implique la vue de la divinité avec la lumière de la vision spirituelle (*al-tahaqqouq bi al-*

'ouboudiyya 'ala moushahadat hadrat al-rouboubiyya bi nour al-basira). Ceci est: La vue d'Allah comme Il est décrit par Ses attributs et à travers Son réel attribut afin que l'on puisse Le voir avec certitude, mais non littéralement *(fa houwa yaqinan wa la yarahou haqiqatan)*. C'est la raison pour laquelle le Prophète ﷺ dit: «Comme si tu Le voyais.» Car l'on Le voit de derrière le voile de Ses attributs.[28]

Le mot *ihsan* et ses dérivés ont les sens suivants dans le dictionnaire:

- *Hassouna*: «devenir, sembler, rendre excellent, beau»
- *Ihsanan*: «faire excellemment»
- *Ahsana*: «il fit une bonne action»
- *Ihsan*: «gentillesse»
- *Housna*: «récompense»
- *Hassan*: «excellent, beau»
- *Hissanoun*: «beaux»

«Devenir beau» dans le premier sens de ces définitions signifie se décorer avec de bon attributs, embellir intérieurement et extérieurement. Utiliser comme adjectif, il signifie gentillesse comme une caractéristique ou une attitude interne aussi bien que tranquillité.

Il apparaît évident que l'état d'*ihsan* cité dans le Saint Coran est un état très important, état que l'ange Jibril montra être une partie intrinsèque de la religion, et qu'il plaça au

---

[28] Al-Charif 'Ali ibn Mouhammad al-Joujani, kitab al-ta'rifat (Beirout: dar al-toutoub al-'ilmiyya, 1408/1988) p. 12.

II - Les Preuves dans le Coran

même niveau que les états de l'*Islam* (soumission) et *iman* (*foi*). La religion consiste en trois états, l'*Islam*, l'*Iman* et l'*Ihsan*, chacun avec sa propre définition. C'est la raison pour laquelle il est mentionné en plusieurs lieux dans le Saint Coran et la raison pour laquelle lorsque le Prophète ﷺ fut interrogé à ce sujet par Jibril, il lui donna la même importance que l'*Islam* et l'*Iman*.

Ceci est le sens de la science entière de *tassawwouf*. A ceux qui s'y opposent, nous disons: Vous pouvez changer ce terme si vous ne l'aimez pas, mais nous l'aimons ainsi parce que c'est un terme bien connu et un terme bien utilisé. Les termes ne changent pas la nature ou la réalité fondamentale d'une chose. Comme l'adage le dit, «une rose par toute autre nom aura une bonne odeur.»

III - Les preuves à partir des hadiths

Rapporté par Mouslim:

> Oumar – qu'Allah lui accorde Sa satisfaction – dit aussi: «Pendant que nous étions assis un jour avec le Messager d'Allah – la bénédiction et le salut d'Allah sur lui – soudain un homme vint à nous. Il était habillé d'un vêtement excessivement blanc. Ses cheveux étaient très noirs. Il n'y avait pas de signe de voyage sur cette personne. Aucun d'entre nous ne le connaissait. Il alla s'asseoir en face du Prophète – la bénédiction et le salut d'Allah sur lui – appuyant ses genoux contre les genoux du Prophète ﷺ et ses mains sur ses cuisses.
>
> Il dit: «O Mouhammad! Informe moi au sujet de l'Islam.» Le Messager d'Allah – la bénédiction et le salut d'Allah sur lui – dit: «L'*Islam* (soumission) est de témoigner qu'il y n'a de dieu qu'Allah, et que Mouhammad est le Messager d'Allah; de faire la prière; de payer la zakat; de jeûner pendant le Ramadan; et d'effectuer le pèlerinage à la (maison d'Allah) si tu as les moyens de t'y rendre.» L'homme dit: «Tu as dit la vérité.» Nous étions surpris de lui: comment peut-il être en train de poser des questions au Prophète – la bénédiction et le salut d'Allah sur lui – et en même temps

III - LES PREUVES A PARTIR DES HADITHS

confirmer ses réponses? Ensuite il dit: «Parle-moi au sujet de l'*Iman* (la Foi).» Le Prophète – la bénédiction et le salut d'Allah sur lui – dit: «La Foi est de croire en Allah, Ses anges, Ses livres, Ses messagers, au Jour du Jugement, et de croire en la prédestination, le bon et le mauvais.» L'homme dit: «Tu as dit la vérité? Maintenant parle-moi au sujet de l'*Ihsan* (l'excellence).» Le Prophète – a bénédiction et le salut d'Allah sur lui – répondit: «L'*Ihsan* est d'adorer Allah comme si tu Le vois, car si tu ne Le vois pas, certainement Il te voit.»

L'homme dit: «Maintenant informe-moi au sujet de l'Heure.» Le Prophète – la bénédiction et le salut d'Allah sur lui – dit: «Celui qui est interrogé n'en sait pas plus que celui qui l'interroge.» Il dit: «Ainsi parle moi au sujet de ses signes.» Il répondit: «La fille esclave donnera naissance à ses maîtresses, et tu verras les va-nu-pieds, les pauvres bergers construire de grands immeubles.» Alors il s'en alla et du temps s'écoula. Longtemps après, il me dit: «O 'Oumar! Sais-tu qui posait ces questions?» Je dit: «Allah et Son Messager savent mieux.» Il dit: «Il n'était nul autre que Gabriel. Il était venu vous enseigner votre religion.»

1. *Oumm al-ahadith*: le hadith de Jibril

Comme nous l'avons dit dans les paragraphes antérieures, le terme *tassawwouf* est un terme technique qui a pris ses origines à travers les sens variés que nous avons cité dans la première et seconde réponse. Il a ses racines profondes dans la *sounna* du Prophète 🕊 dans la mesure où son origine est l'*ihsan*, l'état d'Excellence qui est mentionné dans le hadith de Jibril, hadith qui est connu par tous les savants comme «la source de la *sounna* et de tous les hadiths» (*oumm al-sounna wa oumm al-ahadith*).

Dans ce hadith, Jibril a divisé la Religion en trois catégorie ou branches à partir desquelles toute la religion, tous les hadith et toute la *Sounna* dérivent. Il précisa chaque branche en posant chaque question séparément. La première branche était au sujet de la question «Qu'est-ce l'*Islam*?», la seconde était au sujet de la question «Qu'est-ce l'*Imam*?», et la troisième au sujet de la question «Qu'est-ce l'*Ihsan*?» On ne peut pas dire que la Religion est seulement l'*Islam*, ou seulement l'*Iman* ou seulement l'*Ihsan*. Chaque branche est essentielle à la Religion et ne peut pas y être séparée. Le Prophète 🕊, dans ses réponses à ces questions confirma ceci et dit à ses Compagnons après que Jibril soit parti: «Jibril était venu vous enseigner votre religion.»

L'*Islam*, l'*Iman* et l'*Ihsan* peuvent être appelés trois piliers ou composantes essentielles de la religion. Le premier pilier est l'aspect pratique de la religion, comprenant l'adoration, les actions et autres obligations. L'état de ce pilier est l'aspect externe du soi, qui a trait au corps et à la communauté. Les savants appellent ce pilier la *Chari'a*. Des savants sont spécialisés en cette science, et elle fut nommée «Science de la Jurisprudence» (*'ilm al-fiqh*). Le second pilier consiste en la croyance à travers l'esprit et le cœur. Cela signifie croire en Allah, en Ses Messagers, Ses Livres, les

III - LES PREUVES A PARTIR DES HADITHS

Anges, le Jour du Jugement, et le Destin. Et ceci fut connu par les savants comme *'ilm al-tawhid*. Le troisième pilier est le principal sujet du *tassawwouf*.

2. La troisième composante de la religion de l'Islam: La perfection du caractère (*Ihsan*)

L'*Ihsan*, le troisième aspect de la religion est connu comme l'aspect spirituel du cœur, qui, combiné avec le premier pilier, l'adoration, et le deuxième pilier, la croyance, emmène l'individu à être conscient d'être toujours en présence d'Allah dans toutes ses actions et pensées. Et s'il ne peut pas Le voir – parce que personne ne peut Le voir dans cette vie – alors, qu'il soit conscient permanemment de la présence d'Allah dans le cœur, sachant qu'Il est présent dans chaque atome et chaque particule de son adoration et de sa croyance – c'est à dire, tous les états et qualités de son adoration et sa croyance. Ce faisant, l'on parviendra à un état d'excellence, un état de haute qualité, et l'on éprouvera le plaisir spirituel et la lumière de la connaissance qu'Allah dirigera à son cœur. Ceci est ce que les savants ont nommé la Science de la Vérité ou *'ilm al-haqiqa*, connue du temps plus proche des Compagnons comme *al-siddiqiyya* ou la voie des saints véridiques. Seulement plus tard, il fut connu par le nom *tassawwouf*.

Les définitions précédentes peuvent être résumées en disant que l'*Islam* décrit les comportements du Musulman, l'*Iman* décrit ses croyances et les défini, et l'*Ihsan* se réfère à l'état du cœur qui détermine si l'*Islam* et l'*Ihsan* de l'un portera fruit dans cette vie et dans celle de l'au-delà. La

LA SCIENCE DE LA PURIFICATION DU CŒUR

preuve de ceci est rapportée dans Boukhari dans le hadith mentionné dans les paragraphes précédents:

> «Sûrement il y a un morceau de chaire dans le corps, s'il est bon tout le corps est bon et s'il est corrompu tout le corps est corrompu et c'est le cœur.»

DIN AL- ISLAM
- **Islam**
  - chahada
  - salat
  - zakat
  - sawm
  - hajj
- **iman**
  - billah
  - wa mala'ikatihi
  - wa koutoubihi
  - wa roussoulihi
  - wa al-qadar khayrihi
  - wa charrihi
  - wa al-yawmi al-akhir
- an ta'bouda Allah ka'annaka tarah (Adorer Allah comme si tu Le vois) **ihsan**
  - taqwa
  - wara'
  - zouhd
  - khouchou
  - khoudou
  - sabr
  - tawba
  - rahma
  - karam
  - hilm ...

III - LES PREUVES A PARTIR DES HADITHS

L'*Ihsan* est divisé en plusieurs parties comprenant toutes les bonnes caractéristiques et qualités du croyants telles que *taqwa* (la crainte d'Allah), *wara'* (la peur scrupuleuse d'Allah), *zouhd* (l'abstinence), *khoushou* (la révérence), *khoudou* (l'humilité), *sabre* (la patience), *sidq* (la franchise), *tawakkoul* (la confiance), *adab* (la bonne manière), *tawba* (le repentir), *inaba* (le retour à Allah), *hilm* (l'indulgence), *rahma* (la compassion), *karam* (la générosité), *tawadou'* (l'humilité), *haya* (la modestie), *chaja'a* (le courage), etc..

Toutes ces qualités sont celles du Prophète ﷺ, et le caractère du Prophète ﷺ est le Coran selon Aïcha qui dit au sujet du Prophète ﷺ: «Son caractère était le Coran.»[29] Le Prophète ﷺ à son tour dressa ses Compagnons avec ces qualités si bien qu'ils devinrent de parfaits et brillants exemples pour l'humanité, c'est-à-dire, vivre en parfaite harmonie avec le Créateur et avec soi-même.

Dans son explication de ce hadith, l'Imam Nawawi parle du sujet d'*Ihsan* sous les termes de *maqam al-mouchahada* (la station de l'expérience) et *maqam al-siddiqin* (la station des Saints les plus véridiques) qui sont des branches du *tassawwouf*. Voici le texte complet du commentaire sur le hadith de Jibril par l'Imam Nawawi.

---

[29] Muslim; Ahmad, *Musnad* 6:91, 163, et autres

3. Le commentaire de l'Imam Nawawi sur le hadith de Jibril

3.1. Parle moi au sujet de l'*Iman* (la foi).

L'*Iman*, lexicalement parlé, signifie une conviction de nature générale. Légalement, c'est une expression pour une conviction spécifique dans la croyance en Allah, Ses anges, Ses livres, Ses messagers, le jour dernier et tout ce qui est décrété, le bon et le mauvais. *Islam* est un mot qui signifie la performance des obligations légales. Celles-là sont les actions externes que l'on applique à soi même.

Allah Le plus Exalté a fait une différance entre la foi (*iman*) et la soumission (*islam*) et ceci est aussi mentionné dans le hadith. Il dit: «*Les Arabes disent*: «*Nous avons la foi.*» *Dit*: «*Vous n'avez pas encore la foi. Dites plutôt: Nous sommes simplement soumis*» (49:14). Ceci est parce que les hypocrites priaient, jeûnaient, et payaient l'aumône légale alors que niant dans leurs cœurs. Lorsqu'ils prétendaient avoir la foi, Allah déclara leur revendication de mensonge à cause du refus en leurs cœurs, mais Il confirma leur revendication de soumission à cause de leur performance des devoirs que cela nécessitait.

Allah dit:

III - LES PREUVES A PARTIR DES HADITHS

«Quand les hypocrites viennent à toi, ils disent: «Nous attestons que tu es certes le Messager d'Allah,» Allah sait que tu es vraiment Son Messager, et Allah atteste que les hypocrites sont assurément des menteurs» (63:1).

Ils sont menteurs dans leur revendication d'attestation au message pendant que leurs cœurs le nient. Les mots de leurs bouches ne s'accordent pas avec le contenu de leurs cœurs, alors que la condition de l'attestation au message est que la langue confirme ce que contient le cœur. Parce qu'ils mentaient dans leur revendication, Allah a exposé leur mensonge.

Puisque la foi est aussi une condition pour la validité de la soumission, Allah l'Exalté différencie le soumis (*musulman*) du croyant (*mou'min*) en disant: *«Nous avons donc fait sortir ce qu'il y avait comme croyants, mais Nous n'y avons trouvé qu'une maison de gens soumis»* (51:35-36). Cette distinction relie la croyance et la soumission comme une condition et son exécution.

Pour finir, Allah désigna la prière par le nom de «foi» (*iman*) lorsqu'Il dit: *«Et ce n'est pas l'objectif d'Allah de vous faire perdre votre foi»* (2:143) et *«Tu n'avais aucune connaissance du Livre ni de la Foi»* (42:52). Il parle de la prière.

3.2. Et de croire en ce qui a été décrété (*qadar*), le bien et le mal.

Le mot est prononcé de deux manière; *qadar* et *qadr*.

La voie des Gens de La Vérité (c'est à dire *Ahl al-Sounna wa al-Jama'a*) est de fermement croire au décret d'Allah. Le sens de ceci est qu'Allah – Glorifié et Exalté soit-Il – a décrété les choses depuis la pré-éternité et qu'Il – Glorifié et Exalté soit-Il – sait qu'elles se manifesteront aux temps qui sont connus de Lui – Glorifié et Exalté soit-il – et aux endroits connus de Lui; et elles se dérouleront exactement selon ce qu'Il a décrété – Glorifié et Exalté soit-Il!

Sache qu'il y a quatre sortes de décrets:

1) Le décret dans la Pré science Divine. Il est dit à son sujet: L'affection (*'inaya*) devant l'amitié (*wilaya*), le plaisir avant la naissance, et la moisson continue se poursuit dès les premiers fruits. Allah l'Exalté dit: «*Est détourné de Lui quiconque a été fait pour être détourné*» (51:9). En d'autres termes, est détourné d'entendre le Coran et de croire dans ce monde celui qui a été détourné d'eux dans la prééternité.»[30]

---

[30] Mouslim; Iman #208: "Nul ne péri avec Allah sauf qu'il est destiné à la destruction." Ibn Hajar dit (Fath al-bari Riqaq Ch.31 #6491): «C'est à dire

III - LES PREUVES A PARTIR DES HADITHS

1. Le décret sur la Table Bien Gardée. Un tel décret peut être changé. Allah dit: «*Allah efface ce qu'Il veut, et Il confirme ce qu'Il veut, et l'Ecriture Mère est auprès de Lui*» (13:39). Nous savons qu'Ibn 'Oumar avait l'habitude de dire dans ses invocations: «O Allah! Si Tu as prédestiné des difficultés pour moi, efface les et écrit de la félicité pour moi.»

2. Le décret dans la matrice concernant ce que l'ange est ordonné d'écrire au sujet de la subsistance et le terme de la vie de l'un, et s'il sera malheureux ou prospère.

3. Le décret qui consiste à joindre des choses spécifiques pré-établies au temps auxquels elles se dérouleront, car Allah l'Exalté a crée à la fois le bien et le mal et a ordonné qu'elles atteignent Ses serviteurs aux temps désignés par Lui.

   La preuve qu'Allah Tout Puissant créa à la fois le bien et le mal est ce qu'Il dit: «Les criminels sont certes dans l'égarement et la folie. Le jour où on les traînera dans le feu sur leur visage on leur dira: «Goûtez au contact de l'enfer Sakar.» Oui! Nous avons crée toute chose avec proportion et mesure (qadar)» (54:47-49). Ce verset fut révélé concernant les partisans du

---

celui qui persiste à s'accrocher au mal dans son dessein, son parlé, et son action, et évité le bien dans sa conception, son parlé, et action.»

libre arbitre absolu ou Qadariyya à qui on a dit: «Votre croyance est en enfer.»

Comme preuves supplémentaires de ce qui a été décrété, l'Exalté dit: «*Dit: Je cherche refuge auprès du Seigneur de l'aube du jour contre le mal qu'Il a crée*» (113:1-2). Réciter ce serment au moment où quelque chose de bien survienne au serviteur d'Allah repoussera le mal (décrété) avant qu'il l'atteigne. Il y a aussi dans le hadith: «Les bonnes actions et renforcer les liens familiaux repousse une mort terrible et éventuellement la change en une bonne»[31]; «L'invocation et l'affliction sont suspendues entre ciel et terre, vivante, et l'invocation repousse l'affliction avant qu'elle ne descende.»[32]

Les partisans du libre arbitre absolu [les Mou'tazila] prétendent qu'Allah l'Exalté n'a prédestiné aucunes choses, que Sa connaissance ne les précède pas, qu'elles commencent à exister seulement lorsqu'elles se déroulent et que c'est à ce moment seulement qu'Il – Exalté soit-Il – les connait. Ils mentent au sujet d'Allah. Exalté soit-Il est très haut au-dessus de leur propos mensonger. Ils tombèrent dans un état d'inconscience absolu.

---

[31] Tirmidhi, Zakat #28.
[32] Cf. Ibn Majah, Mouqaddima #1à, Fitan #66; Tirmidhi, Witr #21, Qadar #6; Ahmad 5:277,280,282; Ibn Hibban.

III - LES PREUVES A PARTIR DES HADITHS

Les *Qadariyya* des temps modernes dirent que le bien provient d'Allah alors que le mal provient d'autre que Lui. Allah est aussi Exalté Haut au-dessus d'une telle déclaration. Dans un hadith authentiquement rigoureux, le Prophète ﷺ dit: «Les croyants au libre arbitre absolu sont les Zoroastriens de cette Communauté.»[33] Il les nomma Zoroastriens parce que leur école de pensée ressemble à celle du dualisme Zoroastrien. Les Dualistes prétendent que le bien est effectué par la lumière et le mal par l'obscurité, et c'est ainsi qu'ils méritèrent ce nom. Similairement les partisans du libre-arbitre absolu attribuent le bien à Allah et le mal à d'autres autre que Lui, alors qu'Il – Exalté soit-Il – est le créateur à la fois du bien et du mal.

L'Imam des Deux Sanctuaires[34] dit dans le «Livre d'instruction aux Preuves Définitives Concernant les Fondations de la Croyance»[35] que certains des *Qadariyya* disent: «Ce n'est pas

---

[33] Abou Dawoud, Tabarani, Ahmad, Boukhari dans son *Tarikh*, et autres.
[34] Abou al-Maʻali Roukn al-Din ʻAbd abd al-Malik ibn ʻAbd Allah ibn Youssouf al-Jouwayni al-Naysabouri al-Chafiʻi al-Achʻari (419-478): Le cheikh de Ghazali et auteur des 15 volumes *Nihayat al-matlab fi dirayat al-madhhab* (Le plus important dans ce qui est cherché sur la compréhension de l'école Chafiʻi) aussi bien que d'autres travaux dans les tenets de la foi, la théologie, les fondements de la méthodologie Islamique, et du fiqh chafiʻi (loi). Voir le *Tabaqat al-chafiʻiyya al-koubra* d'al-Soubki 5:165.
[35] *Kitab al-irchad ila qawatiʻ al-adilla fi ousoul al-iʻtiqad*.

nous mais vous (*Ahl al-Sounna*) qui sont les Qadariyya à cause de votre croyance au soi-disant Décret.» Jouwayni répondit à ces ignares qu'ils se sont attribués le pouvoir du décret, et quiconque revendique, par exemple, le pouvoir du mal et se l'attribue, mérite son attribut, plutôt que celui qui l'attribue à d'autres autre qu'à soit même et nie toute paternité à son sujet.

3.3. Informe-moi au sujet de l'*ihsan* (l'excellence).

Ceci est le degré de la Vraie Vision (*maqam al-mouchahada*). Quiconque est capable de voir directement le Roi répugne à se tourner à d'autres autre que Lui dans la prière et à affairer son cœur avec d'autres autre que Lui.

Le degré d'*ihsan* est la hiérarchie des Saints les Plus Véridiques (*maqam al-siddiqin*) à laquelle nous avons fait référence dans notre commentaire sur le hadith de l'intention[36]

---

[36] Al-Mouhassibi dit: «La véracité (*sidq*) en tant qu'attribut d'un serviteur d'Allah, signifie la constance dans le comportement visible et caché d'une personne, en privé comme en publique. La véracité est réalisée après la réalisation de toutes les hiérarchies (*maqamat*) et états (*ahwal*). Même la sincérité (*ikhlas*) a besoin de la véracité, alors que la véracité n'a besoin de rien, parce que quoique la vraie sincérité est de chercher Allah à travers l'obéissance, l'on peut chercher Allah en priant et toujours être insouciant ou absent en son propre cœur au cours de la prière. La véracité est donc chercher Allah au moyen de l'adoration avec une complète présence du cœur en Sa présence. En vérité, tout véridique

III - LES PREUVES A PARTIR DES HADITHS

3.4. Il te voit certainement.

Il voit ton inattention si tu es inattentif en prière, conversant avec ton moi.

3.5. Informe-moi au sujet de l'Heure.

Cette réponse indique que le Prophète ﷺ ne connaissait pas l'Heure. La connaissance de l'Heure est parmi les choses dont Allah s'est réservé le savoir. Il dit: «*La connaissance de l'Heure est auprès d'Allah*» et «*Lourde elle sera dans les cieux et sur la terre, et elle ne viendra à vous que soudainement*» (7:187) et «*Qu'en sais-tu? Il se peut que l'Heure soit proche*» (33:63, 42:17).

En ce qui concerne ceux qui prétendent que l'âge de ce monde est de 70000 ans et qu'il en reste 63000, c'est une fausse déclaration rapportée par al-Tawkhani dans les «Causes de la Révélation» par certains astrologues et mathématiciens. Encore, quiconque prétend que le terme du monde est de 7000 années, fait une affirmation audacieuse au sujet de l'Inconnu, et il n'est pas permis d'y croire.

(*sadiq*) est sincère (*moukhlis*) alors que tout sincère n'est pas véridique. Telle est la signification de connexion (*ittisal*) et déconnexion (*infissal*): le véridique s'est déconnecté de tout ce qui est autre qu'Allah (*ma siwa Allah*) et il s'est rué en présence d'Allah (*al-houdour billah*). Ceci est aussi le sens de la renonciation (*takhalli*) de tout ce qui est autre qu'Allah et se vêtir (*tahalli*) de la présence d'Allah, Le Glorifié, L'Exalté.»

3.6. Informe-moi au sujet de ses signes.

Une autre version dit: «à son maître.» La plupart des commentateurs disent que ceci est un signe de multiplicité des filles esclaves et leurs progéniteurs. Un enfant né d'un maître de fille-esclave est comme son maître, parce que les possessions du propriétaire vont à ses enfants. Certains disent que le sens se réfère aux filles esclaves donnant naissance à des rois. La mère tombera alors sous la souveraineté de son fils. Un autre sens est qu'une personne peut avoir un fils avec une fille esclave avant de la vendre; ensuite le fils grandit et achète sa propre mère. C'est l'une des conditions de l'Heure.

3.7. Tu verras les va-nu-pieds, les déguenillés, les pasteurs miséreux rivalisant les uns les autres dans la construction de grands édifices.

Son sens est que les Bédouins qui vivent dans le désert et leurs semblables de parmi les parvenus et les pauvres deviendront des experts dans l'érection de grandes structures. Le monde leur sera généreux, et ils finiront à vivre dans le luxe avec leurs immeubles.

III - LES PREUVES A PARTIR DES HADITHS

3.8. Et il (le Prophète ﷺ) attendit [*labitha*] longtemps.

Les rapports disent aussi: «J'attendis [*labithou*] longtemps.» Les deux sont fiables. Dans la narration d'Abou Dawoud et de Timidhi, 'Oumar dit: «Après trois jours,» et dans le *Charh al-Tanbih* de Baghawi: «Après trois jours ou plus,» qui apparemment signifie après que trois nuits soient passées. Tout ceci apparemment contredit la version d'Abou Hourayra dans sa narration (dans Boukhari): «L'homme se leva et parti, après lequel le Messager d'Allah dit – la paix et le salut d'Allah sur lui: «Ramenez-moi cette personne», et ils le cherchèrent pour le ramener, mais ils ne trouvèrent personne. Alors il dit – la paix et le salut d'Allah sur lui: «C'était Gabriel.»»

Il est possible de réconcilier les deux versions de l'évènement en considérant qu''Oumar n'a peut-être pas été présent au moment de la révélation du Prophète – la paix et le salut d'Allah sur lui – et qu'il s'était levé et pris congé du groupe en ce moment là. Ainsi le Prophète ﷺ fit sa révélation sur le champ à ceux qui étaient présent, et ils informèrent 'Oumar à leur tour après trois jours, puisqu'il n'était pas présent au moment où le reste des Compagnons avaient été informés.

3.9. C'était Gabriel. Il était venu vous enseigner les prescriptions de votre religion.

Il y a une indication dans cette déclaration que l'*islam*, l'*iman*, et l'*ihsan* sont ensemble nommée «religion» (*din*). Le hadith montre aussi une preuve que la croyance au décret d'Allah est une obligation, et que l'on doit éviter les choses interdites, et que le contentement avec ce qui advient est une obligation.

Un homme vint à Ahmad ibn Hanbal – qu'Allah soit satisfait de lui – et dit: «Donne-moi des conseils»: Il lui dit:

«Si Allah l'Exalté S'est approprié la provision de toutes les subsistances, pourquoi t'inquiètes-tu? Si en vérité la compensation pour toutes les choses appartiennent à Allah, pourquoi être mesquin? Si en vérité il y a un Paradis, pourquoi ne pas s'apaiser maintenant? Si en vérité il y a un Feu, pourquoi désobéir? Si le questionnement de Mounkar et de Nakir est vrai, quel avantage y a-t-il à se tenir en la compagnie des humains?[37] Si le monde est destiné à une extinction, quelle paix d'esprit y a-t-il? Si en vérité il y a un compte à rendre, à quoi servent les possessions? Et si toutes les

---

[37] Cf.Le cheikh Soufi Ibn 'Ata' Allah: «Quand Dieu t'aliène de la compagnie de Ses créatures, sache qu'Il désire t'ouvrir la porte de Sa propre intimité.» *Kitab al-hikam* #93.

III - LES PREUVES A PARTIR DES HADITHS

choses sont mesurés et décrétées à disparaître, pourquoi avoir peur?»

L'auteur de *Maqamat al-'oulama* (Les stations des érudits)[38] mentionne que le monde est divisé en 25 parties:

- Cinq ont rapport à ce qui est mesuré et décrété à se produire: la subsistance, les enfants, les parents, le pouvoir et l'âge.
- Cinq ont rapport à l'effort personnel (*ijtihad*): le paradis, l'enfer, la décence, la galanterie, l'écriture.
- Cinq ont rapport à l'habitude: manger, dormir, marcher, l'accouplement, excréter.
- Cinq ont rapport à la constitution naturelle: l'abstinence, la pureté, l'altruisme, la beauté, la dignité.
- Cinq ont rapport à l'héritage: la richesse, la parenté, l'indulgence, la vérité, la loyauté.

Aucun des éléments ci-dessus cités ne contredit ce que dit le Prophète ﷺ: «Toute chose est mesurée et destinée à passer.»[39] Au contraire, cela veut dire que certaines de ces choses sont déterminées par des causes (secondaires), tandis que d'autres ne le sont pas, et toute chose est mesurée et destinée à disparaître.

---

[38] Ceci est l'Imam Ghazali.
[39] Hadiths: *koullou chay'in bi qadar*: «Toute chose est mesurée…» Mouslim, Qadar Ch.4 #18, Ahmad aussi; *koullou chay'in bi qdar'in wa qadar*: «Toute chose est destinée à disparaître et est mesurée…» Tabarani dans "al-Awssat": Haythami dit dans *Majma' al-zawa'id* que ce hadith contient des sous narrateur inconnus.

4. L'école de la perfection du caractère (*Ihsan*) et de la purification du soi (*Tazkiya*)

L'école à laquelle les Compagnons furent formés ne périt pas après la mort du Prophète ﷺ. Au contraire, les méthodes et la connaissance dont il était dotées furent transmises à ses Compagnons – qu'Allah soit satisfait d'eux – et chacune en elle même était une école à partir de laquelle la *Oumma* dériva ses enseignements. Avec le passage du temps, ces écoles se développèrent et formalisèrent leurs méthodes et créèrent une science distincte nommée la Science de *tassawwouf*. Tout comme les écoles de Chari'a se formèrent au cours des trois premiers siècles de l'Islam, de même de distinctes et visibles écoles de *tassawwouf* passèrent cette connaissance et science aux générations successives de Musulmans. Et comme la Chari'a ne se développa pas en dehors du cadre de l'Islam, du Coran et de la *sounna*, tant bien même que ses branches et son contenu couvrent plusieurs éléments non mentionnés verbalement dans ces sources, de même le *tassawwouf* se développa basé sur la structure établie par le Livre et la *Sounna* et jamais ne déborda des limites de ces paramètres.

5. La relation entre la Loi (*Chari'a*) et la Réalité (*Haqiqa*)

Le nom de «Science de Réalité» ou *'ilm al-haqiqa* est souvent attribué au *tassawwouf*. L'Imam Ahmad dit après avoir entendu al-Harith al-Mouhassibi parler: «Je n'ai jamais entendu à propos de la Science des Réalités (*'ilm al-haqa'iq*)

III - LES PREUVES A PARTIR DES HADITHS

des mots tels ceux prononcés par cet homme.»[40] Le sens de cette expression est que la réalité de l'adoration du servant consiste en la condition spirituelle du cœur, alors que la performance de son adoration consiste à remplir du point de vue de la loi ses obligations externes. Cette dernière, l'ensemble des obligations externes, est l'objet de la *Chari'a* et ses ramifications sont nombreuses tandis que la première, la réalité de l'adoration, est le sujet de la *Haqiqa* dont les ramifications sont peu.

Un exemple de ces deux aspects, *Chari'a* et *Haqiqa* est illustré par la prière. Il est obligatoire de performer la prière avec tous ses mouvements requis, ses règles essentielles, selon les stipulations de la *Chari'a*. Ceci est connu comme *jassad al-salat* ou le «corps de la prière.» Cependant, l'un des principes essentiels de la prière est de garder le cœur en la présence Divine d'Allah et de savoir qu'Il nous observe au cours de la prière. Ceci nous donne la Réalité et l'Essence de la prière. Nous savons que les gens peuvent exercer toutes les actions extérieures essentielles (visibles) de la prière, mais leurs cœurs peuvent ne pas y être présents. Ce que l'état d'*ihsan* défini est de garder le cœur pure et sain de toutes sortes de mauvaises pensées et attachements aux distractions de ce monde. Ceci fut la pratique du Prophète ﷺ parce qu'il dit qu'il était venu pour détourner les gens de l'attraction et des distractions de ce monde, et il maudit ce dernier dans plusieurs de ses hadiths.

---

[40] Rapporté avec une chaîne fiable par al-Khatib al-baghdadi dans son *Tarikh Baghdad* 8:214, et par al-Dhahabi dans *Mizan al-I'tidal* 1:430.

Par analogie, la forme externe de la *salat* est son corps, alors que l'humilité et s'effacer (*khouchou'*) est son âme. Quel est ainsi le bénéfice du corps sans son âme? Si la prière est un mouvement sans présence d'esprit, alors l'action est similaire à celle d'un robot. Autant l'âme a besoin d'un corps pour y vivre, autant le corps a besoin d'une âme pour lui donner vie. Similairement la relation entre la loi divine (*Chari'a*) et la réalité (*Haqiqa*) est comme la relation entre le corps et l'âme. Le croyant parfait qui a atteint l'état d'*ihsan* est celui qui peut joindre les deux.

Une autre expression pour cette distinction fût donnée par le Prophète ﷺ dans l'un de ses hadiths:

> La connaissance est de deux sortes: la connaissance établie dans le cœur et la connaissance établie sur la langue.[41]

Al-'Izz ibn 'Abd al-Salam al-Maqdissi (à ne pas confondre à Cheikh al-Islam al-Soulami) expliqua cette différence entre *Chari'a* et *Haqiqa* dans son essai sur le *tassawwouf* intitulé *Hall al-roumouz wa mafatih al-koumouz* (Le dévoilement des symboles et les clefs des trésors):

> La connaissance est de deux sortes: la connaissance externe (*'ilm al-zahir*) qui s'applique à la *Chari'a*, et la connaissance interne (*'ilm al-batin*) qui s'applique à la réalité.

---

[41] Rapporté par Ibn 'Abd al-Barr, *jami' bayan al-'ilm wa fadlih* 1:190; al-Moundhiri, *al-Targhib* 1:103; al-Khatib al-Baghdadi, *Tarikh Baghdad* 4:346; et autres.

III - LES PREUVES A PARTIR DES HADITHS

Le Prophète ﷺ dit: La connaissance est de deux sortes...[42]

L'Imam al-Chafi'i fit allusion à la même distinction lorsqu'il dit: «La connaissance est deux sortes: la connaissance des croyances et la connaissance des corps.» Souyouti le cita dans l'introduction de son livre *al-Tibb al-nabawi*.[43]

Donc, la compréhension essentielle du *tassawwouf* est de combiner *Chari'a* et *Haqiqa*, l'âme et le corps, l'externe et l'interne. A cause de la grande difficulté d'accomplir cet objectif, les méthodes du *tassawwouf* sont souvent dénommées guerre contre l'ego ou *jihad al-nafs*.

6. Le grand *jihad*: Le *jihad* Contre l'ego (*jihad Al-Nafs*)

Allah déclare dans le Coran qu'Il accepte les actions de dévotions seulement de ceux qui se purifient (*qad aflaha man zakkaha* (91:9), qui ont un cœur sain (*illa man ata Allaha bi qalbin salim* (26:89), et qui montrent un esprit humble (*innaha lakabiratoun illa 'ala al-khachi'in* (2:45). La purification de l'Intention est l'idée majeure de ces versets. C'est la raison pour laquelle les grands savants tels que Boukhari, Chafi'i, Nawawi et autres, commencèrent leurs livres de jurisprudence (*fiqh*) avec le hadith de l'intention: «Les actions sont jugées selon l'intention.»

---

[42] Al-'Izz ibn 'Abd al-Salam, *Bayn al-chari'a wa al-haqiqa aw hall al-roumouz wa mafatih al-kounouz* (Cairo: matba'at nour al-amal, n.d.) p.11.

[43] Comme mentionné par al-'Ajlouni dans *Kach al-Khafa* 2:89 (#1765).

Un acte considéré du point de vue externe comme un acte d'adoration mais performé sans une pure intention n'est pas considéré comme une adoration, même combattre et mourir pour la défense des Musulmans. Le Prophète ﷺ dit au sujet d'un tel combattant, «c'est un compagnon du feu», et ils sont appelés dans la Chari'a: *Chahid al-fassad* (martyre corrompu). La purification de l'intention est nécessaire pour tous les cinq piliers de l'Islam. C'est dans ce sens que l'expression *jihad al-akbar* (le plus grand *jihad*) est souvent utilisée par référence à la purification du soi, et c'est aussi dans ce sens que sa supériorité s'affirme.

Ibn Qayyim al-Jawziyya dit dans *al-Fawa'id*:

Allah dit: «*Et quant à ceux qui luttent pour Notre cause, Nous les guiderons certes sur Nos sentiers*» (29:69). Il a ainsi défini la direction du *jihad*. Partant de là, les plus parfaits des gens sont ceux qui luttent le plus pour Sa cause, et les plus obligatoires des *jihad*s (*afrad al-jihad*) sont le *jihad* contre l'ego, le *jihad* contre les désirs, le *jihad* contre satan et le *jihad* contre le bas monde (*jihad al-nafs wa jihad al-hawa wa jihad al-chaytan wa jihad al-dounya*). Quiconque lutte contre ces quatre, Allah le guidera aux voies de Son bon plaisir qui conduit à Son Paradis, et quiconque abandonne le *jihad*, alors il énonce à être guidé en proportion de son abandon au *jihad*.

Al-Jounayd dit:

III - LES PREUVES A PARTIR DES HADITHS

«Ceux qui luttent contre leurs désirs et se repentent par notre amour, nous les guiderons aux voies de la sincérité, et ne peut lutter extérieurement contre son ennemi (c'est à dire avec le sabre) que celui qui lutte contre ces ennemis internes. Puis quiconque a la victoire sur eux sera victorieux sur ses ennémis, et quiconque est défait par eux sera défait par son ennemi.»[44]

La concurrence et la rivalité sont permises dans le but d'encourager l'excellence dans l'adoration. Dans ce conteste, Allah établit dans Son Livre des niveaux entre les croyants comme cela est mentionné dans Son Livre, et ceci est aussi clarifié par d'innombrables hadiths. La récompense du *jihad* est immense comme cela est prouvé par le hadith du Prophète ﷺ lorsqu'il dit que s'il pouvait, il aurait demandé Allah de le faire revivre afin qu'il puisse retourner combattre et mourir plusieurs fois en *chahid* ou martyre. Toujours est-il qu'en ce qui concerne la présente issue, le *tassawwouf*, ceux qui se souviennent d'Allah – y compris les parfaits savants qui sont les réels connaisseurs d'Allah – sont supérieurs au *moujahidin*. Par exemple, quoique Zayd ibn Haritha et Khalid ibn Walid fussent de grands généraux, leur disparution fut moins lourde en terme de perte pour les Musulmans, comparée à celle d'Abou Moussa al-Ach'ari ou d'Ibn 'Abbas. Pour cette raison, le Prophète ﷺ déclara explicitement la supériorité de ceux qui se souviennent d'Allah dans les deux authentiques hadiths suivants.

---

[44] Ibn Qayyim al-Jawziyya, *al-Fawa'id*, éd. Mouhammad 'Ali Qoutb (Alexandria: dar al-da'wa, 1412/1992) p.50.

Le Prophète ﷺ dit: «Voulez-vous que je vous dise quelles sont vos meilleurs œuvres, quelles sont celles qui sont les plus pures et les plus cotées auprès de votre Seigneur, celles qui élèvent très haut votre degré, celles qui vous rapportent plus de salaire que dépenser votre or et votre argent au service d'Allah ou prendre part au *jihad* en tuant ou en se faisant tuer dans la voie d'Allah?» Ils dirent: «Nous voulons bien.» Il dit: «C'est l'invocation d'Allah.»[45]

Il dit aussi: «Même si l'un frappe les mécréants et les idolâtres avec son sabre jusqu'à le briser, et meurt teinté complètement par leur sang, les invocateurs d'Allah sont supérieurs à lui d'un degré.»[46]

6.1. Hadith sur le *jihad* contre L'ego

Le savant de hadith Moulla 'Ali al-Qari dans son livre *al-Mawdou'at al-koubra* connu aussi sous le nom *al-Asrar al-marfou'a* dit:

Souyouti dit: al-Khatib al-Baghdadi rapporte dans son livre «Histoire» sur l'autorité de Jabir:

---

[45] Rapporté sur l'autorité d'Abou al-Darda par Ahmad, Tirmidhi, Ibn Majah, Ibn Abi al-Dounya, al-Hakim qui le déclare fiable, et Dhahabi le confirme, Bayhaqi, Souyouti dans *al-Jami' al-saghir*, et Ahmad aussi le rapporte de Mou'adh ibn Jabal.

[46] Rapporté sur l'autorité d'Abou Sa'id al-Khoudri par Ahmad (3:75), Tirmidhi (#3376), Baghawi dans *Shar al-sounna* (5:195), Ibn Kathir dans son *Tafsir* (6:416), et autres.

III - LES PREUVES A PARTIR DES HADITHS

Le Prophète ﷺ retourna de l'une de ses batailles et dit: «Vous avez avancer de la meilleur manière du monde: vous êtes revenu du plus petit *jihad* au plus grand *jihad*.» Ils disent: «Et quelle est le plus grand *jihad*?» Il répondit: «Le combat (*moujahadat*) des serviteurs d'Allah contre leurs vains désirs.»

Ibn Hajar al-'Asqalani dit dans *Tasdid al-qaws*: «Cette déclaration est rependue, et c'est une déclaration rapportée par ibn Ablah selon Nisa'i dans *al-Kouna*. Ghazali le mentionne dans le *Ihya'* et al-'Iraqi dit que Bayhaqi le rapporte sur l'autorité de Jabir et dit: Il y a de la faiblesse dans sa transmission.»[47]

Le hafiz Ibn Abou Jamra al-Azdi al-Andalousi (d.695) dit dans son commentaire sur Boukhari intitulé *Bahjat al-noufous*:

'Oumar rapporte qu'un homme vint au Prophète ﷺ lui demander la permission d'aller en *jihad*. Le Prophète ﷺ lui demanda: «Tes parents sont-ils en vie?» Il dit qu'ils l'étaient. Le Prophète ﷺ répliqua: «Alors efforce-toi à respecter leurs droits» (*fihima fa jahid*)... Il y a dans ce hadith la preuve que la *Sounna* pour entrer dans la voie et d'entreprendre la discipline du soi est d'agir sous la direction d'un expert afin qu'il te soit montré la meilleur voie qui te convient et la plus certaine pour le

---

[47] 'Ali al-Qari, *al-Asrar al-marfu'a* (Béirout 1985 ed.) p.127.

particulier aspirant. En effet, lorsque ce Compagnon désira aller en *jihad*, il ne se contenta pas de sa propre opinion sur le sujet, mais il chercha le conseil de quelqu'un de plus savant et plus expert que lui. Si ceci est le cas pour le *jihad* mineur, qu'en est il alors pour le Grand *jihad* ?[48]

Ibn Hibban rapporte dans son *Sahih* de la part de Fadala ibn Oubayd:

Le Prophète 🕋 dans son dernier pèlerinage: «... Le *moujahid* est celui qui est en *jihad* contre soi-même *(jahada nafsah)* pour amour à obéir Allah.»[49]

Al-Haytami relata la version suivante dans le chapitre sur le *jihad al-nafs* dans son *Majma' al-zawa'id* et le déclara fiable:

---

[48] Ibn Abou Jamra, Bahjat al-noufous sharh moukhhtasar sahir al-boukhari 3:146.

[49] Tirmidhi, Ahmad, Tabarani, Ibn Majah, al-Hakim, et Qouda'i aussi le rapporte. Le savant de hadith contemporain Ch'ayb al-Arnaut confirme que sa chaîne de transmission est fiable dans son édition de ibn Hibban, Sahih 11:203 (#4862).

III - Les preuves a partir des hadiths

Le plus fort n'est pas celui qui triomphe des autres, le plus fort est celui qui triomphe de son ego (*ghalaba nafsah*).

IV - Dires et écrits des Imams et savants au sujet de la purification du soi (Tassawwouf)

1. Al-Hassan al-Basri (D. 110 AH)

Hassan al-Basri fut l'un des premiers Soufis formels dans le sens littéraire et général, puisqu'il revêtit toute sa vie un manteau de velours (*souf*). Le fils d'une esclave libérée de Oumm Salama (la femme du Prophète ﷺ), et d'un esclave affranchi de Zayd ibn Thabit (le fils adoptif du Prophète ﷺ), ce grand Imam de Basra, le leader des saints et des savants de son temps, était connu pour sa stricte observance de la *Sounna* du Prophète ﷺ. Il fut aussi fameux pour son immense savoir, son austérité et son ascétisme, ses intrépides reproches aux autorités, son pouvoir d'attraction dans la parole et dans l'apparence.

Ibn al-Jawzi écrit un livre de 100 pages sur sa vie et ses caractères intitulé *Adab al-Cheikh al-Hassan ibn al-Hassan al-Basri*. Dans son chapitre sur al-Hassan dans *Sifat al-safwa*, il mentionne un rapport qu'al-Hassan laissa dans un manteau blanc (*joubba*) en velours qu'il vêtit exclusivement au cours des vingt et cinq dernières années de sa vie, en été comme en hiver, et que lorsqu'il mourut était en une impeccable beauté, propreté, et qualité.[50]

Dans le livre qu'il consacra aux dires et aux actions des Soufis, *Rawdat al-mihibbin wa nouzhat al-moushtaqin* (Le

---

[50] Ibn al-Jawzi, *Sifat al-sawfa* 2(4):10 (#570).

IV Dires et écrits des Imams et Savants au Sujet de la Purification du Soi

jardin des amoureux et l'excursion des nostalgiques), Ibn Qayyim rapporte:

> Un groupe de femmes sortirent le jour du 'Id et regardèrent les gens. On leur demanda: «Quelle est la personne la plus élégante que vous ayez vu aujourd'hui?» Elles répondirent: «C'est un cheikh portant un turban noir.» Elles voulaient dire Hassan al-Basri.[51]

Le maître de hadith Abou Nou'aym al-Isfanahi (d.430) mentionne dans ses biographies de Soufis intitulé *Hilyat al-awliya'* (L'ornement des saints) que c'est le disciple de Hassan al-Basri, 'Abd al-Wahid ibn Zayd (d.177) qui fut la première personne à construire un hospice spirituel (*khaniqa soufi*) et une école à Abadan qui de nos jours fait frontière entre l'Iran et l'Iraq.[52]

Ce fut sur les bases de Hassan al-Basri et sur la renommée de ses disciples reconnus comme Soufi qu'Ibn Taymiyya dit dans son essai *al-Soufiyya wa al-fouqara*: «L'origine du *tassawwouf* est Basra».[53] Ceci est une déclaration trompeuse qui équivaut à accuser al-Hassan d'avoir inventer le *tassawwouf*. Au contraire, Basra est en tête parmi les places renommées pour le développement officiel des écoles de purification qui vinrent à être connues comme *tassawwouf* et dont les principes ne sont rien d'autres que le

---

[51] Ibn al-Qayyim, *Rawdat al-mihibbin* p.225.
[52] Abu Nu'aym, *Hilyat al-awliya'* 6:155.
[53] Ibn Taymiyya, al-Tassawwouf dans Majmou'a al-fatawa al-koubra 11:16.

LA SCIENCE DE LA PURIFICATION DU CŒUR

Coran et la *Sounna* comme il a été déjà démontré suffisamment.

Ghazali rapporte les dires d'al-Hassan sur le *jihad al-nafs*:[54]

> Deux pensées parcourent par dessus l'esprit, une provenant d'Allah, une provenant de l'ennemi. Allah couvre de miséricorde un serviteur qui s'apaise à la pensée qui vient de Lui. Il embrasse la pensée qui vient d'Allah, tandis qu'il lutte contre celle qui vient de l'ennemi. Pour illustrer l'attraction mutuelle du cœur entre ces deux pouvoirs, le Prophète ﷺ dit: «Le cœur du croyant repose entre deux doigts du Miséricordieux»[55]... Les doigts signifient le bouleversement et l'hésitation dans le cœur... Si l'Homme suit les ordres de la colère et de l'appétit, la domination de satan apparaît en lui à travers les passions oisives (*hawa*) et son cœur devient le nid et le conteneur de satan qui nourrit les désirs (*hawa*) de l'ego. S'il combat ses passions et ne les laisse pas dominer son *nafs*, imitant en ceci le caractère des anges, en ce moment, son cœur devient le lieu de quiétude des anges, et ils s'y installent.

---

[54] Ghazali: Hassan al-Basri, dans la section de son Ihya' intitulé *Kitab riyadat al-nafs wa tahdhib al-akhlaq wa mou'alajat amrad al-qalb* (Le livre du dressage de l'ego et la discipline des comportements et la guérison des maladies du cœur).

[55] Rapporté par Mouslim, Ahmad, Tirmidhi, et Ibn Majah.

IV Dires et écrits des Imams et Savants au Sujet de la Purification du Soi

Une mesure de la dimension de sa méticulosité et de sa peur scrupuleuse (*wara'*) d'Allah est donné par sa déclaration suivante, citée aussi par Ghazali:

> L'oublie et l'espoir sont deux fortes bénédictions sur les descendants d'Adam sans lesquels les Musulmans ne pourraient pas marcher dans les rues.[56]

2. Imam Abou Hanifa (D.150 AH)

Ibn 'Abidin rapporte dans son *al-Dourr al-moulkhtar* que l'Imam Abou Hanifa dit: «Si ce n'était pour deux années, j'aurais péri.»

Ibn 'Abidin commente:

> Pendant deux années il accompagna Sayyidina Ja'far al-Sadiq, et il acquit la connaissance spirituelle qui fit de lui un gnostique dans la Voie... Abou 'Ali Daqqaq (le cheikh de l'Imam Qouchayri) reçu l'initiation d'Abou al-Qassim al-Nasirabadi, qui la reçut d'al-Chibli, qui la reçut de Sari al-Saqati qui la reçut d'al-Ma'rouf al-Karkhi, qui la reçut de Dawoud at-Ta'i, qui reçut les deux connaissances, l'interne et l'externe de l'Imam Abou Hanifa.[57]

3. Soufyan al-Thawri (D.161 AH)

Ibn Qayyim al-Jawziyya rapporte dans *Madarij al-salikin*, et Ibn al-Jawzi dans le châpitre intitulé «Abou

---

[56] Dans Ghazali, trad. T.J.Winter, *le Souvenir de la mort* p.18.
[57] Ibn 'Abidin, *Hashiyat radd al-muhtar 'ala al-durr al-mukhtar* 1:43.

Hashim al-Zahid» dans son *Sifat al-safwa* après le maître de hadith Abou Nou'aym dans son *Hilyat al-awliya'*, que Soufyan al-Thawri dit:

> Si ce n'était pour Abou Hachim al-Soufi (d.150), je n'aurais jamais perçu la présence des plus subtiles formes de l'hypocrisie dans le moi ... Le meilleur parmi les gens est le Soufi érudit en jurisprudence.[58]

Ibn al-Jawzi rapporte aussi le passage suivant:

> Abou Hachim al-Zahid dit: «Allah a apposé l'aliénation sur le monde afin que la compagnie fraternelle des *mouridin* (les aspirants) ne consiste seulement à être qu'avec Lui et non avec le monde, et afin que ceux qui Lui obéissent viennent à Lui en négligeant le monde. Le Groupe des connaisseurs d'Allah (*ahl al-ma'rifa billah*) sont étrangers dans le monde et ont très envie de l'au delà.»[59]

4. Imam Malik (D. 179 AH)

Le savant de Médine, il fut connu pour sa grande piété et son amour pour le Prophète ﷺ qu'il aimait et vénérait à tel point qu'il ne montait jamais sur son cheval dans les limites de Médine en signe de respect à la terre qui contenait le corps du Prophète ﷺ, ni il ne rapportait un

---

[58] Ibn Qayyim, *Madarij al-salikin*; Ibn al-Jawzi, *Sifat al-safwa* (Béirut: dar al-kutub al-'ilmiyya, 1403/1989) 1 (2):203 (#254); Abu Nu'aym, *Hilyat al-awliya*, s.v. "Abu Hashim al-Sufi."

[59] Ibn al-Jawzi, po. Cit.

IV Dires et écrits des Imams et Savants au Sujet de la Purification du Soi

hadith sans avoir d'abord renouvelé son ablution. Ibn al-Jawzi rapporte dans le chapitre intitulé «La sixième couche des gens de Médine» dans son livre *Sifat al-sawfa*:

> Abou Mous'ab dit: J'entra pour voir Malik ibn Anas. Il me dit: Regarde à ma place de prière ou sous ma natte de prière et voit ce qu'il y a. Je regardai et je trouvai un message écrit. Il me dit : Lis la! (Je constata qu'elle) contenait (le récit) d'un rêve que l'un de ses frères avait fait et qui le concernait. Il dit (lisant ce qui était écrit): «Je vis le Prophète ﷺ dans mon sommeil. Il était dans sa mosquée, et les gens étaient autour de lui, et il dit: J'ai caché pour vous sous ma chaire (*minbar*) quelque chose de bon – ou une connaissance – et j'ai ordonné Malik de vous la distribuer.» Malik alors pleura, je me leva et pris congé de lui.[60]

Tout comme Abou Hanifa et Soufyan al-Thawri affirmèrent implicitement la nécessité de suivre la voie soufie afin d'acquérir la perfection, l'Imam Malik ordonna explicitement la pratique du *tassawwouf* comme un devoir des savants dans sa déclaration suivante:

> Quiconque pratique le *tassawwouf* sans étudier la Loi Sacré (la jurisprudence) corrompt sa foi, et quiconque étudie la Loi Sacré (la jurisprudence) sans pratiquer le *tassawwouf* est un hérétique. Mais celui qui combine les deux atteindra la vérité. (*man tassawwafa wa lam*

---

[60] Ibn al-Jawzi, *Sifat al-safwa* 1(2):120.

yatafaqqah fa qad tazandaqa wa man tafaqqaha wa lam yatassawwaf fa qad tafassaqa wa man jamaa baynahouma fa qad tahaqqaqa).

Cette déclaration est rapportée par le mouhaddith Ahmad Zarrouq (d.899), le hafiz 'Ali al-Qari al-Harawi (d.1014), les mouhaddiths 'Ali ibn Ahmad al-'Adawi (d.1190) et Ibn 'Ajiba (d.1224) et autres.[61]

Ibn 'Ajiba explique:

> Cheikh Ahmad Zarrouq dit: «Le *Tassawwouf* a plus de deux milles définitions, qui vont toutes dans le sens de la sincérité de la dévotion de soi-même à Allah ... Chaque définition correspond à l'état et l'étendue de l'expérience de celui qui le pratique, sa connaissance, son goût, sur lequel il fondera son dire: «Le *Tassawwouf* est ceci ou cela.»
>
> Il s'en suit que chacun des saints cités (dans le *Hilyat al-awliya'* d'Abou Nou'aym) qui sont sincères dans leur détermination (*sidq tawajjouh*), adhérent au *tassawwouf*, et le *tassawwouf* de chacun dépend du degré de sa détermination. Comme règle, l'investissement de soi est une condition de la religion puisque

---

[61] 'Ali al-Qari, *Charh 'ayn al-'ilm wa-zayn al-hilm* (Le Caire: Maktabat al-Thaqafa al-Diniyya, 1989) 1:33; Ahmad Zarrouq, *Qawa'id al-tassawwouf* (Le Caire, 1310); 'Ali al-'Adawi, *Hachiyat al-'Adawi 'ala charh Abi al-Hassan li-rissalat Ibn Abi Zayd al-moussammat kifayat al-talib al-rabbani li-rissalat Ibn Zayd al-Qayrawani fi madhhab Maalik* (Béyrout?: Dar Ihya' al-Koutoub al-'Arabiyah, <n.d.>) 2:195; Ibn 'Ajiba, *Iqaz al-himam fi sharh al-hikam* (Le Caire: Halabi, 1392/1972) p.5-6.

IV Dires et écrits des Imams et Savants au Sujet de la Purification du Soi

c'est cela l'essence de la manière et du contenu des actes agrées par Allah. La manière et le contenu ne sont pas crédibles à moins que la persévérance en soit. «*Il n'approuve pas l'ingratitude en Ses serviteurs, mais si vous est reconnaissant, Il l'agrée pour vous*» (39:7).

Ainsi, l'Islam exige des actions, et il n'y a pas de purification de soi (*tassawwouf*) sans la connaissance de la Loi (*fiqh*), car les commandes externes d'Allah ne sont connues que par la connaissance de la Loi; et il n'y a pas de connaissance de la Loi sans la purification de soi dans la mesure qu'il n'y a pas d'acte s'il n'y a pas de sincérité dans l'investissement de soi, et il n'y a rien sans croyance. Ainsi, par définition, la Loi les exige toutes, tout comme le corps et l'esprit ont besoin l'un de l'autre, aussi comme l'on ne peut exister ou être complet dans le monde qu'en étant en harmonie avec les autres. Telle est la définition de la déclaration de l'Imam Malik: «Celui qui pratique le *tassawwouf* sans avoir appris la Loi Sacrée … » [62]

5. Imam Chafi'i (D.204 AH)

Al-hafiz al-Souyouti rapporte dans *Ta'yid al-haqiqa al-'aliyya* que l'Imam Chafi'i dit:

---

[62] Ibn 'Ajiba, *Iqaz al-himam* 5-6.

> J'accompagnai les soufis et reçus d'eux trois mots: leur déclaration que le temps est un sabre: si tu ne le coupes pas, il te coupe; leur déclaration que si tu n'occupes pas ton ego avec la vérité, il te préoccupera avec le mensonge; leur déclaration que le dénuement est une immunité.[63]

Le *mouhaddith* al-'Ajlouni rapporte aussi dans son livre *Kachf al-Khafa wa mouzil al-albas* que l'Imam Chafi'i dit:

> Trois choses m'ont plu dans ce monde: éviter l'affection, traiter les gens avec indulgence et suivre la voie du *tassawwouf*.[64]

6. Imam Ahmad bin Hanbal (D.241 AH)

Mouhammad ibn Ahmad al-Saffarini al-Hanbali (d.1188) rapporte dans son *Ghidha' al-albab li-charh manzoumat al-adab* de la part d'Ibrahim ibn 'Abd Allah al-Qalanassi que l'Imam Ahmad dit au sujet des soufis:

> «Je ne connais pas de gens meilleurs qu'eux.» Quelqu'un lui dit: «Ils écoutent la musique, et ils atteignent des états statiques.» Il dit: «Les empêches-tu de se réjouir quelque temps avec Allah?»[65]

---

[63] Souyouti, *Ta'yid al-haqiqa al-'aliyya* p.15
[64] al-'Ajlouni, *Kashf al-Khafa wa mouzil al-albas* 1:341 (#1089).
[65] Al-Saffarini, *Ghidha' al-albab li-sharh manzoumat al-adab* (Le Caire: Matba'at al-Najah, 1324/1906) 1/120.

IV DIRES ET ÉCRITS DES IMAMS ET SAVANTS AU SUJET DE LA PURIFICATION DU SOI

Cheikh Amin al-Kourdi dit: l'Imam Ahmad conseillant son fils dit:

> «O fils! Tu dois tenir compagnie avec les gens qui pratiquent le soufisme parce qu'ils sont une fontaine de savoir et leurs cœurs sont en constante invocation. Ce sont les ascétiques, et ils ont le plus puissant pouvoir spirituelle.»[66]

L'Admiration des Soufis par l'Imam Ahmad est confirmée par les rapports de son respect vis à vis d'al-Harith al-Mouhassibi, quoiqu'il exprima un avertissement au sujets des difficultés de la voie Soufie pour ceux qui ne sont pas préparés à la suivre parce que ce n'est pas facile pour la majorité des gens de suivrent la voie de ceux au sujet desquels Allah dit au Prophète ﷺ: «*Et résigne toi à la compagnie de ceux qui invoquent leur Seigneur matin et soir désirant Sa Face ...*» (18:28).

7. L'Imam al-Harith al-Mouhassibi (D.243 AH)

Il fut l'un des premiers auteurs de traité de Soufis et maître d'al-Jounayd. 'Abd al-Qahir al-Baghdadi, Taj al-Din al-Soubki, et Jamal al-Din al-Isnawi, tous reconnaissent et réitèrent que «Sur les livres de al-Harith ibn Assad al-Mouhassabi sur le *kalam*, le *fiqh*, et le hadith reposent ceux parmi nous qui sont *moutakallim* (théologiens), *faqih* (juriste), et Soufi?»[67] Ses livres encore existants sont:

---

[66] Cité dans le livre *Tanwir al-Gouloub*, p.405. Par cheick Amin al-Kourdi.
[67] 'Abd al-Qahir al-Baghdadi, *Kitab Ousoul al-Din* p.308-309; Taj al-Din Soubki, *Tabaqat al-shafi'iyya* 2:275; Jamal al-Din al-Isnawi, *Tabaqat al-Shafi'iyya* 1 (#9)26-27.

- *Kitab al-ri'aya li houqouq Allah* (Le livre d'observance des droits d'Allah; Cheikh al-Islam al-'Izz ibn 'Abd al-Salam rédigea une version abrégée.[68]
- *Kitab al-tawahhoum* (Le livre d'imagination), une description du jour du Jugement;
- *Kitab al-Khalwa* (Le livre de la retraite spirituelle);
- *Rissalat al-moustarshidin* (Traité pour ceux qui demandent à être guidé);
- *Kitab fahm al-Qour'an* (Le livre de la compréhension du Coran);
- *Kitab mahiyyat al-'aql wa ma'nahou wa ikhtilaf al-nas fihi* (Le livre de la nature et le sens de l'esprit et les différences parmi les gens à ce sujet;
- *al-Massa'il fi a'mal al-qouloub wa al-jawarih wa al-'aql* (Les questions concernant les travaux des cœurs, des membres et de l'esprit;
- *Kitab al-'azama* (Le livre de la magnificence);
- *al-Wassaya wa al-nassa'ih al-diniyya wa al-nafahat al-qoudsiyya li naf'i jami' al-bariyya* (Les héritages et conseils spirituels et les dons sanctifiés pour le bénéfice de toutes les créatures).

Le passage suivant est extrait d'*al-Wassayt* dans lequel al-Mouhassibi décrit le parcours de sa recherche de la vérité parmi les groupes variés de musulmans, son entrée dans la

---

[68] Al-Soubki le mentionne dans *Tabaqat al-shafi'iyya*. Une copie est disponible à la bibiothèque Chester Beatty, ms. 3184 (2).

IV Dires et écrits des Imams et Savants au Sujet de la Purification du Soi

voie Soufie et les caractéristiques des Soufis comparées aux non Soufis:

> Il a été clairement dit que cette Communauté sera divisée en soixante et dix groupes impairs, l'un d'eux est le groupe Sauvé, et Allah sait mieux au sujet du reste. Je consacrai une partie de ma vie à étudier les différences de cette Communauté, cherchant la méthode claire et le droit chemin, recherchant le savoir et agissant par rapport à cette connaissance, guidé sur le chemin de l'au-delà aux moyens des directives des savants. Je compris une grande partie de la parole d'Allah (le Coran) à travers l'interprétation des juristes. Je contemplai les conditions de cette *Oumma*, (je) regardai ses voies de pensée et discours et (je) compris de ce constat ce qui a été prédestiné pour moi.
>
> Je vis leurs divisions comme un océan profond où plusieurs gens se sont noyés, et peu furent sauvés. Je vis que chaque groupe prétend que le salut est pour ceux qui les suivent et la destruction est pour tous ceux qui leur sont opposés. Ainsi je compris que les gens sont de différents types:
> - Parmi eux est celui qui possède la connaissance de l'au-delà – il est très difficile de le trouver et il est rare;
> - un autre type est l'ignorant; prendre ses distances de celui-ci est une bénédiction;

- un autre type est celui qui prétend être un savant alors qu'il est attaché à *dounya*, le préférant en réalité par rapport à toutes autres choses;
- un autre type est celui qui possède la connaissance, étant une référence pour la religion, mais utilisant sa connaissance comme une source de célébrité et de gain de prestige, brandissant sa connaissance comme une barrière pour le refus de cette *dounya*;
- un autre type est celui qui a la connaissance mais ne sachant pas le sens réel de ce qu'il possède;
- un autre type est celui qui apparaît comme un ascétique, cherchant la vertu, mais il est impuissant, et sa connaissance ne peut pas pénétrer les cœurs de son audience, et ses dires ne sont pas fiables;
- un autre type est celui doté d'intelligence et de savoir, alors qu'il ne s'abstient pas - à travers - la peur scrupuleuse d'Allah *(wara')* et Sa crainte *(taqwa)*;
- un autre type sont ceux qui suivent leurs passions et leurs bas désirs, ceux qui s'humilient pour l'amour de *dounya*, cherchant son niveau le plus haut;

un autre type sont les démons humains empêchant les gens à chercher l'au-delà, qui luttent comme des chiens sur ce monde *(dounya)*, l'adulant, et ne voulant rien d'autre

IV Dires et écrits des Imams et Savants au Sujet de la Purification du Soi

que d'en obtenir le maximum, qui, partant de là sont vivant dans ce *dounya* mais en réalité sont morts; ce qui est vrai est faux selon eux, et ils considèrent les vivants et les morts égaux.

Je me cherchai une voie parmi ces différents types, et je devins perplexe. Ainsi je décidai d'être guidé par les guides, demandant support et directives, et je pris la connaissance pour guide. Je réfléchis et examinai les choses méticuleusement jusqu'à ce qu'il me devint claire – avec le Livre d'Allah, la *Sounna* de Son Prophète ﷺ et le consensus de la Communauté pour preuve – que suivre son désir rend aveugle dans la recherche de la vérité, et un tel perd sa voie à la vérité et accentue son manque de clairvoyance.

Alors je commençai à vider mon cœur de tous les bas désirs (*hawa*), et je me concentrai sur les divisions de la *Oumma*, à la recherche du Groupe sauvé, attentif à ceux qui ont suivi les désirs destructifs et les groupes égarés, faisant attention de ne pas faire un pas sans en être sûr, cherchant la voie du salut pour mon âme.

Ainsi je trouvai – comme l'unanimité de la *Oumma* le dérive du Coran – que la voie du Salut est dans la peur d'Allah (*taqwa*), dans la performance des obligations, dans la peur d'Allah au sujet de ce qu'Il a permis et de ce qu'Il a interdit (*wara'*) et les limites qu'Il a établies, dans la sincérité à Allah à travers l'obéissance et suivant les exemples de Son Messager. Je cherchai le savoir des obligations (*fara'id*) et les pratiques Prophétiques (*Sounna*) des savants de narrations, et je trouvai en eux à la fois accord et division, mais je trouvai qu'ils s'accordent tous sur le fait que la connaissance des obligations et de la *Sounna* sont avec ceux qui connaissent Allah et Ses ordres, les Connaisseurs d'Allah qui agissent selon Son bon plaisir, craignant pleinement de violer ce qu'Il a interdit, se façonnant d'après l'exemple de Son Messager, et préférant l'Au-delà à ce monde: ce sont ceux qui s'accrochent fermement aux commandes d'Allah et aux voies des Messagers.

Alors je regardai parmi cette Communauté pour ce genre de serviteurs unanimement reconnus et qui sont connus pour leurs talents, et cherchai à bénéficier de leur savoir, et je trouvai qu'ils sont très rares et très peu en nombres, et que leur genre de savoir est en train de disparaître, comme le Messager d'Allah l'a dit: «Lorsque l'Islam commença, il était étrange, et il deviendra étrange encore tout comme il débuta, et la bonne nouvelle est aux étranges!»[69] – et ils sont solitaires avec leur religion. Je sentis que ma calamité s'empirait

---

[69] Muslim, Iman; Ahmad 4:73.

IV Dires et écrits des Imams et Savants au Sujet de la Purification du Soi

du fait de la disparition des Vertueux saints (*al-awliya' al-atqiya'*), et j'eus peur qu'une mort soudaine m'arrive pendant que je suis encore troubler sur la division de cette *Oumma*. Alors je commençai à chercher un maître: et je n'avais pas d'autre choix que d'en trouver un, et je fis mon meilleur jusqu'à ce que Celui qui est Affectueux envers Sa Création me permis de rencontrer un groupe d'eux.

Je trouvai en eux les signes de *Taqwa* et les qualités de *wara'* et la préférence de l'au-delà sur l'ici-bas, et trouvai que leurs instructions et leurs conseilles sont en conformités avec les actions des leaders à guider, et je les trouvai regroupés, unis à donner conseil à la Communauté, n'encourageant personne à Le désobéir ni à perdre espoir en Sa Miséricorde, ils acceptent toujours et patiemment acceptent les fardeaux et les difficultés, content avec le destin et reconnaissants dans la prospérité. Ils amènent les gens à aimer leur Seigneur en parfait repentir en les rappelant de Ses faveurs et de Ses bontés, et ils les encouragent à remettre toutes leurs affaires à Allah, à connaître Sa Grandeur, Son livre et la, Sa Religion, Ce qu'Il aiment et ce qu'Il n'aime pas, à être prudent et éviter les nouveautés et les caprices, se garder des extrêmes et des exagérations, mépriser les disputes et les argumentations, se garder de la médisance et de l'oppression, s'opposer à leurs désirs, prendre leur responsabilité, contrôler leurs sens, être délicat dans leur nourriture, leur habillement et toutes leurs situations, évitant tout ce qui est douteux, évitant les bas désirs, se satisfaire du minimum de nourriture, se defaire des futilités, agir sans user de ce qui est permissible, la peur du Jugement, la circonspection de la Résurrection, être affairé avec leur propre fardeaux, stricts avec eux-mêmes et non avec les autres, chacun d'eux a ses propres affaires qui le préoccupe, chacun d'eux est savant concernant l'au-delà et la description du Jour du Jugement, l'abondante récompense et la douloureuse punition. C'est ce qui explique leur constante anxiété et incessante inquiétude qui les éloignent de la joie de ce monde et ses plaisirs.

Ce groupe a concrétisé les caractéristiques de cette religion et dessiner les lignes définitives de la renonciation (*wara'*) en une manière qui compresse ma poitrine avec peur, et me rendit clair que la conduite de la religion et la sincérité de la piété scrupuleuse (*wara'*) sont un océan que quelqu'un comme moi ne peut pas comprendre; ainsi je parvint à réaliser l'étendue de leurs vertus, à voir clairement leur inquiétude, et je devins de plus en plus certain qu'ils sont ceux qui luttent dans la Voie de l'au-delà, les vrais disciples de l'exemple des

IV Dires et écrits des Imams et Savants au Sujet de la Purification du Soi

Messagers, la source de ceux qui demandent à être éclairés, et des conseillers pour ceux qui ont besoin de conseils.

Ainsi, je commençai à m'intéresser à leur voie, bénéficiant d'eux, acceptant leur code de conduite, prenant plaisir à leur obéir. Je ne vois rien d'égal à eux, et je ne préfère rien à eux, et Allah m'a béni d'un genre de connaissance dont la véracité me devint claire et dont j'ai vu la totalité. J'espère que le salut atteindra ceux qui l'acceptent et l'adoptent, et je suis certain que le support viendra à quiconque le pratiquera.

J'ai trouvé de la malhonnêteté en ceux qui s'opposent à cette voie, et la rouille s'est accumulée sur le cœur de quiconque l'ignore et la nie. J'ai découvert que la preuve suprême est avec celui qui la comprend, et j'ai découvert que l'adopter et agir en s'y conformant est une obligation pour moi; ainsi j'y ai cru de tout cœur et l'ai gardé dans ma conscience et fait d'elle la fondation de ma religion, et j'y ai établi mes actions, et j'y suis passé à travers différents états d'expérience.

J'ai demandé à Allah de me donner l'aptitude de Le remercier pour la Générosité qu'Il a répandue sur moi et de me donner la force de performer les tâches se rapportant à ce qu'Il m'a enseigné, sachant mes défauts et sachant que je ne pourrai pas Le remercier assez.[70]

7.1. Le respect de l'Imam Ahmad envers Al-Mouhassibi

Voici le récit de la première fois que l'Imam Ahmad entendu al-Mouhassibi parler en personne, raconté par le hafiz al-khatib al-Baghdadi dans son Histoire de Baghdad:

> Ahmad ibn Hanbal n'aimait pas les spéculations d'al-Harith dans la science de la théologie de même que les livres qu'il éditait. Fréquemment, il mettait les gens en garde contre al-Harith. Mouhammad ibn Ahmad Yaqoub appris de Mouhammad ibn Nou'aym al-Dabbi: J'entendis l'Imam Abou Bakr Ahmad ibn Ishaq - al-Sibji - dire: J'entendis Isma'il ibn Ishaq al-Sarraj dire: «Ahmad ibn Hanbal me dit un jour: J'ai appris que ce Harith est souvent chez toi. Qu'en est il si tu m'invitais et me plaçais quelque part où je pourrais l'entendre sans être vu?» Je répondis: «Certainement, O Abou 'Abd Allah!» et j'étais content de ce premier pas de sa part. Je partis et je demandai à al-Harith de venir nous visiter cette même nuit puisque ses compagnons y seront aussi. «O Isma'il! Ils sont nombreux. Par conséquent, tu ne les serviras que de l'huile et des dattes, et

---

[70] Al-Mouhassibi, Kitab al-Wassaya, ed. 'Abd al-Qadir Ahmad 'Ata (Le Caire, 1384/1964) 27-32.

IV Dires et écrits des Imams et Savants au Sujet de la Purification du Soi

seulement ce que tu peux.» Je suivis ses instructions et je partis informer Abou ʿAbd Allah. Il vint après le coucher du soleil, monta s'installer dans une petite chambre et commença à réciter ses dévotions usuelles (*wird*). Al-Harith et ses compagnons arrivèrent, mangèrent, et se levèrent pour la prière prescrite de nuit, et ils ne prièrent pas après cela. Ensuite ils s'assirent silencieusement devant al-Harith et ne bronchèrent aucun mot jusqu'au milieu de la nuit. L'un d'eux alors posa une question à al-Harith et al-Harith commença à parler. Ses compagnons l'écoutèrent comme s'ils avaient peur d'effrayer un oiseau. Certains pleuraient. D'autres poussaient de petits sanglots au fur et à mesure qu'il parlait. Je partis alors dans la chambre pour voir Abou ʿAdb Allah et le trouvai évanoui à force d'avoir pleurer. Je redescendis. Ils continuèrent ainsi jusqu'au matin où ils se levèrent et s'en allèrent. Je retournai la haut voir Abou ʿAdb Allah. Il avait changé. Je lui demandai: «Que penses-tu maintenant de ces gens?» Il dit: «En ce qui me concerne, je n'ai jamais vu leurs pareils, ni entendis sur la Science des Réalités (*ʿilm al-haqaʿiq*) des mots comme ceux prononcés par cet homme. Néanmoins, malgré ce que je viens de dire, je ne te vois pas en vérité apte à leur tenir compagnie. Ensuite il se leva et s'en alla.[71]

Al-Soubki expliqua la réaction ambiguë de l'Imam Ahmad de la façon suivante:

> Considérons ce récit avec attention et sachons qu'Ahmad ibn Hanbal ne voyait pas sage pour cet homme (al-Sarraj) de joindre leur compagnie parce qu'il n'était pas l'un de ceux qui pourrait s'élever à leur niveau. En vérité ils étaient sur un chemin difficile que tous les gens ne peuvent pas entreprendre équitablement et c'est ce qui fait peur pour celui qui s'y engage. Autrement, Ahmad aurait-il pleuré et glorifié al-Harith de la manière dont il fit ses éloges?[72]

Quelqu'un pourrait soulever des objections:

Question. Al-Harith et ses compagnons ont prié la prière de nuit (*salat al-'icha'*) pendant que Ahmad était présent. Pourquoi Ahmad n'a t-il pas donc joint la prière prescrite, sachant que la position d'Ahmad est que joindre la prière de groupe est obligatoire?

Réponse. Ahmad était avec le groupe, mais à «l'étage», séparé du groupe, précisément dans une chambre où il pourrait entendre - mais sans nécessairement voir – al-Mouhassibi, comme le rapport le mentionne. En outre:

- Il n'est pas affirmé dans le rapport qu'il n'ait pas prié derrière lui.

---

[71] Al-Khatib al-Baghdadi, Tarikh Baghdad 8:214.
[72] Soubki, Tabaqat al-shafi'iyya 2:279.

IV Dires et écrits des Imams et Savants au Sujet de la Purification du Soi

- Il est possible qu'il n'ait pas été en ablution.
- Il est possible qu'ils aient retardé la prière prescrite de nuit (*'Icha*) et que le début du temps de cette prière soit passé et qu'au moment où ils priaient, il avait déjà fini.

Le premier cas ci-dessus est le moindre qui puisse être dit. Toutes ces possibilités ont tendance à dire qu'il n'a pas délibérément prier derrière lui pour plusieurs raisons parmi lesquelles: l'on sait qu'Ibn 'Oumar pria derrière al-Hajjaj ibn Youssouf al-Thaqafi qui était un tyran qui répandit le sang des innocents. L'on sait aussi qu'Ibn 'Oumar pria derrière les Gens d'Innovation tels que les Khawarij. Il disait souvent que: «La prière est une excellente action (*hassana*) et cela m'est égal que quiconque y prend part avec moi» et «quiconque dit: *Hayya 'ala al-Salat*, je lui répond (avec oui).» [73]

Dire que l'Imam Ahmad ne pria pas délibérément derrière al-Mouhassibi est équivalent alors à attribuer à l'Imam Ahmad l'un des points de vues suivants:

- Ou bien il considérait al-Mouhassibi pire qu'al-Hajjaj et les Kwararij, ce qui est absurde et impieux;
- Ou bien il laissa la pratique du Sahaba 'Abd Allah ibn 'Oumar, quoique l'école de loi (*madhhab*) Hanbali est en partie une renaissance de celle-ci, et ceci n'est le cas.

---

[73] Ceci est rapporté dans Sounan al-Bayhaqi (3:121), al-Moughni (2:186-187) et ailleurs.

Question. Pourquoi Ahmad mentionna t'il *'ilm al-haqa'iq* (*la science des réalités*) qui est une terminologie Soufie?

Réponse. L'Imam Ahmad acceptait la terminologie Soufie. Il n'y a plus rien à dire à ce sujet. Supposer que cela est peu probable est parfaitement acceptable, mais supposer que c'est impossible est faux. Encore, la fin de l'argument est que le rapport est fiable selon le critère des maîtres de hadith, aussi laissons la spéculation dans la mesure où nous avons une preuve solide.

Q. Pourquoi al-Dhahabi n'acceptait-il pas l'authenticité du récit?

R. Al-Dhahabi fit des commentaires ambigus dans son *Mizan al-I'tidal* au sujet du récit précité, mais il ne questionne pas l'authenticité de sa chaîne de transmission. Il l'authentifie mais en exprime du doute[74]. Cependant, son rejet subjectif, quoique connaissant le sujet – sa biographie de l'Imam Ahmad est environ 300 pages – n'est pas crédible vis à vis de l'évidence.

Il est claire que Dhahabi admirait al-Mouhassibi par le fait qu'il l'appelait «d'un haut rang» dans son *Siyar a'lam al-noubala'*:

> L'Ascétique, le Connaisseur... Je dis: al-Mouhassibi est d'un haut rang, et il toucha

---

[74] «La chaîne de transmission de cette histoire est fiable, mais le rapport en lui-même est rejeté, car mon cœur ne l'accepte. Je ne pense pas que Ahmad puisse faire chose pareille.» Dhahabi, *Mizan al-I'tidal* 1:430 (#1606).

IV Dires et écrits des Imams et Savants au Sujet de la Purification du Soi

brièvement à la théologie spéculative; par conséquent, il eut des critiques à ce niveau.[75]

Tous les maîtres Soufis sont des savants de la *Sounna*, autrement ils ne seraient pas qualifiés de maîtres Soufis. De l'autre côté, plusieurs grands savants qui ne sont pas reconnus être des maîtres Soufis admiraient profondément ces gens et voyaient nettement qu'ils étaient du groupe des élus d'Allah ou des *awliya*. L'histoire y compris ces jours présents témoignent d'innombrables Savants de l'Islam, de mouftis de nations aux cheikh al-Ahzar, et des ministres de l'Education Islamique aux Présidents des Ligues de Savants Islamiques, qui ont vu et compris que ces maîtres Soufis pratiquaient mieux la *Sounna* que ceux qui mémorisaient seulement les lois de la Chari'a. Plusieurs maîtres Soufis ont atteint eux-mêmes des hautes positions parmi les savants de l'Islam de leur temps.

Certains aujourd'hui sont enclin à utiliser le terme «conflit» entre ce qu'ils imaginent être maîtres de *tassawwouf* d'un côté et non savants Soufis de l'autre côté. Ceci est une dichotomie artificielle qui n'existe pas en réalité dans la communauté du Prophète ﷺ. De ce fait, certains frères non informés ou mal intentionnés prennent quelques citations illustrant des différences parmi les savants en vue de désunir et de créer l'image de ce qu'ils appellent «une histoire de conflit».

En réalité, les savants représentent les écoles de lois reconnues en Islam ont défendu ceux qui pratiquent le

---

[75] Al-Dhahabin, *Siyar a'lam al-noubala'*, éd. Mouhammad ibn Hassan Moussa (Jeddah: Dar al-andalous, 1995) #508.

tassawwouf de la diffamation commise contre eux dans certaines parties du monde Islamique. Pourquoi alors encore aujourd'hui, certains sont ils en train de fouiller les livres de littérature Islamique essayant de raviver quelque insignifiantes et issues longtemps résolues et semer le doute dans les cœurs de nos frères au sujet des voies de l'Islam? Ils mentionnent par exemple la censure d'Ibn al-Jawzi de quelque excès dans *Talbis Iblis* comme si c'était une condamnation entière du *tassawwouf*, oubliant qu'il écrivit plusieurs pages et des livres entiers sur les premiers Soufis tels que Rabi'a al-'Adawiyya et Ibrahim al-Adham; ou bien ils mentionnent le désaccord de l'Imam Ahmad avec la méthode de Mouhassibi, oubliant qu'il admirait beaucoup les discours Soufis d'al-Mouhassibi; ou bien ils citent le rapport de al-Dhahabi sur la censure d'Abou Zour'a contre al-Mouhassibi et les plaintes de Dhahabi sur le niveau médiocre d'érudition en hadith dans les livres Soufis, oubliant que Dhahabi admirait al-Mouhassibi et exprima le plus grand respect pour les Soufis.

Il est étrange que Dhahabi soit cité pour illustrer des points de vue anti-Soufis alors qu'il dit explicitement au sujet de l'un des Soufis qui fut le plus attaqué, Ibn al-Farid: «Ne vous empressez pas à le juger.» Voici la remarque de Dhahabi sur Ibn al-Farid dans *Mizan al-i'tidal*:

> Il rapporta des hadith d'al-Qassim ibn 'Assakir; il parla haut d'une union franche avec Allah dans sa poésie, et ceci est une grande calamité: par conséquent, examinez minutieusement ses compositions et ne vous empresser pas à juger, au contraire, ayez la

IV Dires et écrits des Imams et Savants au Sujet de la Purification du Soi

meilleur opinion des Soufis (*hassin al-zanna bi al-soufiyya*).[76]

Voici d'autres extraits et exemples des éloges des Soufis de Dhahabi, tirés de *Siyar a'lam al-noubala'* :

> [#506] al-'Abdin connu sous le nom de Qassim al-Jou'i (d.248) : l'Imam, le model, le saint, le Mouhaddith…le cheikh des Soufis et l'ami d'Ahmad ibn al-Hawari. Il est connu comme al-Jou'i.

> Je dis ; les ascétiques (*zouhhhad*) de ce temps étaient al-Jou'i à Damas, al-Sari al-Saqati à Baghdad, Ahmad ibn Harb à Naysabour, Dhou al-Noun en Egypte, et Mouhammad ibn Aslam à Tus. Où sont les semblables à ces maîtres ? Seulement la poussière remplira mes yeux, ou ce qui est sous la poussière !

> [#969] Chihab al-Din al-Souhrawardi ; le cheick, l'Imam, le savant, le *zahid*, le connaisseur, le Mouhaddith, le Cheikh Al-Islam, le Hors Pair des Soufis…

> [#512] Je dis : si vous voyez le Soufi se consacrer au hadith, alors ayez confiance en lui, et si vous le voyez s'éloigner du hadith alors retirez-vous de lui…

Ceci est une louange indirecte à tous les Soufis, dans la mesure où aucun d'eux ne peut être que dévouer au hadith et s'y référant constamment. Ces lignes montrent que

---

[76] Al-Dhahabi, mizan al-i'tidal 3:214

Dhahabi n'était en aucun cas contre le *tassawwouf*, au contraire, il protesta contre quelques éléments de quelque Soufis qu'il ne voyait pas être dans sa ligne de compréhension de la *Sounna*. Il ne considéra pas la différence entre les adhérents et simples prétendants au *tassawwouf*, quoiqu'il le mentionna ailleurs.

7.2. Les maîtres soufis de hadith de Dhahabi

Les Soufis parmi les maîtres de hadith de Dhahabi sont trop nombreux à citer. Ci-dessus sont quelque noms énumérés par Dhahabi lui-même dans son *Mou'jam shouyoukal-Dhahabi* ou «l'abrégé des cheikhs (en hadith) de Dhahabi»:

- Ahmad ibn Abou al-Ma'ali al-Abarqouhi (d.701), qui dit au cours de sa dernière maladie lorsqu'il était à la Mecque: «Je mourrai dans cette maladie parce que le Prophète m'a promis que je mourrai à la Mecque.»[77]
- Ahmad ibn 'Abd Allah al-Qadi Chouqayr (d.715), le Soufi Hariri.[78]
- Ahmad ibn 'Abd Allah al-Rahman al-Chahrazouri al-Soufi al-Qadiri (d.701).[79]
- Ahmad ibn 'Abd al-Moun'im Roukn al-Din Abou al-'Abbas al-Qazwini al-Tawoussi al-Soufi (d.704.).[80]

---

[77] al-Dhahabi, *Mou'jam chouyouk al-Dhahabi, al-Mou-jam al-kabir*, ed. Mouhammad Habib al-Hayla (Ta'if; Maktabat al-Siddiq, 1408/1988) 1:37.
[78] *Ibid*.1:48.
[79] *Ibid*.1:58.
[80] *Ibid*.1:72.

IV DIRES ET ÉCRITS DES IMAMS ET SAVANTS AU SUJET DE LA PURIFICATION DU SOI

- Ahmad ibn 'Ali al-Qadi al-Jayli al-Dimaschqi al-Soufi (d.724).[81]
- Ahmad ibn Mouhammad Najm al-Din Abou al-'Abbas ibn Sasra (d.723), le chef juge Chafi'i (*qadi al-qoudat*) et le chef des enseignants religieux (*cheikh al-chouyoukh*) à Damas. Il désapprouva d'Ibn Taymiyya et présida à son jugement à Damas en 705.[82]
- «Mon ami» Charaf al-Din Ahmad ibn Nasr Allah al-Faqih al-Soufi (d.730), de la *Khaniqa al-Tawawis*.[83]
- al-Cheikh Abou Ishaq Ibrahim ibn Barakat al-Ba'albaki, connu comme Ibn al-Qourachiyya (d.740): «L'un des remarquables *fouqara'* Qadiri, un homme de religion, de discernement, perfection, amabilité, et d'avantages exceptionnels.»[84]
- al-Cheikh Abou Ishaq Ibrahim ibn Dawoud al-Hakkari al-Kourdi al-Mouqri' al-Soufi al-Zahid (d.712), le père de Chams al-Din et d''Imad al-Din.[85]
- Le leader et Cheikh Sadr al-Din Abou al-Majami' Ibrahim ibn Mouhammad al-Jouwayni al-Khourassani al-Soufi al-Mouhaddith (d.720). Dhahabi rapporta que le gouverneur Mongol

---

[81] *Ibid.*1:77.
[82] *Ibid.*1:91. Cf. Ibn Kathir, *al-Bidaya* 14:37, 106-107; Soubki, *Tabaqat* 9:20-22.
[83] Al-Dhahabi, *Mou'jam chouyoukh al-Dhahabi*, 1:104.
[84] *Ibid.*1:131.
[85] *Ibid.*1;136

Ghazan Khan accepta de devenir Musulman à ses mains. Il ajouta: «Il était extrêmement respecté par les Soufis à cause du niveau (spirituel) de son père Sa'd al-Din ibn Hammouwayh (ou Hamawayh).»[86] Sa'd al-Din (d.678) fut *cheikh al-chouyoukh* à Damas.[87]

- «Mon cheikh» Ibrahim ibn Mounir al-Ba'albaki al-'Abid al-Zahid al-Sayyah (d.725).[88]
- Ishaq ibn Ibrahim Mouzaffar al-Misri al-Waziri al-Mouqri' al-Mou'addid al-Soufi (d.719), l'enseignant des orphelins.[89]
- Aqouch Abou Mouhammad Houssam al-Din al-qoutbi al-Younini (d.720), «il était l'un des Soufis d'al-Assadiyya, il était pieux et récitait beaucoup le Coran.»[90]
- «Mon compagnon» 'Izz al-Din al-Hassan ibn Ahmad al-Irbili le médecin (d.726), «il était l'un des Soufis de Douwayrat Hamd.»[91]
- Houssayn ibn Moubarak al-Mawsili al-Soufi (d.742). «Il était un homme de bonté et pieux. Il rédigea plusieurs livres didactiques et des livres au sujet de la *Sounna*, et il resta en compagnies des *fouqara'*.»[92]

---

[86] *Ibid*.1:157-158.
[87] *Ibid*.1:322.
[88] *Ibid*.1:160.
[89] *Ibid*.1:163.
[90] *Ibid*.1:184.
[91] *Ibid*.1:209.
[92] *Ibid*.1:216.

IV Dires et écrits des Imams et Savants au Sujet de la Purification du Soi

- Abou Saʻd al-Khidr ʻAbd Allah al-Jouwayni al-Dimachqi al-Soufi (d.674). «Il était le cheikh de la *khaniqa soumayssatina*... Il rédigea un livre d'histoire en deux volumes plein de bienfaits et de merveilles.»[93]
- Oumm Mouhammad Zaynab bint ʻAli al-Wassiti (d.695). «Une femme versée dans le service, dans le jeûne, forte, humble, honorable. Son frère l'Imam Taqi al-Din ibn al-Wassiti avait l'habitude de la visiter pour jouir de sa bénédiction (*yaqsoud ziyarataha wa al-tabarrouk biha*).»[94]
- Zayn al-ʻRab bint ʻAbd al-Rahman al-Dimachqiyya al-Soulamiyya (d.704). Elle était la cheikha de la *ribat* à al-Kharimiyyin.[95]
- Abou ʻAli Souwanj ibn Mouhammad al-Tourkoumani al-Dimachqi al-Faqir (d.694).[96]
- Abou al-Barakat Chaʻban ibn Abi Bakr al-Irbili al-Soufi al-Qadiri al-Zahiri al-Zahid (d.711). «Il était un homme de bonté, de clairvoyance, modeste, raffiné, qui n'a ni lu ni écrit.»[97]
- Abou Ghanim Zafir ibn Jaʻfar al-Soulami al-Dimachqi (d.615). «Il était l'un des *fouqara'* du

---

[93] *Ibid*.1:222.
[94] *Ibid*.1:253.
[95] *Ibid*.1:258.
[96] *Ibid*.1:277.
[97] *Ibid*.1:298.

mouqsoura (tombeau de saint) des Halabiyyin.»[98]
- Charaf al-Din 'Abou Mouhammad Abd Allah ibn 'Abd al-Halim ibn Taymiyya al-Harrani al-Hanbali (d.727). «Frugal dans son manger et dans son habillement, doté de plusieurs qualités, il avait l'habitude de faire des reproches à son frère (Taqi al-Din Ibn Taymiyya) sur certaines choses de sa part qu'il considérait blâmables.»[99]
- Ibn Abou Nasr 'Abd Allah ibn Nasr ibn 'Abd al-Razzaq ibn al-Cheikh 'Abd al-Qadir al-Jili (c'est à dire al-Gilani) al-Hanbali al-faqih al-Soufi (d.708).[100]
- Abou al-Majd 'Abd al-Rahman ibn al-Mouhaddith Abi 'Abd Allah al-Isfarayini al-Dimachqi al-Chafi'i (d.701). «Il était le cheikh de la *khaniqa chihabiyya*.»[101]
- Zayn al-Din 'Abd al-Rahman ibn Mouhammad al-Zahid, Khatib Yalda (712). «Il était perspicace, saint, honorable, et restait en retraite pour éviter les gens.»[102]
- Abou al-Qassim 'Abd al-Samad ibn Qadi al-Qoudat 'Abd al-Karim al-Harastani al-Dimachqi al-Chafi'i (d.694). «Il apprit la

---

[98] *Ibid*.1:314.
[99] *Ibid*.1:323-324.
[100] *Ibid*.1:339.
[101] *Ibid*.1:379.
[102] *Ibid*.1:381.

IV Dires et Écrits des Imams et Savants au Sujet de la Purification du Soi

jurisprudence (*fiqh*) et fréquenta les écoles, puis il devint un ascétique... Les gens le vénéraient et des miracles sont rapportés à son sujet. J'ai appris que mon cheikh Zayn al-Din al-Fariqi mentionna qu'Ibn al-Harastani lui parla de la chute des Tartares avant qu'elle eût lieu en 680.»[103]

- 'Izz al-Din 'Abd al-'Izz ibn 'Oumar al-Hamawi al-Ghassani al-Soufi (d.720).[104]
- Abou Mouhammad 'Abd al-Ghaffar ibn Mouhammad al-Maqdissi al-Soufi (d.circa 700).[105]
- Abou Nasr 'Abd al-Latif ibn Nasr al-Cheiki al-Soufi al-Halabi (d.697). «Il était *cheikh al-chouyoukh* à Aleppo.»[106]
- Najm al-Din 'Abd al-Malik ibn 'Abd al-Qahir Ibn 'Abd al-Ghani Ibn Taymiyya al-Harrani al-Chahid al-Soufi (d.720).[107]
- Abou 'Amr 'Outhman ibn Abi Bakr al-Faqir al-Salih (Né en 674). «Un lecteur de Coran, il est érudit et est un homme de bonté, de décence, solitaire en dehors des gens. Je suis resté en sa compagnie depuis mon enfance.»[108]

---

[103] *Ibid*.1:393-394.
[104] *Ibid*.1:399.
[105] *Ibid*.1405.
[106] *Ibid*.1:415.
[107] *Ibid*.1:421.
[108] *Ibid*.1:441.

- «L'Unique Leader, le Connaisseur et Savant de Hadith», Abou ʿAbd Allah Najm al-Din ʿAli ibn Mouhammad al-Azli al-Hilali al-Dimaschqi al-Chafiʿi (d.729). «Il avait l'habitude de raconter des récits intéressants, et il garda une excellente estime pour les saints – qu'Allah le compte ainsi que moi parmi eux.»[109]
- Abou Hafs ʿOumar ibn Abi al-Qassim al-Younini al-Salawi al-Soufi (d.707). «Il resta en compagnie des *fouqara'*.»[110]
- Oumm Mouhammad ʿAïcha Bint Rizq Allah al-Biladiyya al-Maqdissiyya (d.711). «Elle était l'une des femmes dévots qui pleurait beaucoup, exhibait l'humilité et tenait fermement à la récitation des dévotions (*awrad*).»[111]
- al-Foulk al-Soufi, ʿAli ibn al-Foulk al-ʿAlawi al-Hassani al-Wassiti al-Mouʿammar (né en 600).[112]
- «Le *faqih* et le connaisseur» Abou al-Qassim al-Fadl ibn ʿIssa al-ʿAjlouni al-Hanbali al-Masmari (d.735). «Il était de haute stature et portait un large turban et des ténues imposantes. Il était un bon interprète de rêves. Les gens le vénéraient comme un saint.»[113]

---

[109] *Ibid*.2:49.
[110] *Ibid*.2:83.
[111] *Ibid*.2:90.
[112] *Ibid*.2:100.
[113] *Ibid*.2:101.

IV DIRES ET ÉCRITS DES IMAMS ET SAVANTS AU SUJET DE LA PURIFICATION DU SOI

- Abou ʿAbd Allah Mouhammad ibn Ahmad al-Maqdissi al-Salihi (d.705). «Il était connu sous le nom de Chamlaj al-Faqir.»[114]
- Mouhammad ibn Ahmad al-Mawsili al-Salihi al-Faqir (d.723). «Il était lucide, menait une vie simple, un homme de décence et de bonté.»[115]
- Diyaʾ al-Din Abou ʿAbd Allah Mouhammad ibn Ahmad al-Faqir (d.713).[116]
- Al-Imam al-Khayyir Chams al-Din Abou ʿAbd Allah Mouhammad ibn Ahmad al-Khallati al-Chafiʿi al-Soufi (d.706).[117]
- Abou ʿAbd Allah Mouhammad ibn Jawhar al-Mouqriʾ al-Moujawwid al-Talaʿfazi al-Soufi al-Moulaqqan (d.696).[118]
- «L'Imam, le Juge, l'Exégète, le Savant, l'Ascétique» Jamal al-Din Mouhammad ibn Soulayman al-Naqih al-Balkhi al-Dimaschqi al-Hanafi (d.698). «Il compila un très long commentaire de Coran en quatre-vingt dix-neuf volumes dans lesquels il prit en compte les lectures Coraniques, les contextes de la révélation, les explications linguistiques, les dires des exégètes, ceux des Soufis, et leurs *haqaʿiq* (réalités spirituelles).»[119]

---

[114] *Ibid.*2:139-140.
[115] *Ibid.*2:143.
[116] *Ibid.*2:146.
[117] *Ibid.*2:148.
[118] *Ibid.*2:181
[119] *Ibid.*2:193.

- Abou 'Abd Allah Mouhammad ibn Soulayman al-Faqih al-Chafi'i (d.699). «Il était celui qui prenait soin de la tombe d'al-Sayyida Nafissa (la plus grande femme sainte d'Egypte).»[120]
- Abou 'Abd Allah Mouhammad ibn 'Abd Allah ibn al-Saqil al-Harrani (d.713). «Il était l'un des *fouqara'* de la *ribat* d'Ibn al-Askaf.»[121]
- «Le brillant savant et le spécialiste d'*oussoul*» Safi al-Din Mouhammad ibn 'Abd al-Rahim al-Hindi al-Chafi'i (d.715). «Il était versé en prière, en adoration, en *tassawwouf* et d'une excellente religiosité.»[122] Il témoigna contre Ibn Taymiyya au jugement de ce dernier à Damas.»[123]
- «*Qadi al-qoudat*, la Référence de l'Islam, le porte-flambeau de la *Sounna*, mon cheikh» Jamal al-Din Abou al-Ma'ali Mouhammad ibn 'Ali al-Anssari al-Zamalkani al-Dimaschqi al-Chafi'i (d.727).[124] Il remplaça Safi al-Din al-Hindi dans le jugement contre Ibn Taymiyya, contre lequel il rédigea par la suite une réfutation de sa position sur le divorce et ses points de vues sur la Visite du Prophète ﷺ (*al-ziyara*).[125]

---

[120] *Ibid*.2:195.
[121] *Ibid*.2:205.
[122] *Ibid*.2:216.
[123] Ibn Kathir dans *al-Bidaya* 14:75, Soubki dans *Tabaqat* 9:162.
[124] Al-Dhahabi dans *Mou'jam chouyouck al-Dhahabi*, 2:244.
[125] Ibn Kathir dans *al-Bidaya* 14:131-132, Ibn Hajar dans *al-Dourar al-Kamina* 4:193, al-Soubki dans *Tabaqat* 9:191.

IV Dires et écrits des Imams et Savants au Sujet de la Purification du Soi

- Abou 'Abd Allah Mouhammad ibn Mouhammad al-Mouhaddith al-Zahid al-Kikhi al-Soufi (d.684).[126]
- «Le vertueux de la bonté, l'Imam, le Connaisseur, le Mouhaddith» Abou 'Abd Allah Badr al-din Mouhammad ibn Mas'oud Ibn al-Touwwazi al-Halabi al-Chafi'i (d.705). «Il était le Cheikh de Hims et l'adjoint au juge ainsi que le Cheikh de la *Khaniqa*.»[127]
- «L'Imam, le Hafiz, le Perfectionniste, le Résidu des Salaf» Mouwaffaq al-Din Abou 'Abd Allah Mouhammad ibn Abi al-'Ala' al-Rabbani al-Nassibi al-Chafi'i al-Soufi (d.695). «Le cheikh des Soufis et des *fouqara'* à Ba'albak.[128]
- «L'Orateur, l'Ascétique, la Bénédiction de l'Humanité» Abou 'Abd Allah Mouhammad ibn Abi al-Fadl al-Ja'bari al-Soufi (d.713). «L'Imam du Masjid al-Halabiyyin au Caire.»[129]
- Al-Cheik al-Imam al-Moufti al-Zahid al-'Arif Zahir al-Din Abou al-Mahmid Mahmoud ibn 'Oubayd Allah al-Zanjani al-Chafii al-Soufi (d.673). «Il accompagna Cheikh Chihab al-Din al-Souhrawardi et apprit de lui *'Awarif al-ma'arif*, et d''Abd al-Salam al-Dahiri il apprit l'œuvre *al-Louma'* d'Abou Nasr al-Sarraj.»[130]

---

[126] Al-Dhahabi dans *Mou'jam chouyouck al-Dhahabi*, 2:267.
[127] *Ibid*.2:282-283/
[128] *Ibid*.2:323-324.
[129] *Ibid*.2:325.
[130] *Ibid*.2:331.

- «L'Imam, le *Mouhaddith* de confiance, le Connaisseur, le Linguiste, l'Ascétique» Safi al-Din Abou al-Thana' Mahmoud ibn Abi Bakr al-Tannoukhi al-Armouwi al-Chami al-Chafi'i al-Soufi (d.723).[131]
- Al-Alim al-Zahid Taqi al-Din Abou Bakr ibn Charaf al-Salihi Nazil Hims (d.728). «Il était un *moutassawwif*, avait l'éloquence, la noblesse, une connaissance intime des questions courantes, et une large portion d'excellentes qualités.»[132]
- Abou Bakr ibn Sanjar al-'Ala'i al-Chayzari al-Soufi (pas de date).[133]

Plusieurs des maîtres de hadith que Dhahabi cite dans son *Tadhkirat al-houffaz* sont Soufis:[134]

- Abou 'Abd Allah Mouhammad Ibn al-Banna' al-Soufi
- Abou al-Hassan b. Jahdam al-Soufi
- Abou al-Houssayn al-Baghdadi Ahmad b. al-Hassan b. 'Abd al-Jabbar al-Soufi al-Hakim
- Abou Mouhammad 'Abd al-'Aziz b. Ahmad Ibn Mouhammad b. 'Ali al-Tamimi al-Dimachqi al-Soufi al-Wahchi
- Abou Mouhammad al-Andalousi al-maghrib al-Qafassi al-Soufi

---

[131] *Ibid*.2:335-336.
[132] *Ibid*.2:403.
[133] *Ibid*.2:405.
[134] Al-Dhahabi dans *Tadhkirat al-houffaz* (Béirout: Dar al-Koutoub al-'Ilmiyah).

IV Dires et écrits des Imams et Savants au Sujet de la Purification du Soi

- Abou Sa'd Ahmad b. Mouhammad b. Ahmad b; Abdillah b. Hafs al-Anssari al-Harawi al-Malini al-Soufi
- Abou Sa'id Ahmad b. Mouhammad b. Ziyad b. Bichr b. Dirham al-Basri al-Soufi
- Abou Ya'qoub Youssouf b. Ahmad b. Ibrahim al-Soufi
- Ahmad b. 'Abd Allah b. Ahmad b. Ishaq b. Moussa b. Mahran al-Mihrani al-Isbahani
- al-Soufi al-Ahwal sibt al-Zahid Mouhammad b. Youssouf al-Banna' al-Talamanki
- al-Hafiz Abou Hafs al-Soukkari Ahmad b. al-Hassan al-Soufi
- Ishaq b. Balkouyah al-Soufi
- Isma'il b. Sa'd al-Soufi
- Mouhammad b. al-Houssayn b. Mouhammad b. Moussa al-Nissabouri al-Soufi al-Azdi
- Zaynouddin Abou al-Fath Mouhammad b. Ahmad b. Abi Bakr al-Abyourdi al-Soufi al-Chafi'i al-Is'irdi

En conclusion, le supposé conflit entre les savants de hadith d'un côté et les Soufis d'un autre est une fabrication intentionnelle en vue d'inspirer la division parmi certains membres de la Communauté. Les détracteurs collectent quelques dires qui soulèvent l'incertitude et le doute au sujet du *tassawwouf*, omettant de mentionner que de telles critiques tombent sous la rubrique de l'exception. La règle est que le *tassawwouf* est la marque d'un niveau spirituel qui n'emmène rien d'autre que de l'honneur à celui qui l'endosse, comme attestés par l'Imam Ahmad, Dhahabi, Sakhawi, Souyouti, al-'Izz ibn 'Abd al-Salam, al-Qari, al-

Nawawi, et les autres Imams de hadith. Ceci est le cas même pour Ibn Taymiyya qui pensait être capable de définir le *tassawwouf* en profondeur et se félicitait d'avoir pris la *tariqa* Qadiri, même s'il prit des inclinations anti-Soufies qui firent surfaces dans ses attaques contre Ibn 'Arabi et autres. Que le lecteur soit averti qu'à lire les désaccords des grands savants sans un œil critique, invite à la confusion (*fitna*).

Al-Soubki averti:

> Prenez garde d'écouter ce qui s'est passé entre Abou Hanifa et Soufyan al-Thawri, ou entre Malik et ibn Abi Dhi'b, ou entre Ahmad ibn Salih et al-Nissa'i, ou entre Ahmad ibn Hanbal et al-Harith al-Mouhassibi (et autres dans les temps ultérieurs). Si vous êtres affairés avec cela, je crains la mort pour vous. Ceux-là sont les notables en religion et leurs paroles ont plusieurs explications que certains ont peut être mal compris. En ce qui nous concerne, nous n'avons rien autres que d'approuver ce qu'ils ont dit et de ne rien dire concernant ce qui a eut lieu entre eux, tout comme ce qui s'est passé entre les Compagnons, qu'Allah soit satisfait d'eux... Oh toi qui cherche à être guidé ! Consacre-toi à la voie des bonnes manières avec les maîtres passés, évite de creuser dans leurs divergences sauf ce qui fournit une démonstration claire. Si vous être capable d'y appliquer une bonne interprétation (de ce qu'ils veulent dire), faites-le; dans le cas contraire: laissez ce qui eut lieu entre eux et

IV Dires et écrits des Imams et Savants au Sujet de la Purification du Soi

préoccupez vous de ce qui vous concerne, et laissez ce qui ne vous concerne pas![135]

8. Qassim ibn 'Outhman al-Jou'i (D.248 AH)

L'un des grands saints de Damas qui étudia le hadith sous la tutelle de Soufyan ibn 'Ouyayna. Ibn al-Jawzi rapporte dans *Sifat al-safwa* que al-Jou'i expliqua qu'il reçu le nom al-Jou'i («de la faim») parce qu'Allah l'a aguerri contre la faim physiologique au moyen de la faim spirituelle. Il dit:

> Même si j'étais laissé un mois sans nourriture, je ne serais pas gêner. O Allah! Tu as faits ceci avec moi; Alors, complète-le pour moi![136]

Al-Dhahabi écrit à propos de lui dans *Siyar a'lam al-noubala'*:

> [#506] al-'Abdi, connu sous le nom de Qassim al-Jou'i: L'Imam, le modèle, le saint, le *mouhaddith*... le cheikh des Soufis et l'ami d'Ahmad ibn al-Hawari. (*al-Imam al-qoudwa al-wali al-mouhaddith Abou 'Abd Al-Malik Al-Qassim ibn 'Outhman al-'Abdi-Dimaqshqi, Cheikh as-soufiyya wa rafiq Ahmad ibn al-Hawari, 'Ourifa bi al-Jou'i*).

Ibn al-Jawzi aussi rapporte qu'Ibn Abou Hatim al-Razi dit:

> J'entrai à Damas pour voir les rapporteurs de hadith et je passai par le cercle de Qassim al-

---

[135] Soubki, Qaida p.53.
[136] Ibn al-Jawzi, *Sifat al-sawfa* 2(2):200 (#763).

Jou'i et je vis une immense foule assise autour de lui. Je m'approchai et je l'entendis dire:

Faites dans votre vie cinq choses sans les autres:

- Si vous êtes présent parmi les gens, ne soyez pas connu;
- Si vous êtes absent, que vous ne manquiez à personne;
- Si vous connaissez quelque chose, que votre conseil ne soit pas sollicité;
- Si vous dites quelque chose, votre parole est rejetée;
- Si vous faites quelque chose, vous n'en recevez pas d'honneur;

Je vous conseille de même cinq autres choses:

- Si du tort vous est fait, ne rendez pas la pareille;
- Si des éloges vous sont faits, ne soyez pas heureux;
- Si vous êtes blâmé, ne soyez pas éperdu;
- Si vous êtes appelé menteur, ne vous mettez pas en colère;
- Si vous êtes trahi, ne trahissez pas en retour.

Ibn Abou Hatim dit: «Je fis de ces mots les bienfaits reçus de ma visite de Damas.»[137]

---

[137] *Ibid.*

IV Dires et écrits des Imams et Savants au Sujet de la Purification du Soi

9. L'Imam al-Jounayd al-Baghdadi (D.297 AH)

L'Imam du monde de son temps, al-Jounayd al-Baghdadi, dit en définissant un Soufi:

al-soufi man labissa al-soufa 'ala al-safa
wa ittaba'a tariq al-moustafa
wa qthaqa al-jassada ta'm al-jafa
wa kanat al-dounya minhou 'ala qafa.

Le Soufi est celui qui porte du velours au-dessus de la pureté, suit le chemin du Prophète ﷺ, endure les peines corporelles, consacre sa vie à adorer et se retire des plaisirs et donne dos à tous ce qui a rapport au monde.[138]

Le texte du livre *Kitab dawa' al-arwah* (Livre du remède des âmes) d'al-Jounayd fut éditée en arabe et traduit en anglais par le savant A.J.Arberry.[139]

10. Hakim al-Tirmidhi (D.320 AH)

Abou 'Abd Allah Mouhammad ibn 'Ali al-Hakim al-Tirmidhi al-Hanafi, un *faqih* et un *mouhaddith* de Khorasssan et l'un des grands auteurs de *tassawwouf* qu'Ibn 'Arabi cite particulièrement. Il rédigea plusieurs volumes parmi lesquels les suivants furent publiés:

---

[138] Dans 'Afif al-Din Abou Mouhammad 'Abd Allah Asad al-Yafi'I (d. 768), *Nashr al-mahassin al-ghaliya fi fadl mashayikh al-soufiyya* (Béyrut: Dar Sadir, 1975)
[139] al-Jounayd, *Kitab dawa' al-arwah*, ed. & trad. A.J.Arberry dans *le journal de la Société Royale Asiatique* (1937).

- *al-Massq'il am-makanouna*: Les affaires dissimulées;
- *Adab al-nafs*: La discipline de l'ego;
- *Adab al-mouridin*: Les éthiques des chercheurs d'Allah ou les éthiques des disciples Soufi;
- *al-amthal min al-kitab wa al-sounna*: Les exemples du Coran et de la Sounna;
- *Asrar moujahadat al-nafs*: Les secrets du combat contre l'ego;
- *'Ilm al-awliya'*: La connaissance des saints;
- *Khatm al-awliya'*: Le sceau de la sainteté;
- *Chifa' al-'ilal*: La guérison des défauts;
- *Kitab manazil al-'ibad min al-'ibadah, aw, Manazil al-qassidin ila Allah*: Le livre des positions des adorateurs en relation à l'adoration, ou Les positions des voyageurs à Allah;
- *Kitab ma'rifat al-asrar*: Le Livre de la connaissance des secrets;
- *Kitab al-A'da' wa-alnafs; wa al-'aql wa al-hawa*: Le livre des ennemies, l'ego, l'esprit, et les vains désirs;
- *al-Manhiyyat*: Les interdits;
- *Nawadir al-ousoul fi ma'rifat ahadith al-Rassoul*: Les sources rares de la religion concernant la connaissance des dires des Prophètes;
- *Taba'i al-noufous: wa-houwa al-kitab al-moussamma bi al-akyas wa al-moughtarrin*: Les différents caractères des âmes, ou: Le livre des intelligents et des leurrés;

IV Dires et écrits des Imams et Savants au Sujet de la Purification du Soi

- *al-Kalam 'ala ma'na la ilaha illa Allah*: Discours sur la signification de «Il n'y a de dieu que Dieu.»

L'extrait suivant est une reproduction des deux premiers chapitres de son *Adab al-mouridin* ou «Les étiques des disciples Soufis»:

I. - Concernant le Mouride (l'aspirant) et ce qui l'aide ou lui fait tort dans son voyage vers Allah le Plus Exalté, et ce que doit être son premier pas.

Il y a deux types de *mourides*: Ceux qui cherchent la grâce d'Allah en L'adorant, exécutant Ses commandes et évitant Ses interdits, ensuite se dévouant à performer des actes volontaires aussi nombreux qu'ils le peuvent, y cherchant la délivrance du feu de l'enfer et atteindre les récompenses qu'Il a préparé pour Ses fidèles.

D'autres approchent Allah en prière, exécutant ses commandes et évitant Ses interdits, ensuite examinent leur moi interne et trouvent plusieurs maux dans leurs cœurs, telles que l'amour du bas monde, la soif du pouvoir, d'honneur, de grandeur, l'avidité, le fourneau des appétits (*chahawat*), le verbiage des vains désirs (*hawa*), l'ambition, l'envie, l'amour des éloges et des compliments – tous, des liens mondains aveuglant le cœur.

Un tel cœur teinté ne peut jamais trouver le chemin à Allah, car aimant ce monde, il se sépare de Son Seigneur. Il a l'amour de quelque chose qu'Allah a méprisé et éloigné de Lui-même. Demander la grandeur est se comparer à Allah Le Plus Haut; dans le fourneau des désirs, l'on fait face aux plus grandes séductions, et dans le verbiage des passions vaines repose la tyrannie elle-même et l'aversion à respecter les droits d'Allah, Le Seigneur de Puissance et Majesté. Le cœur est voilé de la sagesse et de la compréhension des voies par lesquelles Allah dispose de Ses affaires.

Une telle personne est prisonnière de son ego (*assir an-nafs*). Elle performe les obligations alors qu'elle est attachée au monde, elle évite les interdits alors qu'elle est attachée au monde, et elle adore généralement Allah selon sa propre caprice. Ceci est un serviteur qui, à tout moment, doit essayer de fonder toute chose, toute action, sur la sincérité tout en travaillant sur son ego.

Quiconque désire la récompense d'Allah, Le Seigneur de Puissance et Majesté, qu'il soit constant dans ce combat et qu'il soit sincère en toute chose en vue de purifier sa dévotion.

Celui qui cherche Allah, Le Très Haut, doit prendre la peine à demander la sincérité du

IV Dires et écrits des Imams et Savants au Sujet de la Purification du Soi

fond de son cœur jusqu'à ce que la porte lui soit ouverte. Lorsque la porte est ouverte et que le présent est offert, en ce moment, le coût de son voyage lui sera remboursé en totalité. Il sera fortifié et continuera sur sa voie, et plus loin il ira, plus le présent s'accroîtra pour lui, et il ira d'avantage loin. Ceci n'aura de cesse jusqu'à ce qu'il atteigne Allah à travers son cœur *(hatta yassil ilallah qalban)*. En ce moment, Allah l'appointe selon son degré, et il devient un Ami d'Allah *(wali Allah)*. Il a gardé son cœur calme en présence d'Allah; de ce fait, il a reçu sa nomination. Partant de là, il continue de travailler avec un cœur solidifié par la force d'Allah et riche avec la profusion d'Allah, avec un ego libéré des péchés et des démons. Il s'est séparé des voies des passions vaines et de la poursuite de l'honneur, et il s'est purifié.

Nous avons traité de ces sujets dans deux livres, «Le dressage de l'ego» (*Riyadat al-nafs*) et «La pratique des Saints» (*Sirat al-awliya'*), dans lesquels s'y trouvent par la permission d'Allah, des remèdes pour tous ceux qui aspirent à la connaissance dans cette matière.

II. - *Concernant le bien-être du cœur et ses remèdes, et la corruption du cœur et ses maux.*

Le bien-être du cœur réside dans la tristesse et l'anxiété, et ses remèdes dans le permanent souvenir *(dhikr)* d'Allah Le Très Haut. La corruption du cœur provient de la joie mondaine et du contentement dans les états (*ahwal*) de l'ego, et sa maladie est le refus du souvenir d'Allah et s'adonner à tout ce qui distrait de ce souvenir.

La joie mondaine est pour l'ego ce qu'est l'eau pour le poisson. Le domaine de vie du poisson est l'eau; s'il reste en surface en dehors de l'eau, il ne pourra pas vivre. Similairement, si l'ego est restreint des joies de ce bas monde, il se fanera et deviendra faible, son pouvoir s'amoindrira, ses activités diminueront et prendront fin – car la tristesse tue sa vie – jusqu'à ce que le cœur se débarrasse de tout ce qui y avait pris place auparavant et des impuretés qui en ont résultés.

Lorsque le cœur atteint Allah Le plus Exalté, Il lui donne vie. Lorsqu'Il lui donne vie, l'ego éprouve cette vie avec La Lumière d'Allah Le Plus Haut. Auparavant le cœur était mort par le plaisir et les joies de l'ego: lorsque l'individu apprivoise l'ego et lui interdit ces joies, son Seigneur le remercie parce qu'il a mené un combat avec toutes ses forces pour Allah, et Allah a guidé son chemin comme Il l'a promis dans Sa révélation quand Il dit: «*Ceux qui ont combattu pour Notre cause, Nous les guidons à Nos Voies*» (29:69).

IV Dires et écrits des Imams et Savants au Sujet de la Purification du Soi

Lorsque la porte lui est ouverte, il continue avec son cœur sur la voie d'Allah, Puissant et Majestueux. Ensuite vient la récompense qui lui repaie le coût de son voyage jusqu'a Allah Qui le revivifie dans Sa proximité d'avec Sa Lumière; alors il devient l'un de ceux qui sont Approchés (*mouqarrabin*). A ce point, il obtient la joie en Allah après avoir pris autrefois plaisir dans la mondanité, dans l'ego et ses différents états. Il a obtenu l'éminence auprès d'Allah, Puissant et Majestueux.

Quant à celui qui met fin au souvenir d'Allah, son cœur s'endurcit parce que le rappel contient la miséricorde d'Allah Le Très Haut qu'Il a promis à Ses serviteurs dans Sa révélation lorsqu'Il dit: «*Souvenez vous de Moi et Je Me souviendrai de vous*» (2:152). Lorsque la miséricorde se manifeste, le cœur devient léger et s'adoucit; et le feu de l'ego s'éteint, attiré par la miséricorde qui apparaît dans le cœur. Le cœur perd sa rudesse, sa grossièreté et sa brutalité.

Maintenant, le cœur et l'ego sont partenaires dans ce corps. La force du cœur réside dans le gnostique ou la connaissance interne (*ma'rifa*), la raison (*'aql*), la connaissance externe (*'ilm*), la compréhension (*fahm*), l'intellect (*dhihm*), l'intelligence (*fitra*), la mémoire (*hafz*), et la vie en Allah. La joie en ces choses motive le cœur, le renforce et lui donne vie.

La force de l'ego provient des délices et plaisirs matériels, la gratification sexuelle, l'honneur, le pouvoir, les hauts rangs, et la satisfaction de tout appétit affamé. La joie en ces choses motive l'ego et le renforce. Tous, sont les soldats des passions vaines parce que les passions vaines gouvernent l'ego. Le gouverneur du cœur est la connaissance interne, et les autres éléments que nous avons mentionnés sont ses soldats.

Lorsque l'ego prospère et que ses joies s'accroissent, l'ego suffoque le cœur. En cet instant, le cœur cesse de vivre, ensemble avec les éléments avec lesquels il vit. C'est la joie mondaine. Mais lorsque ces plaisirs et contentements sexuels lui sont interdits, il perd sa force et relâche ses grippes, et au même moment l'anxiété et les remords s'accumulent et le rabaissent. Ainsi à travers l'anxiété causée par le refus et l'abstinence, l'ego perd sa force, et le cœur se raffermit à travers les éléments précités.

L'exultation du cœur en Allah devient manifeste, et c'est la raison pour laquelle Allah dit:

«Dis: [ceci provient] de la grâce d'Allah et de Sa Miséricorde; Voilà de quoi ils devraient se réjouir. C'est mieux que tout ce qu'ils amassent» (10:58).

Il est rapporté du Prophète ﷺ:

IV Dires et écrits des Imams et Savants au Sujet de la Purification du Soi

> L'ego de l'être humain est un feu violent, même sur une tête blanche, sauf pour ceux dont Allah examine les cœurs pour la piété (*taqwa*) et ils sont peu.[140]

Il est rapporté de Anas b. Malik, qu'Allah soit satisfait de lui, que le Prophète ﷺ dit:

> Même lorsque les êtres humains deviennent âgés et ont les cheveux blancs, deux choses restent rajeunis en eux: l'avidité pour l'argent et le désir pour la vie.[141]

Le Prophète ﷺ par conséquent nous exhorte à nous souvenir de la mort lorsqu'il dit:

> Souvenez-vous de celui qui détruit les plaisirs. Se souvenir (d'Allah) amoindrit son pouvoir; se souvenir peu renforce son pouvoir.[142]

Ce hadith est rapporté avec une chaîne d'autorité par Abou Hourayra. Le sens est que lorsque tu te rappelles de la mort tu réalises que ton tout est de ne rien posséder, et qu'à la fin, tu te diriges vers l'extinction. Si tu te rappelles du dernier, la mort devient une chose

---

[140] Hadith moursal mawqouf rapporté par al-Hakim de Makhoul, Ibn al-Moubarak de Abou al-Darda', et Daylami de Abou Hourayra. Souyouti le cite dans al-Dhourr al-manthur 6:86.
[141] Boukhari, Mouslim, Ibn Majah, Tirmidhi, Ahmad.
[142] Ibn Majah, Tirmidhi, al-Hakim.

facile pour toi, et si tu te rappelles du premier, tu réalises que le peu que l'on a dans ce monde est assez, car l'on ne sait pas le temps et l'instant auquel soudainement la mort nous confrontera. Ainsi donc la mort est «le destructeur des joies.» Se rappeler de ses destructions emportera les gaietés illusoires et les remplacera avec l'abattement et la tristesse.

Il t'es maintenant claire qu'il y a deux sortes de joies: la joie du cœur en Allah, en Sa Bonté, dans Sa Miséricorde, et la joie de l'ego dans le plaisir et les délices. Quiconque désire sincèrement atteindre Allah Le Très Haut doit faire attention à tout ce auquel son ego prend plaisir, tant en matières religieuses qu'en matière mondaines. Il doit ensuite lui interdire un tel plaisir jusqu'à ce qu'il s'affaiblisse et meurt de chagrin dans sa poitrine.

En effet, lorsque quelqu'un interdit les délices mondaines à son ego et qu'à l'opposé il lui contente avec la religion, telles dans les bonnes œuvres et les dévotions, l'ego aura toujours de la satisfaction, et partant de là il reste en vie. La raison est que les passions d'une telle personne continuent de faire partie de chacune de ses bonnes actions. Malgré tous ses efforts, il demeure une personne confuse et impie. Si elle renonce à ses efforts, ses marques resteront sûrement avec elle, et elle n'atteindra jamais Allah Le Très Haut à travers ses erreurs et ses

IV Dires et écrits des Imams et Savants au Sujet de la Purification du Soi

passions vaines. C'est la raison pour laquelle Allah dit: «*Luttez pour Allah jusqu'à votre extrême pouvoir*» (22:78). Le «pouvoir extrême» signifie l'éradication de tout plaisir de l'ego que se soit en matière religieuse ou mondaine. Dans la mesure où l'on a du plaisir dans toute bonne œuvre, et puisque la passion reste une composante de chacune d'elle, il est clair que de telles actions ne sont pas uniquement pour l'amour d'Allah. Il devient alors une obligation de se tourner vers d'autres actions qui excluront les plaisirs de l'ego.

Si l'un effectue cela avec ferveur et toute sa capacité, Allah Le Très Haut le remerciera ici bas, et celui qu'Allah remercie, Allah lui ouvre le cœur à Sa Lumière. Lorsque cette lumière s'élève dans la poitrine, l'ego trouve dans un tel présent tout ce qui lui manquait lorsqu'il se divertissait avec les plaisirs et les joies de ce bas monde.

Ensuite se présente la nécessité de contrôler l'ego de peur qu'il commence à dériver de ces présents un plaisir qui piègera et exterminera celui qui s'y adonne. Lorsque l'ego trouve du plaisir dans les présents d'Allah, il prospère et se savoure de joie après avoir été fané et négligé, et c'est en cela que réside le plus grand danger. Voilà où les cœurs de la majorité des aspirants à la voie en Allah ont été des proies à la traîtrise de l'ego. Ce chapitre contient en bref les réponses à plusieurs milliers de questions qui sont toutes des parties et corollaires à celle-ci.[143]

11. L'imam Abou Mansour 'Abd al-Qahir al-Baghdadi (D.429 AH)

L'imam al-Baghdadi fut parmi ceux qui avait une complète compréhension des divers points de vues et convictions des Musulmans et non Musulmans. Il écrit dans son *Farq bayn al-firaq*:

> Sachez que les *sunnite* sont divisés en huit groupes…le sixième groupe étant les Soufis Ascétiques (*al-zouhhad al-soufiyya*), qui ont vu les choses telles qu'elles sont, et malgré tout s'en sont abstenus, qui ont connu par expérience et par conséquent sont fidèlement prudents, qui ont accepté ce qu'Allah leur a assigné et se sont contentés de ce qui est à leur portée.
>
> Ils ont compris que tout ce qu'ils pouvaient entendre, voir ou penser les rendaient responsables de leurs actions, bonnes ou mauvaises, aussi infimes soient-elles. Par conséquent, ils se sont atteler à la meilleure œuvre en vu du Jugement Dernier. Leur discours a parcouru les deux voies des préceptes et allusions subtiles à la manière des

---

[143] Al-Hakim al-Tirmidhi, *Adab al-mouridin*, ed. 'Abd al-Fattah 'Abd Allah Baraka (Le Caire: Matba'at as-sa'adat, 1976) p. 33-41.

gens de Hadith mais sans la poursuite des discours futiles. Ils ne cherchent pas à s'afficher en pratiquant les bonnes actions, ni les abandonnent par timidité. Leur religion est la déclaration de l'unicité et désavouer la similitude. Leur école est l'engagement dans la résignation à Allah, de dépendre de Lui, la soumission à Ses ordres, la satisfaction de ce qu'ils ont reçu de Lui, et l'abstention de Lui faire toute objection. «*Telle est la grâce d'Allah, Il la donne à qui Il veut. Et Allah est Détenteur de grâce infinie*» (57:21).[144]

L'Imam ʿAbd al-Qadir al-Baghdadi écrit dans *Oussoul al-Din*:

> Le livre *Tarikh al-soufiyya* (L'histoire des Soufis, plus connu sous le nom de *Tabaqat al-soufiyya*) par Abou ʿAbd al-Rahman Soulami comprend la biographie d'environ mille cheikhs Soufis, aucun d'eux n'appartenaient à des sectes hérétiques et tous étant de la communauté *sunnites* à l'exception de seulement trois: Abou Hilman de Damas, qui prétendait faire partie des Soufis mais en réalité croyait en l'incarnation (*houloul*): Houssayn ibn Mansour al-Hallaj dont le cas reste douteux et problématique bien qu'Ibnʿ Ata Allah, Ibn Khafif et Abou al-Qassim al-Nassir Abadi

---

[144] ʿAbd al-Qadir al-Baghdadi, *al-Farq bayn al-firaq* (Béïrut: dar al-koutoub al-ʿilmiyya, n.d.) 242-243.

l'approuvent [comme ce fut aussi le cas pour les Hanbalites: Ibn'Aqil, Ibn Qoudama, et al-Toufi]; tandis qu'al-Qannad, les Soufis l'accusent d'être un Moua'tazili et par conséquent le rejetaient car le bon n'accepte pas le mauvais.[145]

12. L'Imam Abou al-Qassim al-Qouchayri (D.465 AH)

Il fut un *mouhaddith* qui transmit des hadiths par milliers à ses disciples de Nayssapour où il combattît les Mou'tazila jusqu'à ce qu'il s'enfuît à la Mecque pour se protéger. Al-Qouchayri fut le disciple du grand cheikh Soufi Abou 'Ali al-Daqqaq. Il fut aussi un *mouffassir* qui écrivit un commentaire complet du Coran intitulé *Lata'i al-icharat bi tafsir al-Qour'an (Les subtilités et allusions dans le commentaire du Coran)*. Son œuvre la plus célèbre est sa *Rissala ila al-soufiyya* ou lettre aux Soufis qui est l'un des premiers manuels complets sur la science du *tassawwouf*, avec *le kitab al-louma' (Le livre des Lumières)* d'Abou Nasr al-Sarraj (d.378), *le Qout al-qouloub fi mou'amalat al-mahboub wa wasf tariq al-mourid ila maqam al-tawhid (alimentation des cœurs en liaison avec le bien aimé et la description de la voie des aspirants à la station de la déclaration de l'unicité)* d'Abou Talib al-Makki (d.386), *al-Ta'arrouf fi madhhab ahl al-tassawwouf (Définir l'école des Gens de la purification de soi)* d'Abou Bakr al-Kalabadhi (d.391), et *le Tabaqat al-soufiyya (Les niveaux biographiques des Soufis)* d'Abd al-Rahman al-Soulami (d.411).

---

[145] 'Abd al-Qadir al-Baghdadi, *Ousoul al-din* p.315-16.

IV Dires et écrits des Imams et Savants au Sujet de la Purification du Soi

Les lignes suivantes sont une version de la compilation de Qouchayri incluse dans sa *Rissala*, de ce qu'un certain nombre de cheikh soufis dirent, définissant le *tassawouf* :

> Beaucoup de gens ont posé la question : « Quelle est la signification du Soufisme ? » et « Qui est Soufi ? », chacun exprimant ce qui l'impressionna le plus. Un examen minutieux de tout ce matériel nous emmènera au-delà de notre intention d'être bref. Nous mentionnerons ici certaines des déclarations sur ce sujet dans le but de donner un aperçu de leurs significations, si Allah Tout Puissant le veut.
>
> J'entendis Mouhammad ibn Yahya al-Soufi dire... que Mouhammad al-Jourayri fut interrogé sur le soufisme, il expliqua : « Cela signifie se parer des nobles caractères (de la vie du Prophète ﷺ et se détourner de toute bassesse. »
>
> J'entendis Abd al-Rahman ibn Youssouf al-Isfahani dire... que lorsqu'interrogé au sujet du soufisme, Al-Jounayd dit : « Etre Soufi signifie que Dieu te fait mourir en toi-même et te donne vie en Lui ». J'entendis Abou Abd Rahman al-Soulami dire... que lorsqu'il fut interrogé au sujet du Soufi, al-Houssayn ibn Mansour al-Hallaj dit : « Il est unique en son essence. Personne ne l'accepte, et il n'accepte

personne.» Et je l'entendis dire... qu'Abou Hamza al-Baghdadi dit: «Le signe distinctif du vrai soufi est qu'il devient pauvre après avoir été riche, il est abaissé après avoir été honoré, et il devient inconnu après avoir été célèbre. La marque du faux Soufi est qu'il devient riche après avoir été pauvre, il devient un objet de grande estime après avoir été rabaissé, et il devient célèbre après avoir été inconnu.»

Amr b. 'Outhman al-Malikki fut interrogé au sujet du Soufisme, il dit: «C'est quand le serviteur agit à chaque instant selon ce qui lui convient le mieux à ce moment.» Mouhammad b. 'Ali al-Qassab dit: «Le Soufisme consiste en des caractères nobles manifestés en un temps noble, en une noble personne parmi de nobles gens.» Interrogé sur le soufisme, Samnoun dit: «Le Soufisme signifie que tu ne possèdes rien et que rien ne te possède.» Rouwaym répondit: «Il signifie se donner à Allah Le Très Haut pour qu'Il en fasse ce qu'Il désire.» Jounayd répondit: «il déclara, «Cela signifie que tu sois avec Allah Le Très Haut sans aucun attachement.»

J'entendis Abd Allah ibn Youssouf al-Isfahani dire... que Rouwaym ibn Ahmad al-Baghdadi dit: «Le Soufisme est fondé sur trois traits: Adhérer à la pauvreté spirituelle et dépendre d' Allah, atteindre les vertus de la générosité et s'inquiéter pour autrui, cesser de résister à la

IV Dires et écrits des Imams et Savants au Sujet de la Purification du Soi

volonté d'Allah et abandonner toute préférence personnelle.»

Ma'rouf al-Karkhi dit: «Le Soufisme, c'est s'emparer des réalités cachées et se désintéresser de tout ce que possèdent les autres.»

Hamdoun al-Qassar dit: «Sois ami avec les Soufis, car ils trouvent des raisons pour pardonner les actes désagréables.» Lorsque interrogé au sujet des adhérents au Soufisme, Al-Kharraz répondit: «Ce sont des gens qui donnent jusqu'à ce qu'ils éprouvent l'exaltation, qui se privent jusqu'à ce qu'ils perdent toutes choses. Ensuite ils obéissent à l'injonction des mystères qui sont autour d'eux, pourquoi pleurez sur notre sort.»

Jounayd dit: «Le soufisme est une contrainte dans laquelle il n'y a pas de compromis. Les Soufis sont membres d'une seule famille à laquelle nul ne peut appartenir sauf eux-mêmes. Le Soufisme est un souvenir d'Allah et une réunion de composante, une extase, une écoute attentive aux conseils, un travail individuel et une émulation du Prophète ﷺ. Le Soufi est comme la terre. Toute sorte d'immondices lui est jetée, mais toute sorte de bien y pousse. Le Soufi est comme la terre sur laquelle marchent les vertueux et les pécheurs ou comme les nuages qui donnent de l'ombre à toutes les choses ou comme la pluie qui arrose toute chose. Si vous voyez un Soufi se soucier de son aspect extérieur, alors sachez que son intérieur est corrompu.»

Sahl b. 'Abdallah commenta: «Le soufi est celui qui ne se plaindrait pas si son sang est répandu impunément et sa propriété arrachée.» Nouri dit: «Un signe du Soufi est qu'il ne se plaint pas lorsqu'il ne possède rien, et il préfère donner aux autres par rapport à soi-même lorsqu'il possède quelque chose.» Kattani dit: «Le Soufisme est la moralité. Quiconque est supérieur à toi en qualités morales te dépasse en pureté.»

Abou 'Ali ar-Roudhbari dit: «Le Soufisme est de rester à la porte de l'amant même si tu en es écarté.» Il dit aussi: «C'est la pureté de la proximité à Allah après l'impureté de l'éloignement de Lui.» Il est dit: «La chose la plus odieuse est le Soufi avare.» Et: «Le Soufisme est le vide de la main et la pureté du cœur.» Chibli dit: «Le Soufisme est de s'asseoir avec Dieu sans souci.» Abou Mansour dit: «Le Soufi est un signe d'Allah, Le Très Haut, tandis que le reste de la Création est un signe vers Allah, Le Très Haut.»

Chibli dit: «Le Soufi est séparé de l'humanité et mis en contact avec La Vérité. *Il dit* [à Moïse], *«Je t'ai attaché à Moi-même»* (20:41). Allah

IV Dires et écrits des Imams et Savants au sujet de la Purification du Soi

détache le soufi de toutes autres choses puis lui dit: «*Tu ne me verras pas*» (7:143). Les Soufis sont des enfants sur le chemin de la vérité. Le Soufisme est une foudre brûlante. Le soufisme, c'est d'être protégé contre la perception de l'univers.»

Rouwaym dit: «Les Soufis sont plein de vertu aussi longtemps qu'ils se corrigent mutuellement, lorsqu'ils cesseront de le faire, il n'y aura plus de bien en eux.» Al-Jourayri dit: «Le Soufisme signifie maintenir une conscience vigilante sur son propre état et maintenir un comportement parfait.» Al-Mouzayyin dit: «Le Soufisme est la soumission à la Vérité.» Abou Tourab al-Nakhshabi dit: «Le Soufisme n'est rendu impur par aucune chose et purifie toutes choses.» Il est dit: « le soufi est celui qui n'est pas agacé par la recherche et que rien ne vexe.»

J'entendis Abou Hatim al-Sijistani dire... que Dhou al-Noun al-Misri fut interrogé au sujet des Soufis. Il répondit: «Ce sont des gens qui préfèrent Allah à toute chose, et qu'Allah préfère à toute chose.» Al-Wassiti dit: «Les Soufis ont des indices. Puis ces éléments deviennent des actions. Après, il ne reste que du chagrin.»

An-Nouri fut interrogé au sujet des Soufis, il répondit: «Il est celui qui écoute les concerts spirituels et qui préfère les moyens légitimes.» J'entendis Abou Hatim al-Sijistani dire qu'Abou Nasr al-sarraj dit: «Al-Housri fut interrogé: «Qui est à ton avis un Soufi?» Il répondit: «La terre ne l'arbore pas et les cieux ne l'ombragent pas.» Il fait allusion ici à l'effacement (*mahw*) des Soufis. Il est dit: «Le Soufi est celui lorsqu'il est en face de deux bonnes circonstances ou qualités, choisit la meilleure.»

Chibli fut interrogé: «Pourquoi les Soufis sont-ils appelés par ce nom?» Il dit: «C'est à cause des traces anodines de leurs ego qui restent en eux. Si ce n'était pas le cas, il n'y aurait pas de nom qui leur aurait été attribué!»

J'entendis Abou Hatim al-Sijistani dire... qu'Ibn al-Jalla fut interrogé: «Qu'est-ce que cela signifie d'appelé quelqu'un Soufi?» Il répondit: «Nous ne reconnaîtrons pas cette personne par sa connaissance académique. Nous la reconnaîtrons comme une personne qui est pauvre, dépourvue de tout moyen, qui est avec Allah Le Très haut et sans lieu fixe dans ce monde, mais que la Vérité, Gloire à Lui, ne prévient pas d'avoir la connaissance de tout lieu.

Un derviche dit: «Le Soufisme est une perte d'honneur sans espoir dans ce monde et dans celui de l'au-delà.» Abou Ya'qoub al-Mazabili

IV Dires et écrits des Imams et Savants au Sujet de la Purification du Soi

dit: «Le Soufisme est un état dans lequel toutes les caractéristiques humaines se dissipent.» Aboul Hassan as-Sirwarni dit: «Le Soufi est celui qui accorde de l'importance aussi bien à l'état spirituel interne qu'aux actes de dévotion externes.»

J'entendit Abou'Ali ad-Daqqaq dit: «Le meilleur qui a été dit sur ce sujet est la déclaration de celui qui dit: «Cette voie ne convient seulement qu'à ces personnes dont Allah a fait usage des âmes pour éradiquer la bassesse de leur caractère.»

A ce propos, il dit un jour: «Si le pauvre derviche n'avait que pour seule possession son âme et l'offrait aux chiens à cette porte, aucun d'eux ne s'y aurait intéressé.» Abou Sahl as-Sou'louki dit, «Le Soufisme, c'est la résistance à la résistance.» Al-Housri dit: «Le Soufi n'existe pas après sa non-existence et ne cesse pas d'exister après qu'il soit.»

Il y a une ambiguïté dans cette déclaration. Sa déclaration «Il n'existe pas après sa non-existence» signifie que les turbulences de son âme se sont anéanties pour ne plus réapparaître. Sa déclaration: «Il ne cesse pas d'exister après qu'il soit» signifie qu'une fois pénétré par la Vérité, il reste imperturbable face aux vicissitudes de la vie à l'inverse du reste de la création.

Il est dit que le Soufi est celui qui s'est noyé dans ce qu'il a aperçu de la Vérité Dieu. Il est dit que «La volonté du Soufi est dominé par l'action divine, mais il demeure voilé par la conduite propre à la servitude.» Et «Le Soufi ne s'altère pas. Mais s'il devrait changer, il ne serait pas souillé.»

J'entendis Abou Abd al-Rahman al-Soulami dire... que al-Kharraz rapporta: «J'étais dans la mosquée de Cairouan un Vendredi, jour de prière en congrégation, et je vis un homme allant parmi les rangées, disant: Soyez généreux! J'étais un Soufi, mais j'étais faible». Je lui offris de l'argent, mais il me dit: «Laissez-moi, malheur à vous! Ce n'est pas ce que je cherche.» Et il ne l'accepta pas.»[146]

13. Cheikh Abou Ismai'il 'Abd Allah al-Harawi al-Ansari (D.481 AH)

Un cheikh Soufi, un maître de hadith (*hafiz*) et un commentateur (*moufassir*) du Coran de l'école Hanbalite, l'un des farouches ennemis des innovateurs et un disciple de Khwaja Abou al-Hassan al-Kharqani (d.425) l'un des premiers grands cheikhs de la voie Soufi Naqchbandi.[147] Il

---

[146] Al-Qoushayri, *al-Rissala*, traduit par Rabia Harris, *Livre Soufi d'Ascension Spirituelle* (Chicago: KAZI Publications, Inc.1997), p.280-284.
[147] La chaîne des maîtres Naqshbandi au temps d' Al kharqani est comme suit: Abou yazid al-Bistami > Abou al-Hassan al-Kharqani > Abou 'Ali al-Farmadi (le maître de Ghazali) > Abou Youssouf al-Hamadani > Abou al-'Abbas al-Khidr > 'Abd al-Khaliq al-Ghoujdawani.

IV Dires et écrits des Imams et Savants au Sujet de la Purification du Soi

est cité par Dhahabi dans son *Tarikh al-islam et Siyar a'lam al-noubala'*, Ibn rajab dans son *Dayl tabaqat al-hanabila*[148], et Jami dans son livre en Persan *Manaqib-i cheikh al-Islam Ansari*.[149]

Il était un auteur prolifique de traités Soufis parmi lesquels:

- *Manazil al-sa'irin*, au sujet duquel Ibn Qayyim rédigea un commentaire intitulé *Madarij al-salikin*;
- *Kitab al-soufiyya* (Les niveaux biographiques des maîtres Soufis), qui est la version développée des premiers travaux d'Abou 'Abd al-Rahman al-Soulami (d.411) portant le même titre.
- *Kitab 'ila al-maqamat* (Le livre des écueils des niveaux spirituels), décrivant les caractéristiques des niveaux spirituels pour le disciple et le maître dans la voie Soufie.
- *Kitab sad maydan* (en Perse, Le livre des cent champs), un commentaire sur le sens de l'amour dans le verset: «*Si vous aimez Allah, suivez moi, et Allah vous aimera!*» (3:31). Ce livre rassemble les discours d'al-Harawi au cours des années 447-448 à la grande Mosquée de Hérat (aujourd'hui en Afghanistan) dans lequel il présente son exposition la plus éloquente de la nécessité de suivre la voie Soufie.

---

[148] Ibn Rajab, *Dhayl 'ala tabaqat al-hanabila* (Damas, 1951) 1:64-85.
[149] Edité par A.J. Arberry, «La Biographie Ansari de Jami» dans *Le Trimestriel Islamique* (Juillet Décembre 1963) p. 57-82.

- *Kashf al-asrar wa 'ouddat al-abrar* (En perse, Le dévoilement des secrets et l'équipement des vertueux), en dix volumes par al-Mayboudi, contient le commentaire Coranique d'al-Harawi.

14. Imam Ghazali (D.505 AH)

Houjjat al-Islam (La preuve de l'Islam), Abou Hamid al-Toussi al-Ghazali, celui qui revivifia le Cinquième siècle Islamique, savant d'*ousoul al-fiqh* et auteur de la plus célèbre œuvre sur le *tassawwouf*, *Ihya' 'ouloum al-din* (La revivification des sciences religieuses). Il dit dans son autobiographie, *al-Mounqidh min al-dalal* (La délivrance de l'erreur):

> La voie Soufie consiste à purifier le cœur de tout ce qui est autre qu'Allah... Je conclus que les Soufis sont des chercheurs dans la Voie d'Allah, leur conduite est la meilleure, leur voie est la meilleure, et leurs manières sont les plus sanctifiées. Ils ont purifié leurs cœurs de tout sauf d'Allah et en ont fait des sentiers pour que des rivières y coulent, transportant la connaissance d'Allah.[150]

Comme Ibn 'Ajiba mentionne dans son *Iqaz al-himam*, al-Ghazali déclara le *tassawwouf* être *fard 'ayn* ou une obligation personnelle pour tout musulman responsable,

---

[150] Al-Ghazali, *al-Mounqidh min al-dalal*, p.131.

IV Dires et écrits des Imams et Savants au Sujet de la Purification du Soi

homme et femme, «car personne sauf les Prophètes n'est dépourvus de défauts et de maladies internes.»[151]

Les textes qui suivent sont traduits des extraits suivants de *Ihya' 'ouloum al-din*:

> Les définitions au début du livre *Kitab charh 'aja'ib al-qalb* (Le livre des explications des mystères du cœur);
>
> 2) Section intitulée: «Les soldats du Cœur» extraite du même livre;
>
> 3) Section intitulée: «La domination de Satan sur le cœur à travers l'incitation *(al-waswas)*» extraite du même livre;
>
> 4) Section intitulée: «Les preuves...» du livre *Kitab riyadat al-nafs wa tahdhib al-akhlaq wa mou'alajat amrad al-qalb* (Le livre du dressage de l'ego, apprentissage des bonnes manières et le remède des maladies du cœur).
>
>> a) Le sens de *nafs*: Il a deux sens. Premièrement, il signifie les pouvoirs de la colère et l'appétit sexuel ... et celle là est la compréhension la plus commune dans le milieu des gens du *tassawwouf*, qui comprennent le mot *nafs* comme l'élément responsable de tous les mauvais attributs d'une personne. C'est la raison pour laquelle ils disent: l'on doit combattre l'ego et le briser comme cela est soutenu dans le hadith: *alada*

---

[151] Ibn 'Ajiba, Iqaz al-himam p.8.

'adouwwouka nafsouka al-lati bayna janibayk – «Ton pire ennemi est ton ego qui réside entre tes flancs.»[152] Ce hadith est cité dans le *Kitab al-zouhd* (Le livre des narrations sur l'ascétisme) de Bayhaqi.

5) Le deuxième sens de *nafs* est l'âme, l'être humain en réalité, son soi et sa personne. Cependant, *al-nafs* est décrit différemment selon ses différents états. S'il est apaisé en étant sous commande et s'est débarrassé des turbulences causées par l'attaque de la passion, il est appelé «l'âme apaisée» (*al-nafs al-moutma'inna*)... Dans son premier sens, *al-nafs* n'envisage pas son retour à Allah parce qu'il s'est maintenu à l'écart de Lui: un tel *nafs* est du parti de satan. Mais, s'il n'est pas source de tranquillité, et qu'il s'érige contre l'amour des passions et s'y oppose, il est appelé «l'âme auto-critique» (*al-nafs al-lawwama*) parce qu'il se réprimande pour sa négligence dans l'adoration de son maître... S'il cesse toute rébellion contre le mal et se soumet en totale obéissance à l'appel des passions et de chaytan, il est nommé «l'âme qui se joint au mal» (*al-nafs al-ammara bi al-sou*)... lequel peut être pris comme référence à l'ego dans sa première définition.

---

[152] Al-'Iraqi le cite dans Bayhaqi sur l'autorité d'Ibn 'Abbas et sa chaîne de transmission contient Mouhammad ibn 'Abd al-Rahman ibn Ghazwan, l'un des forgeurs.

IV Dires et écrits des Imams et Savants au Sujet de la Purification du Soi

b) Allah a armé des soldats qu'Il a placés dans les cœurs et les âmes et autres de Ses mondes, et nul ne sait leur vraie nature et leur nombre exact excepté Lui-même... [Il commença à expliquer que les jambes du corps, les cinq sens, la volonté, l'instinct et les pouvoirs émotifs et intellectuels sont parmi ces soldats.] Sachez que les deux soldats de la colère et de la passion sexuelle peuvent être complètement contrôlés par le cœur... ou à l'opposé désobéir et complètement se rebeller contre lui jusqu'à ce qu'ils l'asservissent. En cela repose la mort du cœur et la fin de son voyage vers la joie éternelle. Le cœur a d'autres soldats: La connaissance (*'ilm*), la sagesse (*hikma*) et la pensée (*tafakkour*) dont il cherche l'aide en toute justesse, car ils sont du Parti d'Allah contre les deux autres qui appartiennent au parti de satan...

c) Allah dit: «Ne vois-tu pas celui qui a fait de sa passion sa divinité?» (25-43) et «Il suivit sa propre passion. Il est semblable à un chien qui halète si tu l'attaques, et halète aussi si tu le laisses.» (7:176) Au sujet de la personne qui contrôle les passions de son ego, Allah dit: «Et pour celui qui aura redouté de comparaître devant son seigneur, et préservé son âme de la passion, le paradis sera alors son refuge» (79:40-41).

d) Sachez que le corps est comme une ville et l'intellect d'un être humain adulte est comme un roi gouvernant cette ville. Toutes les forces de ses sens externes et internes qu'il peut rassembler sont comme ses soldats et ses assistants. L'ego qui s'associe au mal (*nafs ammara*), le désir et la colère, est comme un ennemi qui le défie dans son royaume et lutte pour exterminer ses sujets. Le corps devient alors comme une garnison ou un avant-poste portuaire, et l'âme comme sa garde. S'il combat contre ses ennemis, les défait et les contraint à faire ce qu'il aime, il sera loué lorsqu'il retournera en présence d'Allah, comme Allah dit: «*Allah a mis les combattants au-dessus des non combattants en leur accordant une rétribution immense*» (4:95).

Les pensées qui agitent les désirs d'une personne sont de deux sortes: louables, qui sont appelées «inspiration» (*ilham*), ensuite blâmables, et sont appelées «incitation au mal» (*waswassa*)... Le cœur est sous l'emprise mutuelle d'un diable et d'un ange... L'ange a été crée par Allah pour un bénéfice débordant, donner la connaissance, le dévoilement de la vérité, la promesse de récompense et la recommandation du bien... le diable est une créature dont la tâche est de s'opposer à tout ceux-ci ... *Waswassa* contre

IV Dires et écrits des Imams et Savants au Sujet de la Purification du Soi

ilham, chaytan contre ange et succès *(tawfiq)* contre désolation *(khidhlan).*

e) Le Prophète ﷺ dit: «Il y a deux impulsions dans l'âme, l'une provient d'un ange qui appelle vers le bien et confirme la vérité; quiconque ressent ceci, qu'il sache que cela est d'Allah et qu'il Le loue. L'autre impulsion provient de l'ennemi, le conduit au doute, nie la vérité, et interdit le bien; quiconque ressent ceci, qu'il cherche refuge en Allah contre le démon.» Ensuite il récita le verset: «*Le diable vous fait craindre l'indigence et vous commande des actions honteuses*» (2:268).[153]

f) Le Prophète ﷺ dit: «Il n'y a personne parmi vous qui n'a pas de démon en lui.» Ils dirent: «Même en toi, O Messager d'Allah!» Il dit: «Même en moi, mais Allah m'a aidé à le vaincre, et il s'est soumis, ainsi il n'ordonne que le bien»[154]... L'offensive mutuelle entre les soldats des anges et les démons est constante dans la conquête du cœur jusqu'à ce que le cœur soit conquis par l'un des deux partis qui implante sa nation et s'y installe... Et la plupart des cœurs ont été saisis par les soldats de Satan qui les saturent d'idées qui

---

[153] Tirmidhi: hassan; Nissa'I; 'Iraqi n'est pas considéré faible' (la chaîne de transmission)
[154] MousliD.

appellent l'homme à aimer ce monde temporaire et à négliger l'au-delà.

Le Prophète ﷺ dit: *al-moujahidou man jahada nafsahou fi ta'ati Allah* – «Le vrai combattant est celui qui combat contre son ego en obéissant à Allah»[155]... Soufyan al-Thawri dit: «Je n'ai jamais eu affaire à quelque chose de plus fort que mon propre ego; il était un moment avec moi et un autre moment contre moi»... Yahya ibn Mou'adh al-Razi dit: «Luttes contre ton ego avec les quatre sabres de l'apprentissage: manges peu, dors peu, parles peu, et sois patient lorsque les gens t'agressent... Alors l'ego marchera sur les voies de l'obéissance, comme un chevalier s'élançant dans le champ de bataille»

14.1. Ceux qui qttaquent l'Imam Ghazali

Les «Salafis» d'aujourd'hui ont relancé leurs attaques contre l'Imam Ghazali, ils rabaissent ceux qui lisent ses œuvres et critiquent ceux qui s'inspirent de lui pour illustrer leurs opinions. Ceci concerne spécialement sa pièce maîtresse *Ihya' 'Ouloum al-Din*, parce que c'est un point de repère du *tassawwouf* que les ennemis du *tassawwouf* trouvent particulièrement vexant à cause de l'immense succès qu'elle a eu auprès des lecteurs. Certains vont même loin quant à prétendre que Ghazali était déséquilibré

---

[155] Un hadith *sahih* rapporté par Tirmidhi, Ahmad, Tabarani, Ibn Majah, Ibn Hibban, al-Hakim, et Qouda'i.

IV Dires et écrits des Imams et Savants au Sujet de la Purification du Soi

lorsqu'il le rédigea, d'autres interprètent mal le fait que Ghazali s'intéressa à la fin de sa vie à la lecture de Boukhari comme une renonciation au *tassawwouf*; d'autres encore ravivent les condamnations du livre par une poignée de savants reconnus pour leur position anti-soufie. Mais Allah a permis au livre de s'ériger au-dessus des clameurs de ses détracteurs, et ses traductions ne font que s'accroîtrent en nombre et en qualité. Les lignes suivantes ont pour but de fournir aux lecteurs des sources fiables, concernant sa vie et ses œuvres, pour nous protéger avec l'aide d'Allah, contre les calomnies de l'ignorance et de l'envie.

Salah al-Din al-Safadi (d.764), le disciple d'Abou Hayyan al-Andalousi, rapporte dans son célèbre dictionnaire biographique intitulé *al-Wafi* – qui contient plus de 14000 biographies:

> Mouhammad b. Ahmad, la Preuve de l'Islam, l'Ornement de la Foi, Abou Hamid al-Tussi[156] (al-Ghazali), le juriste Chafi'i, fut sans rival dans ses dernières années.
>
> En 488, il renonça totalement à la vie mondaine et à son poste de professeur à la Nizamiyya où il enseignait depuis 484 et suivit la voie de la renonciation et de la solitude. Il effectua le Pèlerinage, et à son retour, il dirigea ses pas en Syrie où il s'installa quelque temps dans la ville de Damas, donnant des conseils dans l'hospice de la mosquée (*zawiyat al-jami'*) qui porte désormais son nom dans le quartier Ouest. Il

---

[156] Note du traducteur: lire Toussi.

voyagea ensuite à Jérusalem, se consacrant énormément à l'adoration et à la visite des sites et lieux saints. Ensuite il se rendit en Egypte et s'installa quelque temps à Alexandrie...

Il retourna à Tus sa ville natale (juste avant 492). Là bas, il compila un nombre important de volumes [parmi lesquels l'*Ihya'*] avant de retourner à Nissabour où il était obligé de dispenser des cours à la Nizamiyya (499). Il abandonna immédiatement ceci et prit le chemin du retour dans son village où il assuma la direction d'une maison de retraite (*khaniqah*) pour Soufis et d'une université voisine pour ceux qui sont assoiffés de connaissance. Il répartit son temps entre la récitation du Coran et dispenser des cours aux Gens du Cœur (les Soufis)...

Il est parmi les livres les plus nobles et les plus importants, à tel point qu'il fût dit à son propos: Si tous les livres de l'Islam venaient à disparaître excepté *Ihya'*, il aurait suffit à les remplacer ... Ses détracteurs l'accusaient d'y avoir inclus des hadiths qui n'étaient pas reconnus être authentiques, mais une telle inclusion est permise lorsqu'il s'agit d'encourager le bien et d'interdire le mal (*al-targhib wa al-tarhib*). Le livre reste toujours extrêmement apprécié. L'Imam Fakhr al-Din al-Razi avait l'habitude de dire: «Ce fût comme si Allah avait rassemblé toutes les sciences sous

IV Dires et écrits des Imams et Savants au Sujet de la Purification du Soi

un seul dôme, et les montra à al-Ghazali,» ou quelque chose de ce genre. Il rendit l'âme ... en 505 à Tabaran ... la citadelle de Tus, où il fut enterré.[157]

Ce qui a été dit ci-dessus réfute clairement les attaques de ceux qui disent que Ghazali désavoua le *tassawwouf* vers la fin de sa vie. Il y a aussi ceux qui essaient de faire une différence entre le Ghazali d'*Ousoul al-fiqh* et le Ghazali du *tassawwouf*. Lorsqu'il est dit que les livres de l'Imam Ghazali sur la méthodologie et les fondations des lois Islamiques sont une nécessité – tels que son *Moustasfa* et *Mankhoul* ainsi que *Chifa' al-ghalil* – ils disent qu'il les rédigea bien avant sa période de retraite où il adopta le *tassawwouf*. En réalité, le plus important et le plus compréhensible des quatre livres qu'il rédigea sur *Ousoul al-fiqh* (Les principes des lois) fut composé au cours de la dernière période de sa vie comme le dit Dr Taha al-'Alwani dans son livre *Ousoul al-fiqh al-islami*:

> La source de Méthodologie de l'Encyclopédie de la Chari'a de l'Imam Ghazali, son quatrième livre sur le sujet, et son dernier mot fut *al-Moustafa*, qui a été publié plusieurs fois en Egypte et ailleurs. La vérité est que cette œuvre fut rédigée après sa retraite.[158]

La note sur Ghazali dans *'Oumdat al-Salik* dit:

---

[157] Salah al-Din Khalil ibn Aybak al-Safadi, *al-Wafi bi al-wafayat* (Wiesbaden, 1962-1984) 1:274-277 (#176).

[158] Taha Jaber al-'Alwani, *Ousoul al-fiqh al-Alwani*: La source de la Méthodologie en Jurisprudence Islamique, ed. Youssouf Talal Delorenzo (Herndon, VA: IIIT, 1411/1990) p. 50.

Il vécut en retraite pendant dix ans à Damas, engagé dans la lutte spirituelle et le souvenir d'Allah. A la fin de cette période, il émergea pour produire sa pièce maîtresse *Ihya´ 'Ouloum al'Din* [La Revivification des Sciences Religieuses], un classique parmi les livres des Musulmans qui parle de l'intériorisation de la crainte d'Allah *(taqwa)*, l'illumination de l'âme à travers Son obéissance et les degrés d'accomplissement des croyants en cette matière. L'œuvre montre à quel point Ghazali a compris ce qu'il a écrit. Sa réponse magistrale à plusieurs centaines de questions au sujet de la vie interne sur lesquelles nul avant lui n'avait discuté ou résolu avec une telle maestria met en évidence son intelligence et sa profonde appréciation de la psychologie humaine. Il a écrit aussi prés de deux cent autres œuvres sur la manière de gouverner, la Loi sacrée, les réfutations des philosophes, les principes de la foi, le Soufisme, l'exégèse Coranique, la théologie scolastique et les bases de la jurisprudence Islamique.[159]

Quant aux critiques intellectuelles envers Ghazali, la plus véhémente est celle d'ibn al-Jawzi, un détracteur des soufis. Il rejette le *Ihya´* dans quatre de ses œuvres: *I'lam al-ahya´ bi aghlat al-Ihya´* (Informer le vivant au sujet des erreurs de l'Ihya´, *Talbis Iblis, Kitab al-qoussas*,[160] et son histoire *al-*

---

[159] Reliance of the Traveller p. 1048.
[160] Ibn al-Jawzi, *Kitab al-qoussas wa al-moudhakkirin* p.201.

IV Dires et écrits des Imams et Savants au Sujet de la Purification du Soi

Mountazam fi tarikh al-moulouk wal-oumam). Ses vues influencèrent Ibn Tayimiyya et son élève Dhahabi. La base de leur position fut l'utilisation de hadiths faibles par Ghazali dont une liste est fournie par Taj al-Din al-Soubki dans ses *Tabaqat*. Leurs critiques est sûrement une exagération dans la mesure où le *hafiz* al-'Iraqi (d.806) et le *hafiz* al-Zabidi (d.1205) après al-Ghazali, examinèrent individuellement chaque hadith de l'*Ihya* et ne mirent pas en doute de manière globale son utilité. Au contraire, ils acceptèrent son immense réputation auprès des musulmans et contribuèrent même à son embellissement et à sa propagation comme un manuel de progrès spirituel. Comme Soubki le souligna, Ghazali n'excella jamais dans la science de hadith.[161]

De plus, la majorité des maîtres de hadith soutiennent l'utilisation de hadiths faibles en vu d'en dériver des décisions légales, telle que la recommandation au bien et l'interdiction du mal (*al-targhib wa tarhib*), comme plusieurs maîtres de hadith l'ont soutenu aussi bien que certains savants tels que al-Safadi.[162] Rappelons que Ghazali incorpora tous les éléments qu'il jugea utiles dans

---

[161] Taj al-Din al-Soubki, *Tabaqat al-shafi'iyya* 4:179-182.

[162] Voir al-Hakim, *al-madkhal li 'ilm al-hadith"* (le début), le *Dala'il al-noubouwwa* de al-Bayhaqi (l'introduction), *al-Tibyan fi'ouloum al-Coran* p.17. de Nawawi. Celui-ci dit: «Les savants sont d'accord sur la légitimité de l'usage de hadiths faibles dans le domaine de travaux vertueux.» Al-Sakhawi mentionna l'opinion du consensus des savants sur cette question dans l'épilogue de son *al-Qawl al-badi' fi al-salat 'ala al-habib al-shafi'* (L'admirable doctrine concernant l'invocation des saluts sur le bien-aimé intercesseur) (Béirut: dar al-koutoub al-'ilmiyya, 1407/1987) p.245-246.

l'accomplissement de son but didactique. Il choisit ses hadiths sur la base du contenu au lieu de l'origine ou de sa chaîne de transmisión. De même, la majeure partie de l'*Ihya* consiste en des citations du Coran, des hadiths, et des dires d'autres savants, sachant que sa prose représente moins de 35% de son œuvre;[163] et que la plupart du vaste nombre des hadiths cités sont authentiques à l'origine.

En conclusion, il est vrai comme al-Safadi dit que al-*Ihya* se classe comme une œuvre de *targhib* ou éthique, qui est le domaine principal du *tassawwouf*. Les critères d'authenticité des témoignages cités dans de tels travaux sont moins rigoureux que les travaux de *'aqida* et *fiqh* selon la majorité des savants. Utiliser ses mêmes critères pour les travaux de *tassawwouf*, c'est comparer des pommes à des oranges. Par conséquent, comme al-Safadi l'indiqua convenablement, la critique de *Ihya' ouloum al-din* par certains sur la base de hadiths faibles n'a pas de fondement, non plus les critiques de travaux semblables, par exemple la critique de Dhahabi sur le *Qout al-qouloub* d'Abou Talik al-Makki basé sur ce même aspect. S'accrocher à de telles critiques et ignorer l'approbation massive du *tassawwouf* par les savants Musulmans est se cramponner à leurs propres préjugés contrairement à la connaissance fiable. Qu'on se rappelle du conseil de al-Dhahabi dans sa note biographique sur Ibn al-Farid dans *Mizan al-i'tidal*: «Ne vous empressez pas de juger, au contraire, retenez la meilleure opinion des Soufis»;[164] Ou de celui de l'Imam Ghazali dans *al-Mounqidh*

---

[163] T.J Winter, traduction du "Souvenir de la Mort" de Ghazali (Cambridge: Islamic Texts Society,1989), Introduction,p.xxix n.63.
[164] al-Dhahabi, Mizan al-i'tidal 3:214.

IV Dires et écrits des Imams et Savants au Sujet de la Purification du Soi

min al-dalal: «Aillez de bonnes pensées des Soufis et ne nourrissez pas votre cœur de doute»;[165] ou de Ibn Hajar al-Haytami disant: «Des mauvaises pensées à leur sujet (Les Soufis) signifient la mort du cœur.»[166] Il est préférable de prendre ce qui est excellent dans chacun des travaux des Soufis et de respectez les maîtres de *tassawwouf*, sachant que le moindre d'entre eux s'érige haut en savoir au-dessus de la majorité des gens. Il est préférable de ne pas rechercher le désaccord parmi les savants, de s'accrochez à l'humilité et au respect de ceux qui parlent d'Allah.

14.2. La validité des hadiths faibles

Nous concluons la discussion sur *Ihya' 'ouloum al-din* avec les déclarations des maîtres de hadith sur la permissivité d'utiliser des hadiths faibles. L'Imam al-Sakhawi déclara dans la conclusion de son livre *al-qawl al-badi'* que: «La majorité des savants *(al-joumhour)* soutiennent qu'un hadith faible peut être utilisé comme base pour mener une bonne action et acquérir un bon caractère mais pas pour des règles légales.»

Ibn Hajar écrit dans *Hadi al-sari*:

> L'Imam Malik et l'Imam Boukhari ont une conception différente de la validité des hadiths. Malik ne considère pas l'interruption dans la chaîne comme une défaillance dans le hadith.

---

[165] Al-Ghazali, *al-Mounqidh min al-dalal* (Damas, 1956) p.40.
[166] Ibn Hajar al-Haytami, *fatawa hadithiyya* (Le Caire: al-Halabi, 1970) p. 331. *Fatawa* concernant les critiques de ceux qui respectent le *tassawwouf* et croient aux saints.

Pour cette raison, il cite des hadiths avec des chaînes interrompues du type *moursal* et *mounqati*, et des communications sans chaînes (*balaghat*) comme partie principale de l'objectif de son livre (*al-Mouwatta'*). Boukhari par contre, considère l'interruption comme une défaillance dans la chaîne de transmission. Ainsi, il ne cite ces hadiths que lorsqu'il s'agit de sujet en dehors du thème principal de son livre (*al-jami'al-sahih*) tels que les commentaires (*taliq*) et les titres de chapitres.[167]

Al-Hakim (d.405) rapporte dans son *Madkhal,* un manuel sur la science de hadith:

> J'entendis Abou Zakariyya al-Anbari dire que Mouhammad ibn Ishaq ibn Ibrahim al-Hanzali lui dit que son père lui rapporta d'ʿAbd al-Rahman ibn Mahdi: «Nous étions indulgents lorsque nous transmettions des hadiths au sujet de la récompense, de la punition et des actions vertueuses, (c'est à dire concernant l'identité des personnes et leur fiabilité); mais lorsque nous transmettions des hadiths au sujet de ce qui est permis et ce qui est interdit, nous étions strictes avec l'*isnad* et examinions minutieusement les gens.»
>
> J'entendis Abou Zakariyya Yahya ibn Mouhammad al-ʿAnbari dire qu' Abou al-ʿAbbas ibn Mouhammad al-Sijzi entendit al-

---

[167] Ibn Hajar, *Hadi al-sari*, éd. Ibrahim ʿAtwa ʿAwad (Le Caire, 1963) p.21.

IV Dires et écrits des Imams et Savants au Sujet de la Purification du Soi

Naufali dire qu'Ahmad ibn Hanbal dit: «Lorsque nous transmettions du messager d'Allah ce qui est permis et interdit, nous étions stricts; mais lorsque nous transmettions au sujet des actions vertueuses et de ce qui n'est pas établi ou abrogé, nous étions conciliants avec les *isnads*.»[168]

Voici le texte complet de Sakhawi extrait d'*al-qawl al-badi'*:

Cheikh al-Islam Abou Zakariyya al-Nawawi dit dans les *Adhkar*:

Les *oulémas* parmi les experts en hadith et les experts en loi et autres ont dit: il est permis et (aussi) acceptable que la pratique religieuse (*al-'amal*) concernant les bonnes actions et le bon caractère (*al-fada'il*), l'exhortation au bien et l'interdiction du mal (*al-targhib wa tarhib*) soient (même) basés sur un hadith faible tant qu'il n'est pas falsifié. En ce qui concerne les règles légales (*ahkam*) telles que ce qui est permis et ce qui est interdit, ou les modalités des échanges, le mariage, le divorce et autres: la pratique n'est basée sur rien d'autres que les hadiths authentiques

---

[168] al-Hakim, *al-Madkhal ila ma'rifat al-iklil*, éd. & trad. James Robson, Une introduction à la Science de Tradition (Londres: Société Royale Asiatique de Grande Bretagne et Irlande, 1953) p.11.

(*sahih*) ou les hadiths fiables (*hassan*), sauf par précaution dans certains cas relatifs à l'un des éléments cités ci-dessus, par exemple, si un hadith faible était cité au sujet de la répréhensibilité (*karahat*) de certains genres de ventes ou de mariages. Dans ces cas, ce qui est recommandé (*moustahabb*) est d'éviter une telle vente et un tel mariage, mais ce n'est pas obligatoire.

N'étant pas d'accord avec ceci, Ibn al-'Arabi al Maliki dit: «Certainement, aucune pratique n'est basée sur un hadith faible.»

J'ai entendu mon cheikh (Ibn Hajar al-'Asqalani) insister sur les points suivants, et il me les remit sous forme rédigée:

Les conditions pour des pratiques religieuses basées sur des hadiths faibles sont trois:

1) Il y a unanimité là dessus: le hadith ne doit pas être très faible. Ceci exclut les hadiths collectionnés individuellement par les menteurs ou ceux accusés de mensonges ou ceux qui commettent des erreurs scandaleuses.

2) Qu'il y ait pour cela une base légale générale. Ceci exclut ce qui est inventé et qui n'a aucun fondement légal au départ.

IV DIRES ET ÉCRITS DES IMAMS ET SAVANTS AU SUJET DE LA PURIFICATION DU SOI

3) Que l'on ne pense pas, en l'utilisant, qu'il a été établi comme vrai. Ceci est dans le but de ne pas attribuer au Prophète ﷺ des mots qu'il n'a pas dit.

Les deux dernières conditions sont d'Ibn 'Abd al-Salam et son compagnon Ibn Daqiq al-'Id; Abou Sa'id al-'Ala'i cita l'unanimité sur le premier point.

Je dis: il a été rapporté par l'Imam Ahmad que l'on peut se référer à des hadiths faibles s'il n'y a pas d'autres hadiths à cet effet, et s'il n'y a pas de hadiths qui le contredisent. Dans une autre version, il est rapporté qu'il a dit: «Je préfère le hadith faible à l'opinion des gens.» Ibn Hazm a similairement mentionné que les savants Hanafi sont unanimement d'accord avec l'école d'Abou Hanifa qui soutient qu'un hadith faible est préférable à l'opinion (*ra'y*) et à l'analogie (*qiyas*). Ahmad fut interrogé au sujet de quelqu'un se trouvant dans un pays avec, d'un coté une personne détenant des hadiths (*hadiths sahibs*) qui ne sais pas la différence entre l'authentique et l'inauthentique, et, de l'autre coté une personne détenant des opinions (*sahib ra'y*): Lequel des deux devrait-il consulter? Il répondit: «Qu'il consulte celui détenant les hadiths et non celui détenant les opinions.»

Abou 'Abd Allah Ibn Mandah rapporta d'Abou Dawoud, l'auteur des *Sounan* et l'élève de l'Imam Ahmad, qu'Abou Dawoud avait l'habitude de citer la chaîne de transmission d'un hadith faible s'il ne pouvait pas trouver autre que cela sous ce titre particulier (*bab*), et qu'il le considérait comme une forte évidence supérieure à l'opinion.

En conclusion il y a trois vues:
- Aucune pratique n'est basée sur du hadith faible.
- Une pratique y est catégoriquement basée si aucune preuve n'est trouvée sous le même titre.
- La majorité des savants (*al-joumhour*) soutiennent qu'il peut être utilisé comme base pour pratiquer de bonnes actions et parfaire un bon caractère mais non pas pour des règles légales. Et Allah est Celui qui garantit le succès.[169]

Certains interrogent le fait que l'Imam Ahmad permit l'utilisation de hadiths faibles, comme l'affirme Ibn Taymiyya dans son *Qa'ida fi al-tawassoul*: «Celui qui rapporte d'Ahmad qu'il avait l'habitude de se baser sur du hadith faible, qui n'est pas *sahih* ou *hassan*, fait une erreur.»[170] Ceci est en partie vrai, puisque Sakhawi rapporte que l'Imam

---

[169] al-Sakhawi, *al-Qawl al-badi' fi al-salat 'ala la-habib al-shafi'*(L'admirable doctrine concernant l'invocation sur le bien-aimé intercesseur) (Béirut: dar al-koutoub al-'ilmiyya, 1407/1987) p.245-246.

[170] Ibn Taymiyya, *Qa'ida jalila* p.82.

IV Dires et écrits des Imams et Savants au Sujet de la Purification du Soi

Ahmad n'appliqua pas de hadiths faibles aux *ahkam* ou les règles légales. Ainsi, ce qu'Ibn Taymiyya veut dire est: «Celui qui rapporte de l'Imam Ahmad qu'il avait l'habitude de se baser sur le hadith faible en dérivant des règles légales dans la Chari'a...». Bien qu'il n'utilisa pas le hadith faible dans les matières légales, il n'y a pas de doute que l'Imam l'accepta, comme ceci est rapporté par al-Hakim dans *al-Madkahl* déjà cité et confirmé par Ibn 'Arabi al-Maliki dans *'Aridat al-ahwadhi*.[171] Ceci est aussi confirmé par Ibn Taymiyya, lui-même, ailleurs dans son œuvre:

> «Ahmad ibn Hanbal et les autres savants permirent la narration de hadith concernant les vertus tant qu'il ne s'avère pas être un mensonge... car il est possible que la récompense soit réelle et vraie, quoique aucun des Imams n'ait dit qu'il est permis de considérer quelque chose d'obligatoire *(wajib)* ou recommandée *(moustahabb)* par la voie de hadith faible, et quiconque dit cela diffère du consensus. »[172]

Le proviso d'Ibn Taymiyya selon lequel «aucun des Imams n'a déclaré une action recommandée par la voie d'un hadith faible, et quiconque dit ceci diffère du consensus» est évidemment incorrecte dans la mesure où cela est itabli par l'allusion indiscutable de Sakhawi aux déclarations de Nawawi:

---

[171] Ibn al-'Arabi al-Maliki, *'Aridat al-ahwadhi* 5:201.
[172] Ibn Taymiyya, *Qa'ida fi al-tawassoul wa al-wassila*, éd. Rabi'a ibn hadi 'Oumayr al-Moudkhali, p.162 (#478).

«Les *ouléma* parmi les experts en hadiths et les experts en lois et autres ont dit... par exemple, si un hadith faible était cité au sujet de la répréhensibilité (*karahat*) de certains genres de ventes ou de mariages...ce qui est recommandé (*moustahabb*) est d'éviter de telles ventes et mariages, mais ce n'est pas obligatoire.»

15. Abou al-Wafa' Ibn 'Aqil al-Hanbali (D.513 AH)

Comme al-Harawi al-Ansari, il fut un *hafiz* et un *faqih* de l'école Hanbali et fut un ardent défenseur de la *Sounna* et du *tassawwouf*. Il fut considéré comme une révivification de l'école de l'Imam Ahmad, quoiqu'il eut plusieurs maîtres appartenant à différentes écoles. Comme plusieurs Soufis de son école tels qu'Ibn Qoudama (d.620) et al-Toufi (d.715), Ibn 'Aqil considérait al-Hallaj comme un *wali* (saint) et ne douta point de sa sincérité et sa vertu. Ibn al-Jawzi rapporta qu'il avait en sa possession la copie autographe d'un traité d'Ibn 'Aqil écrit en l'éloge d'al-Hallaj, intitulé *jouz' fi nasr karamat al-Hallaj* (Opuscule en l'éloge des miracles d'al-Hallaj). Ibn 'Aqil était d'une immense érudition et un écrivain prolifique. On rapporte que son *Kitab al-founoun* se serait étendu sur huit cent volumes dont un seul existe de nos jours.[173]

---

[173] Voir l'article de George Makdis dans l'encyclopédie de l'Islam, 2nd éd., s.v. "Ibn'Akil."

IV Dires et écrits des Imams et Savants au Sujet de la Purification du Soi

16. Cheikh 'Abd al-Qadir al-Gilani (D.561 AH)

Éminent parmi les grands saints, surnommé *al-Ghawth al-a'zam* ou l'Aide par excellence, il était aussi un éminent juriste de l'école Hanbali. Ses affiliations à l'école Chafi'i et à Abou Hanifa sont aussi mentionnées. Il fut le disciple d'éminents saints tels qu'Abou al-Khayr Hammad ibn Mouslim al-Dabbas (d.525) et Khwaja Abou Youssouf al-Hamadani (d.535), second dans la lignée après Abou al-Hassan al-Kharqani (le cheikh d'al-Harawi al-Ansari) dans la première chaîne d'autorité Naqshbandie.

Les travaux les plus réputés de Cheikh 'Abd al-Qadir sont:

- *al-Qhounya li talibi tariq al-haqq* (La suffisante provision pour les chercheurs sur la voie de la vérité); c'est l'une des présentations les plus précises du *madhhab* de l'Imam Ahmad ibn Hanbal jamais écrite, et il y est inclus l'enseignement authentique Sounni sur la *'aqida* et le *tassawwouf*;
- *al-Fath al-rabbani* (L'ouverture du Seigneur), une collection de sermons pour les élèves et enseignants de la voie Soufie et tous ceux attirés par la perfection. Comme son titre l'indique, ce livre procure à ses lecteurs un immense profit et une élévation spirituelle;
- *Foutouh al-ghayb* (Les ouvertures de l'invisible), une autre collection de sermons plus avancée

que la précédente et absolument inestimable.
Les deux ont été traduites en anglais[174].

Du fait de son rang dans l'école Hanbali, 'Abd al-Qadir était très respecté par Ibn Taymiyya et fut le seul auquel ce dernier attribua le titre de «mon Cheikh» (*cheikhouna*) dans ses entières *fatawa*, alors qu'il réserva le titre de «mon Imam» (*imamouna*) à Ahmad ibn Hanbal. Il citait fréquemment Gilani et son cheikh al-Dabbas comme faisant partie des meilleurs Soufis des temps derniers.

Les *karamat* ou miracles de cheikh 'Abd al-Qadir sont trop nombreux pour être énumérés. L'un d'eux est le don d'illuminer, qui est manifeste dans son parlé et à travers lequel plusieurs milliers entrèrent dans l'islam ou se repentirent. Al-Chattanawfi dans *Bahjat al-asrar* mentionne plusieurs de ses miracles, donnant même une chaîne de transmission pour chacun. Ibn Taymiyya vérifia l'authenticité de ses chaînes de transmission, mais son élève al-Dhahabi, alors que prétendant croire de manière générale aux miracles d'˒Abd al-Qadir, doute de plusieurs d'entre eux. Le doute d'al-Dhahabi apparut avant le récit authentique de l'admiration de l'Imam Ahmad pour al-Mouhassibi. Voici ses commentaires au sujet de Gilani dans *Siyar a'lam al-noubala'*:

> [#893] al-cheikh 'Abd al-Qadir (Al-Jilani): Le cheikh, l'imam, le savant, le *zahid*, le connaisseur, le modèle, Cheikh Al-Islam, le distingué parmi les *Awliya*... le Hanbali, le

---

[174] Note du traducteur: Nous n'avons pas encore sous la main la version française de ces deux œuvres (si elles existent).

IV Dires et écrits des Imams et Savants au Sujet de la Purification du Soi

> cheikh de Bagdad... Je dis qu'il n'y a aucun parmi les grands cheikhs qui ait plus d'états spirituels et de miracles *(karamat)* que Cheikh 'Abd al-Qadir, mais beaucoup d'entre eux ne sont pas vrais, et certaines de ces choses sont impossibles.[175]

Le récit suivant de la première rencontre de Gilani avec al-Hamadani est rapporté par Haytami dans ses *Fatawa hadithiyya*:

> Abou Sa'id 'Abd Allah ibn Abi 'Asroun (d.585), l'Imam de l'école Chafi'i, dit: «Lorsque je commençais à chercher la connaissance religieuse, je restais en compagnie de mon ami Ibn al-Saqa qui était un élève de l'école Nizamiyya, et il était de notre habitude de rendre visite aux pieux. Nous avons appris qu'il y avait à Baghdad un homme du nom de Youssouf al-Hamadani qui était connu comme *al-Ghawth*, et qu'il était capable d'apparaître et de disparaître toutes les fois qu'il le désirait. Ainsi donc je décidais de lui rendre visite avec Ibn al-Saqa et Cheikh 'Abd al-Qadir al-Gilani, qui était jeune en ce temps là. Ibn al-Saqa dit: «Lorsque nous visiterons Youssouf al-Hamadani, je lui poserai une question dont il ne connaîtra pas la réponse.» Je dis: «Je vais lui

---

[175] Ce démenti global et subjectif de la part de Dhahabi fait penser à son démenti de l'authentification du rapport de l'attitude de l'Imam Ahmad lorsqu'il écouta pour la première fois al-Mouhassibi.

poser aussi une question et je veux voir ce qu'il va dire.» Cheikh 'Abd al-Qadir al-Gilani dit: «O Allah! Epargne moi de questionner un saint comme Youssouf al-Hamadani, mais j'irai en sa présence pour solliciter sa *baraka* – bénédiction – et sa connaissance divine.»

«Nous entrions dans son cercle d'étude. Il se rendit invisible à nous et nous n'arrivions pas à le voir qu'après un bon moment. Il regarda sévèrement Ibn al-Saqa et dit: «O Ibn al-Saqa! Comment oses-tu me poser une question alors que ton intention est de me déconcerter? Ta question est celle-ci et ta réponse est celle-là!» Ensuite il dit: «Je vois le feu de la mécréance brûler dans ton cœur.» Il me regarda et dit: «O 'Abd Allah! Es-tu en train de me poser une question et attendre ma réponse? Ta question est celle-ci et ta réponse celle-là. Les gens sont mécontents de toi parce qu'ils sont devenu inattentifs à cause de ton manque de respect à mon égard.» Ensuite il regarda Cheikh 'Abd al-Qadir al-Gilani, le fit asseoir près de lui et l'honora. Il dit: «O 'Abd al-Qadir! Tu as satisfait Allah et Son Prophète ﷺ par ton bon respect envers moi. Je te vois assis à l'avenir à la plus haute place à Baghdad, prêchant, enseignant les gens et leur disant que tes pieds sont sur le cou de chaque *wali*! Et je vois chaque *wali* de ton temps te donner la préséance à cause de ton rang et ton honneur.»

IV Dires et écrits des Imams et Savants au Sujet de la Purification du Soi

Ibn Abi ʿAsroun continue: «La renommée d'ʿAbd al-Qadir dépassa les bornes, et tout ce que Cheikh al-Hamadani prédit à son sujet se réalisa. Il fut un temps où il dit: «Mes pieds sont sur les cous de tous les *awliyas*», et il fut une référence et un flambeau en son temps, illuminant les gens jusqu'à leurs destinations.

Le sort d'Ibn al-Saqa fut autre. Il était brillant dans sa connaissance de la loi divine. Il coiffa tous les savants de son temps. Il avait l'habitude de débattre avec les savants de son temps et les vaincre jusqu'à ce que le calife l'admette dans son cercle. Un jour, le calife l'envoya comme émissaire au roi de Byzance, qui à son tour fit appel à tous ses prêtres et savants de la religion chrétienne pour débattre avec lui. Ibn al-Saqa les vainquit. Ils furent incapables de donner de réponses en sa présence. Il leur donna des réponses qui les réduisirent au niveau d'enfants ou en de simples élèves.

Sa perspicacité fascina tellement le Roi de Byzance qu'il l'invita à une rencontre privée avec la famille royale. A cette rencontre, il vit la fille du Roi. Il tomba immédiatement amoureux d'elle, et il demanda au Roi à l'épouser. Elle refusa à condition qu'il acceptât sa religion. Il fit cela, abandonnant l'Islam et acceptant la religion Chrétienne de la princesse. Après son mariage, il tomba gravement malade. Ils le chassèrent du palais. Il devint un mendiant dans la ville, quémandant sa nourriture aux gens, mais personne ne lui en fournissait. Les ténèbres s'abattirent sur son visage.

Un jour, il rencontra une personne qu'il connaissait. Cette personne rapporte: «je lui demandai, que t'est-il arrivé?» Il répondit: «j'ai eu une tentation à laquelle j'ai succombé.» L'homme lui demanda: «Te souviens-tu de quelque chose du Coran?» Il répondit: «Je me souviens seulement de : *roubbama yawaddu al-ladhina kafarou law kanou muslimin*…«*Encore ceux qui mécroient voudraient avoir été musulmans*» (15:2).

Il tremblait comme s'il allait rendre son dernier souffle. Je le tournai en direction de la Ka'aba, mais il ne faisait que se tourner en direction de l'Est. Je le tournai à nouveau en direction de la Ka'aba, mais il tourna en direction de l'Est. Je le tournai pour une troisième fois en direction de la Ka'aba, mais il se retourna en direction de l'Est. Comme son âme alors le quittait, il dit: «O Allah! Ceci est le résultat de mon manque de respect à Ton saint, Youssouf al-Hamadani.»

Ibn Abi 'Asroun continue: «Je partis à Damas et le Roi Nour al-Din al-Chahid m'offrit le contrôle du département des affaires religieuses que j'acceptai. Par conséquent, *dounya* entra de tous les côtés: provision, nourriture, honneur, argent, et une fonction pour le reste de mes jours. Ceci est ce que le *Ghawth* Youssouf al-Hamadani avait prédit pour moi.»[176]

17. Ibn al-Jawzi (D.597)

Ce maître de hadith et historien de l'école Hanbali était un ennemi farouche des innovateurs de son temps. Nous avons cité de manière détaillée ses écrits sur les anthropomorphistes dans la première moitié de ce livre.[177] Son *Talbis Iblis* (L'illusion de Satan) est souvent cité par les «Salafis» pour leur quête de s'opposer au *tassawwouf*, mais en réalité il le rédigea seulement contre certains excès qu'il observa dans tous les groupes de la Communauté et parmi les savants de tous genres y compris les Soufis.

Talbis Iblis est peut être le seul facteur majeur existant sur la notion d'hostilité d'Ibn al-Jawzi envers le *tassawwouf*. En réalité, cette œuvre ne fut pas écrite par hostilité au *tassawwouf* et les Soufis. C'est une critique de toutes les doctrines et pratiques peu orthodoxes, sans tenir compte de leurs sources, et contre tout ce que l'auteur considérait comme étant des innovations injustifiées dans la Chari'a, où que ce soit dans la communauté musulmane de son temps. Cette œuvre fut écrite contre des pratiques spécifiques

---

[176] Al-Haytami, *Fatawa hadithiyya* 315-316.

[177] Note du tarducteur: Tassawwouf est la deuxième moitié du volume I de la série: «Croyances et Doctrines Islamiques selon Ahl al-Sounna; Une répudiation des innovations "Salafi" du même auteur.

innovées par plusieurs groupes, y compris les philosophes *(al-moutafalsifa)*, les théologiens *(al-moutakallimoun)*, les savants de hadiths *('oulama' al-hadith)*, les juristes *(al-fouqaha')*, les prêcheurs *(al-wou'az)*, les philologues *(al-nahawiyyoun)*, les poètes *(al-chou'ara')*, et certains soufis. Ce ne fut en aucun cas une critique des sujets qu'ils étudièrent ou enseignèrent, mais une critique contre des introductions spécifiques d'innovations dans leurs disciplines et domaines respectifs.

Ibn al-Jawzi rédigea plusieurs livres de «mérites» *(manaqib)* au sujet des premiers Soufis tels que *Manaqib Rabi'a al-'Adawiyya, Manaqib Bishr al-Hafi*, et autres. Son *Sifat al-safwa* (Les manières des élites) un abrégé du *Hilyat al-awliya'* (L'ornement des saints) d'Abou Nou'aym, et son *Minhaj al-qassidin wa moufid al -sadiqin* (La voie des voyageurs à Allah et l'instructeur du véridique) sont considérés comme des piliers dans le domaine du tassawwouf. Il fut encouragé à écrire cette dernière œuvre due au succès de l'*Ihya' 'ouloum al-din* de Ghazali. En vérité, le *Minhaj* adopte en majorité la méthodologie et le langage du *Ihya'* du fait qu'il traite aussi du même sujet: la purification du soi et les éthiques personnelles.

Le *Minhaj* fut résumé en un volume par Najm al-Din Abou al-'Abbas Ahmad ibn Qoudama (d.742). Voici quelques-uns de ses titres de chapitres et extraits les plus illustratifs de l'influence de Ghazali sur Ibn al-Jawzi et l'adoption des terminologies Soufies par ce dernier:

- *Fasl 'ilm alwal al-qalb* (Section sur les sciences des états du cœur)

IV Dires et écrits des Imams et Savants au Sujet de la Purification du Soi

- *Fasl fi al-daqaiq al-adab al-batina fi al-zakat* (Section sur les éthiques des plus fins détails cachés de la zakat)
- *Fasl fi al-adab al-batina wa al-ishara ila adab al-hajj* (Section sur les éthiques des secrets du Pèlerinage)
- *Kitab riyadat al-nafs wa tahdhib al-khoulouq wa mou'alajat amrad al-qalb* (Le livre du dressage de l'ego, le perfectionnement du caractère et remédier aux maladies du cœur)
- *Fasl fi fa'idat chahawat al-nafs* (chapitre sur les aspects passionnels de l'ego)
- *Bayan al-riya' al-ladhi houwa akhfa min dabib al-naml* (L'exposition de l'ostentation cachée qui est plus sournoise que le bruit des pas d'une fourmi)
- *Fasl fi bayan ma youhbitou al-'amal min al-riya' wa ma la youhbit* (chapitre de l'exposition de l'ostentation qui annule les actions d'une personne et celle qui ne l'annule pas)
- *Fasl fi dawa' al-riya' wa tariqatou mou'alajat al-qalbi fih* (chapitre sur les remèdes de l'ostentation et la voie de traiter le cœur de ses maux).
- *Kitab al-mahabba wa al-chawqi wa al-ounsi wa la-rida* (Le livre de l'amour, le désir passionné, de la familiarité et du bon plaisir)
- *Fasl fi bayan mi'na al-shawq ila allahi ta'ala* (La section définissant le sens de l'amour passionné pour Allah)

- *Bab fi al-mouhassaba wa al-mouraqaba* (Chapitre sur l'auto-critique et la vigilance) *al-maqam al-awwal: al-moucharata*

    (Le premier niveau: l'engagement)
al-maqam al-thani: al-mouraqaba

    (Le deuxième niveau: la vigilance)
    al-maqam al-thalith: al-mouhassaba baʿda al-ʿamal

    (Le troisième niveau: l'auto-critique après une action)
al-maqam-al-rabiʿ: mouʿaqabat al-nafs ʿala taqsiriha
(Le quatrième niveau: punir l'ego pour ses défauts)
al-maqam al-khamis: al-moujahada

    (Le cinquième niveau: la lutte)
al-maqam al-sadis: fi mouʿatabat al-nafs wa tawbikhiha

    (Le sixième niveau: châtier et réprimander sévèrement l'ego).

Abou bakr al-Siddiq dit: «Quiconque hait son ego pour la cause d'Allah, Allah le protégera contre ce qu'Il hait.»

Anas dit: Alors que Oumar était tout seul je l'entendis dire: «*Bakh, bakh*! Bravo, bien fait, O mon ego! Par Allah, tu ferais mieux d'avoir peur d'Allah Oh fils de Khattab! Sinon il te punira!»

Al-Bakhtari ibn Haritha dit: «Je vis l'un des fervents adorateurs assis devant un feu qu'il avait allumé et punissait son ego; et il ne cessa pas de punir son ego jusqu'à ce qu'il mourut.»

IV Dires et écrits des Imams et Savants au Sujet de la Purification du Soi

L'un d'entre eux dit: «Lorsque les saints sont mentionnés, je me dis: mépris à toi, et mépris à toi encore.»

Sache que ton pire ennemi est ton ego qui réside entre tes deux flancs. Il a été créé en tant que tyran, te poussant toujours vers le mal, et tu as été ordonné de le dresser, le purifier (*tazkiyat*), le sevrer de ce qu'il se nourrit, le traîner en chaîne, le soumettre à l'adoration de son Seigneur.[178]

18. Imam Fakr al-Din Razi (D.606 AH)

«Un savant Chafi'i de génie et un *Imam moujtahid* des principes de foi, il fut parmi les figures les plus renommées de son temps dans la maîtrise de la logique et les sciences traditionnelles islamiques, et il préserva la religion d'*Ahl al-sounna* de la déviation des mou'tazilites, des chïtes, des anthropomorphistes et autres sectes aberrantes de son temps.» [179]

Il rédigea dans son I'tiqadat firaq al-mouslimin wa al-mouchrikin:

> Le résumé de ce que disent les soufis est que la voie qui mène à la connaissance d'Allah est celle de la purification de soi et la renonciation à l'attachement matériel, et ceci est une excellente voie... Les soufis sont un groupe qui

---

[178] Ibn Qoudama, *Moukhtaqqar minhaj al-qassidin li Ibn al-Jawzi*, éd. D. Ahmad Hamdan et 'Abd al-Qadir Arna'out, 2nd éd. (Damas: maktab al-chabab al-mouslim wa al-maktab al-islami, 1380/1961) p.426.

[179] Nouh Keller, *Reliance of the Traveller* p.1046.

travaille avec réflexion et détachement de soi des pièges de la vie matérielle. Ils luttent dans le but que leurs cœurs soient uniquement occupés avec le souvenir d'Allah dans toutes leurs besognes et actions, et ils sont caractérisés par la perfection de leurs manières dans les relations avec Allah. En vérité, ce sont les meilleurs parmi les humains.[180]

19. Abou al-Hassan al-Chadhili (D.656 AH)

L'un des grands saints de la Communauté. Il dit au sujet du *tassawwouf*:

Celui qui meurt sans être entré dans cette science qui est la nôtre meurt en persistant sur ses péchés graves *(kaba'ir)* sans s'en rendre compte.

20. Al-'Izz ibn 'Abd al-Salam al-Soulami (D.660 AH)

Son surnom est «Le Sultan des Savants.» Le Cheikh al-Islam de son temps, il étudia le hadith sous la tutelle du hafiz al-Qassim ibn 'Ali ibn 'Assakir al-Dimachqi, et le *tassawwouf* sous le cheikh al-Islam Chafi'i Chihab al-Din al-Souhrawardi (539-632), lequel al-Dhahabi appelle: «Le cheikh, l'imam, le savant, le *zahid*, le connaisseur, le *mouhaddith*, le Cheikh al-Islam, la crème des Soufis...»[181] Il étudia aussi sous Abou al-Hassan al-Chadhili (d.656) et son

---

[180] Fakhr al-Din al-Razi, *Itiqadat firaq al-muslimin* p72-73.
[181] al-Dhahabi, *Siyar a'lam al-noubala'* [#969].

IV Dires et écrits des Imams et Savants au Sujet de la Purification du Soi

disciple al-Moursi. L'auteur de *Miftah al-sa'ada* et *al-Soubki* raconte que al-'Izz disait à chaque fois qu'il entendait al-Chadhili et al-Moursi parler: «Voici un genre de discours qui vient instantanément d'Allah.»[182]

Dans ses deux volumes *Qawa'id al-ahkam fi massalih al-anam* sur les *ousoul al-fiqh*, al-Izz mentionne ce qu'Allah dit à leur sujet: «*Le parti d'Allah*» (5:56; 58:22), et il définit le *tassawwouf* comme «l'amélioration des cœurs à travers lesquels la santé des corps est saine et à travers lesquels les maladies corporelles sont des maux.» Il considéra la connaissance des règles légales externes comme une connaissance de la Loi dans ses généralités, et la connaissance des matières internes comme une connaissance de la Loi dans ses détails les plus précis.[183]

Parmi les livres d'Al-Izz ibn Abd al-Salam sur le *tassawwouf*:

- *Chajarat al-ma'arif wa al-ahwal wa salih al-aqwal wa al-a'mal* (L'arbre des sciences gnostiques, états, déclarations pieuses et actions) s'étendant sur vingt chapitres dont les sept derniers sont consacrés aux branches variées de l'*ihsan* dans la religion;
- *Moukhtassar ri'ayat al'Mouhassibi*, un abrégé du livre d'al-Mouhassibi sur l'Observance des droits d'Allah;

---

[182] *Miftah al-sa'ada* 2:353; al-Soubki, *Tabaqat al-chafi'iyya* 8:214.
[183] Al-'Izz ibn 'Abd al-Salam, *Qawa'id al-ahkam* (Dar al-charq li al-tiba'a, 1388/1968) 1:29, 2:212.

- *Massa'il al-tariqa fi 'ilm al-haqiqa* (Questions sur la voie soufie concernant la connaissance de la Réalité) dans lequel al-'Izz répond à soixante questions au sujet du *tassawwouf*;
- *Rissala fi al-qoutb wa al-abdal al-arba'in* (Traité sur le Pôle des saints et les quarante substituts);
- *Fawa'id al-balwa wa al-mihan* (Les bénéfices des épreuves et des afflictions);
- *Nihayat al-roughba fi adab al-souhba* (L'obtention des vœux dans l'étiquette de la compagnie).

Malgré sa rigueur en toute matière, il est connu pour son acceptation du *sama'* ou récital poétique, les mouvements du corps et danse[184] associés avec des transes et autres états d'extase au cours du *dhikr*. L'Imam Ahmad rapporta dans son *Mousnad*:

> 'Ali dit: Je visitai le Prophète ﷺ avec Ja'far (ibn Abi Talib) et Zayd (ibn Haritha). Le Prophète ﷺ dit à Zayd: «Tu es mon homme affranchi» *(anta mawlay)*, à la suite de cela Zayd commença à sautiller sur son pied autour du Prophète ﷺ *(hajala)*. Le Prophète ﷺ dit ensuite à Ja'far: «Tu me ressembles dans ma création et dans mes manières» *(anta achbaha khalqi wa*

---

[184] Note du traducteur: La danse ici n'a rien avoir avec celle pratiquée dans les cabarets ou discothèques; la danse dont il s'agit ici est une pratique spirituelle comme dans le cas de Mevlana Roumi (Que Dieu bénisse son âme) et son ordre appelé Mawlawi. Elle est pratiquée en dehors de toute idée de satisfaire le nafs. De nos jours cette pratique existe dans cet ordre et dans d' autres.

IV Dires et écrits des Imams et Savants au Sujet de la Purification du Soi

khoulouqi), à la suite de cela Ja'far commença à sautiller derrière Zayd. Le Prophète ﷺ me dit ensuite: «Tu fais partie de moi et je fais partie de toi» *(anta minni wa ana minka)*, à la suite de cela je commençai à sautiller derrière Ja'far.[185]

Cheikh al-Islam Ibn Hajar al-Haytami mentionne que certains savants ont déduit à partir de cette preuve, la permission de danser *(al-raqs)* à l'écoute d'un récital qui élève l'esprit.[186] Al-Yafi'i est d'accord avec lui dans *Mir'at al-jinan*.[187] Les deux mentionnent al-Izz ibn 'Abd al-Salam comme l'exemple parfait dans la mesure où il est authentiquement rapporté que lui-même «prit part au *sama'* et dansa en états d'extases» *(kana yahdourou al-sama' wa yarqoussou wa yatawajadou)*. Cela est aussi confirmé par Ibn al-'Imad sur l'autorité d'al-Dhahabi, Ibn Chakir al-Koutabi, al-Yafi'i, al-Nabahani et Abou al-Sa'adat.[188]

Cette permission d'un type de danse de la part des Imams et des maîtres de hadith exclue l'interdiction du *sama'* sur une base générale, ainsi que la danse qui l'accompagne. Cela est vrai malgré les réserves d'Ibn Taymiyya là-dessus qui, dans le langage des «Salafis» d'aujourd'hui est une interdiction arrêtée.

Quant aux cas particuliers où la danse peut être interdite, il s'agit des genres mondains et efféminés qui n'ont

---

[185] Ahmad, *Mousnad* 1:108 (#860).
[186] Al-Haytami, *Fatawa hadithiyya* p.212.
[187] al-Yafi'i, *Mir'at al-jinan* 4:154.
[188] Ibn al-'Imad, *Chadharat al-dhahab* 5:302; Ibn Chakir al-Koutoubi, *Fawat al-wafayat* 1:595; al-Yafi'I, *Mir'at al-jinan* 4:154; al-Nabahani, *Jami' Karamat al-awliya* 2:71; Abou al-Sa'adat, *Taj al-ma'arif* p.250.

rien avoir avec l'extase du *sama'* et du *dhikr*. Al-'Izz ibn 'Abd al-Salam différencia les deux types dans ses *Fatwas*:

> Danser est une *bid'a* ou une innovation qui n'est approuvée que par celui qui a une déficience mentale. Elle n'est convenable que pour les femmes. En ce qui concerne l'écoute de la poésie *(sama)* qui stimule les états de pureté *(ahwal saniyya)*, qui touche à l'au delà: il n'y a rien de mal en cela, et cela est même recommandé *(bal youndabou ilayh)* pour les cœurs tièdes et endurcis. Cependant, celui qui dissimule des idées malsaines en son cœur, il ne lui est pas permis de prendre part au *sama*, car le *sama* éveille tout désir déjà présent dans le cœur, le louable et le blâmable.[189]

Il dit aussi dans son *Qawa'id al-ahkam*:

> Danser et applaudir font preuve d'une mauvaise affiche rappelant celle des femmes que personne ne tolère, sauf les hommes frivoles et les menteurs affectés... quiconque comprend la grandeur d'Allah ne peut pas s'imaginer en train d'applaudir et de danser car ces actes ne sont exécutés que par l'ignorant grossier, non par ceux qui ont un mérite et une intelligence, et la preuve de leur ignorance est que la Chari'a n'a cité aucune preuve de leur actions dans le Coran, la *sounna*,

---

[189] al-'Izz ibn 'Abd al-Salam, *Fatawa misriyya* p.158.

IV Dires et écrits des Imams et Savants au Sujet de la Purification du Soi

chez les Prophètes et leurs illustres compagnons[190].

Al-'Izz sur la supériorité du rang des *awliya'* sur celui des *ouléma'*

Al-'Izz ibn 'Abd al-Salam fut interrogé dans ses *Fatawa* au sujet de la validité des déclarations de Qouchayri et Ghazali que «le plus haut niveau parmi les serviteurs d'Allah après les Messagers et prophètes est celui des saints *(awliya')*, suivi des savants *('oulama')*.» Il répondit:

> Concernant la priorité des connaisseurs d'Allah sur les connaisseurs des lois d'Allah, les dires des maîtres Qouchayri et Abou Hamid (Al-Ghazali) sont confirmés. Aucune personne dotée de sens commun ne doute que les connaisseurs d'Allah... sont meilleurs que les connaisseurs des lois d'Allah, mais encore meilleurs que ceux qui connaissent les branches et les racines de la religion, parce que le rang d'une science est selon ses buts immédiats... La plupart du temps, les savants sont voilés par leurs connaissances qu'ils ont d'Allah et de Ses attributs, autrement, ils seraient parmi les gnostiques dont la connaissance est continue, comme cela convient à la demande de la vraie vertu. Et comment les gnostiques et les juristes seraient-ils égaux quand Allah dit: «*Les plus nobles parmi*

---

[190] Al-Izz ibn Abd al-Salam, *Qawaid al-ahkam* 2:220-221.

vous, auprès d'Allah sont les plus pieux» (49:13)?.. Et par les «savants» *('ouléma')* quand Il dit *«Parmi Ses serviteurs, seuls les savants craignent Allah»* (35:28), Il fait allusion à ceux qui Le connaissent, connaissent Ses attributs, et Ses actions, et non ceux qui connaissent seulement Ses lois... Un autre signe de la supériorité des gnostiques par rapport aux juristes c'est qu'Allah attribue des miracles aux mains des premiers mais jamais aux mains du deuxième groupe à l'exception qu'ils entrent dans la voie des gnostiques et acquièrent leurs caractéristiques.[191]

Ce ne fut pas nécessaire que Al-'Izz mentionne les savants de hadith dans la mesure où ceux-ci sont considérés d'un niveau inférieur aux savants de la jurisprudence *(fiqh)* et sont par conséquents inclus avec eux en dessous des saints. Ibn Abi Zayd al-Maliki rapporte: Soufyan ibn 'Ouyayna disait: «Le hadith conduit à l'égarement excepté les *fouqaha»* et le compagnon de Malik, Ibn Wahb dit: «Tout maître de hadith qui n'a pas d'Imam en jurisprudence est égaré *(dall).* Si Allah ne nous avait pas sauvé avec Malik et al-Layth, nous aurions été égaré.»[192] Nous avons déjà mentionné l'avertissement de l'Imam Malik que la religion ne consiste pas en la narration de quantité de hadith mais plutôt en la lumière qui prend siège dans la poitrine.

---

[191] Al-'Izz ibn 'Abd al-Salam, *Fatawa*, éd. 'Abd al-Rahman ibn 'Abd al-Fattah (Béirout: dar al-ma'rifa, 1406/1986) p.138-142.
[192] Ibn Abi Zayd, al-Jami' fi al-sounan p.118-119.

IV Dires et écrits des Imams et Savants au Sujet de la Purification du Soi

21. Imam Nawawi (D.676 AH)

L'un des grands savants Soufis, le plus strict des maîtres de hadith et le plus méticuleux des juristes de son époque. Cheikh al-Islam Mouhyiddin Yahya ibn Charaf al-Nawawi et al-Rafi'i sont la principale référence de l'école Chafi'i tardive. Ses livres restent toujours d'autorité dans la méthodologie de la loi, dans le commentaire du Coran et dans le hadith. Son commentaire de *sahih Mouslim* est en deuxième position après celui d'Ibn Hajar sur *sahih Boukhari*. Allah donna à sa fameuse compilation de Quarante Hadiths probablement plus de renommée et d'audience que tout autre livre de hadith, volumineux ou petit, et permit à Nawawi d'être d'un immense bénéfice à la Communauté Musulmane.

Al-Nawawi était considéré comme un Soufi et un saint, comme cela est mentionné à travers la biographie de Sakhawi intitulée *Tarjamat cheikh al-islam, qoutb al-awliya' al-kiram, faqih al-anam, mouhyi al-Din al-Nawawi* (La biographie du Cheikh de l'Islam, le Pole des Nobles Saints, le Juriste de l'humanité, la Revivification de la *sounna* et son protecteur contre les innovations… Al-Nawawi.

Al-Nawawi écrit dans son petit ouvrage intitulé *al-Maqassid fi al-tawhid wa al-'ibada wa ousoul al-tassawwouf* (Les buts de l'unicité, l'adoration et les fondations de la purification de soi):

« Les spécifications de la Voie Soufie sont cinq:

1. Avoir la Présence d'Allah en cœur en publique comme en privé;

2. Pratiquer la *sounna* du Prophète dans l'action comme dans la parole;
3. Se retirer des gens et ne pas avoir recours à eux;
4. Etre satisfait de ce qu'Allah te donne même si cela est peu;
5. Avoir toujours recours à Allah pour tous ses problèmes. »[193]

Il rendit l'âme avant qu'il ne puisse finir son *Boustan al-arifin fi al-zouhd wa al-tassawwouf* (Le jardin des gnostiques dans l'ascétisme et la purification de soi) qui est une collection précieuse des dires des premières et dernières générations des maîtres de *tassawwouf* mentionnant quelques points subtils de la purification de soi. En voici quelques extraits:

> Al-Chafi'i (qu'Allah lui accorde Sa Miséricorde) dit: «Seul le sincère *(moukhlis)* connaît ce qu'est l'hypocrisie *(riya')*». Cela signifie qu'il est impossible de connaître la réalité de l'hypocrisie et voir ses aspects cachés sauf celui qui cherche de manière résolue *(arada)* la sincérité. Celui-ci lutte pendant une longue période, cherchant, méditant et examinant profondément en soi-même jusqu'à ce qu'il sache ou connaisse quelque chose au sujet de l'hypocrisie. Cela n'arrive pas à tout le

---

[193] Cf. Nouh Keller, *Al-Maqassid: Manuel d'Islam de l'Imam Nawawi* (Evanston: Sounna Books, 1994) p.85-86.

IV Dires et écrits des Imams et Savants au Sujet de la Purification du Soi

monde. En vérité, cela n'arrive seulement qu'aux élites *(al-khawass)*. Mais pour un simple individu, affirmer qu'il connaît ce qu'est l'hypocrisie est signe d'ignorance de sa part.

Je mentionnerai dans ce livre un chapitre, par la volonté d'Allah, dans lequel tu verras une sorte de merveille qui rafraîchira tes yeux. Pour illustrer l'étendue de la dissimulation de l'hypocrisie, nous avons seulement besoin de rapporter le récit suivant de la part du professeur et Imam Abou al-Qassim al-Qouchayri, qu'Allah répande Sa miséricorde sur lui, extrait de sa *Rissala* avec notre *isnad* mentionné auparavant.

Il dit: «j'entendis Mouhammad ibn al-Houssayn dire: J'entendis Ahmad ibn Ali Jafar dire: J'entendis al-Hassan ibn Alawiyya dire: Abou Yazid [al-Bistami], qu'Allah soit satisfait de lui, dit: J'étais pendant douze ans le forgeron de mon ego *(haddadou nafsi)*, puis pendant cinq années je devins le miroir de mon cœur *(mir'atou qalbi)*, puis pendant une année je regardais ce qui reposa entre les deux, et je me vis ceint d'une ceinture discernable [c'est à dire de *koufr* = signe vestimentaire d'un sujet non musulman d'un état Islamique]. Alors je luttai pendant douze années pour la couper puis je regardai encore, et je la vis cette fois-ci cachée autour de moi. Ensuite je m'efforçai pendant cinq années, cherchant comment la couper. Alors il m'en fut dévoilé (*kouchifa li*), et lorsque je regardai la création, je vis qu'ils étaient tous mort. Je récitai alors la prière funèbre sur eux.»

Je dis: Cette hypocrisie étant si énigmatique même pour les maîtres de cette voie [c'est à dire le *tassawwouf*] qui n'ont pas d'égal, montre à quel point elle reste dissimulée. Sa phrase: «Je les vis tous mort» est d'une rare beauté après les paroles du Prophète ﷺ, elle est d'une signification très riche. En voici un aperçu. Le sens est qu'après qu'il ait lutté longtemps et difficilement et que son ego ait été discipliné et son cœur illuminé, et lorsqu'il eût conquis son ego et l'eût soumis et complètement maîtrisé, à ce moment là il regarda toutes les créatures et trouva qu'elles étaient toutes complètement mortes et sans pouvoir:

Elles ne peuvent faire du tort ni être bénéfiques

Elles ne peuvent donner ni détenir

Elles ne peuvent donner ni la vie ni la mort

Elles ne peuvent transmettre ni supprimer

Elles ne peuvent rapprocher ni éloigner

Elles ne peuvent rendre heureux ni triste

Elles ne peuvent accorder ni priver

IV Dires et écrits des Imams et Savants au Sujet de la Purification du Soi

> Elles ne possèdent pour elles-mêmes ni bénéfice, ni tort, ni mort, ni vie, ni résurrection.

Ceci caractérise les êtres humains comme morts: ils sont considérés morts dans toutes les conditions ci-dessus mentionnées, ils ne sont ni craints ni suppliés, ce qu'ils possèdent n'est pas convoité, ils ne sont ni attractifs ni flatteurs, personne ne leur accorde de l'attention, ils ne sont ni enviés ni dénigrés, leurs défauts ne sont pas mentionnés ni leurs fautes poursuivies et exposées, personne n'est jaloux d'eux ni ne pense aux faveurs qu'ils ont reçu d'Allah, et ils sont pardonnés pour leurs erreurs quoique les punitions légales leur sont appliquées selon la Loi. Mais l'application d'une telle punition n'exclut pas ce que nous avons mentionné auparavant, ni elle exclut notre effort de couvrir leurs erreurs tout en les en dissuadant.

Voici comment les morts sont perçus. Et si quelqu'un mentionne les êtres humains de manière déshonorable, nous l'interdisons de le faire de la même manière que nous l'aurions fait s'il devait examiner un mort. Nous ne faisons rien à cause d'eux ni ne Le laissons pour eux. Nous ne nous arrêtons pas plus d'exécuter un acte d'obédience à Allah à cause d'eux que nous le faisons au sujet d'un mort, et nous ne les louons pas au delà de la limite.

Nous n'aimons pas leur louange à notre égard ni nous ne haïssons leurs insultes, et nous ne leur rendons pas la pareille.

En résumé, ils sont comme s'ils n'existaient pas à tous les égards que nous avons mentionnés. Ils sont sous la complète surveillance et juridiction d'Allah. Quiconque a des rapports avec eux de cette manière, a combiné le bien de l'autre monde et celui d'ici bas. Puisse Allah Le Généreux nous donner le succès dans ce but. Ces mots sont suffisants pour expliquer ce qu'a dit Abou Yazid al-Bistami, qu'Allah soit satisfait de lui.[194]

22. Al-'Izz b. 'Abd al-Salam b. Ahmad b. 'Anim al-Maqdissi (D.678 AH)

Nous mentionnons ce *wa'iz* (prêcheur) parce qu'il est souvent confondu avec Izz al-Din ibn Abd al-Salam al-Soulami, et ses brèves œuvres sur le *tassawwouf* sont attribuées par erreur à ce dernier. Dans son ouvrage ayant divers titres, *Hall al-roumouz wa mafatih al-kounouz* et *Zabad khoulasat al-tassawwouf*, al-Maqdissi divise les niveaux des *soulouks* ou voies spirituelles en trois qui correspondent à la classification que fit le Prophète 🌹 au sujet de la Religion dans le hadith de Jibril:

---

[194] Al-Nawawi, *Boustam al-'arifin* (Beyrout: dar al-kitab al-arabi, 1405/1985) p.53-54.

IV Dires et écrits des Imams et Savants au Sujet de la Purification du Soi

L'Islam est la première des échelons de la Religion, caractérisant le commun des croyants ;

L'Iman est le premier pas de l'échelle du cœur, et il caractérise l'élite des croyants ;

L'Ihsan est le premier pas de l'échelle de l'esprit, et il caractérise l'élite de ceux qui sont rapprochés.[195]

23. Ibn Taymiyya (D.728 AH)

Ses admirateurs citent ce juriste et maître de hadith de l'école Hanbalite comme un ennemi des Soufis, et il est la principale autorité dans la campagne des «Salafis», responsables du climat actuel de fanatisme injustifié et l'exhortation à l'ignorance au sujet du *tassawwouf*. Pourtant Ibn Taymiyya était lui-même un Soufi. Cependant, les «Salafis» prennent garde à ne jamais présenter Ibn Taymiyya le Soufi, ce qui desservirait sévèrement leur but à le présenter purement comme anti-Soufi.

Les discours d'Ibn Taymiyya sur le *tassawwouf* sont criblés de contradictions et d'ambiguïtés. L'on peut dire que quoiqu'il porta toutes sortes de jugements sur les Soufis, il fut incapable de nier la grandeur du *tassawwouf* au sujet duquel la Communauté fut longtemps unanime bien avant que lui-même n'apparaisse. Par conséquent, il s'érigeât en juge du *tassawwouf*, questionnant les Soufis contemporains et réduisant la primauté des élites des Musulmans à la banalité,

---

[195] Al-'Izz ibn 'Abd al-Salam [al-Maqdissi], *Hall al-roumouz wa mafatih al-koumouz* (La Caire: matba'at nour al-amal) p.7.

en même temps se vanta d'être un Soufi Qadiri avec une chaîne directe de succession remontant à Cheikh 'Abd al-Qadir al-Gilani, comme nous le montrerons dans les lignes à suivre.

Il doit être clair dans l'esprit des lecteurs que la raison pour laquelle les preuves suivantes sont citées ne signifie pas que l'auteur considère Ibn Taymiyya comme une figure représentative du *tassawwouf*. Au contraire, il ne représente ni la doctrine du courant principal Islamique (*Ahl al-sounna wa Jama'a*) ni le *tassawwouf*. Il est seulement mentionné pour démontrer que la présentation erronée des orientalistes et des salafis d'Ibn Taymiyya comme étant un ennemi du *tassawwouf* ne relève pas d'un examen minutieux. Sans tenir compte des opinions d'un groupe quel qu'il soit, les faits montrent clairement qu'Ibn Taymiyya n'avait pas d'autres choix que d'accepter le *tassawwouf* et ses principes, et que lui-même se réclama non seulement d'être un Soufi, mais aussi se para du manteau *(khirqa)* de cheikh dans l'Ordre Soufi Qadiri.

Comme mentionné auparavant, Ibn Taymiyya admira beaucoup 'Abd al-Qadir Gilani auquel il attribue le titre mon «Cheikh» *(cheikhouna)* et mon «maître» *(sayyidi)* exclusivement dans ses *Fatawa*. Les inclinations d'Ibn Taymiyya pour les Soufis et en particulier pour 'Abd al-Qadir al-Gilani sont aussi témoignées à travers son commentaire de cent pages sur *Foutouh al-ghayb*, couvrant seulement cinq des soixante-dix-huit sermons du livre, mais

IV Dires et écrits des Imams et Savants au Sujet de la Purification du Soi

montrant qu'il considérait le *tassawwouf* comme essentiel dans la vie de la Communauté Musulmane.[196]

Dans son commentaire, Ibn Taymiyya met l'accent sur le fait que la primauté de la Chari'a est le fondement traditionnel du *tassawwouf*, et pour prouver ce point il donne une liste de plus d'une douzaine des premiers maîtres, aussi bien que des cheikh contemporains de son temps tels que ceux de son école Hanbalite, al-Ansari al-Harawi et 'Abd al-Qadir al-Gilani, et le cheikh de ce dernier, Hammad al-Dabbas :

> Les élites parmi les pratiquants de cette Voie - La majorité des premiers cheikhs *(chouyoukh al-salaf)* – tels que Foudayl ibn 'Iyad, Ibrahim ibn Adham, Ma'rouf al-Karkhi, al-Sari al-Saqati, al-Jounayd ibn Mouhammad, et autres de la première génération des maîtres ainsi que Cheikh 'Abd al-Qadir, Cheikh Hammad, Cheikh Abou al-Bayan et autres maîtres qui sont apparus plus tard – n'ont pas permis aux pratiquants de la voie Soufie de se démarquer des interdits et ordres de la législation divine, même si cette personne a volé dans les airs ou a marché sur l'eau.[197]

D'autres part, dans son livre *al-rissala al-safadiyya*, Ibn Taymiyya défend les Soufis comme ceux qui appartiennent à

---

[196] Le commentaire est disponible dans le volume 10:455-548 de la première édition de Riyadh du *Majmou' fatawa Ibn Taymiyya*.
[197] *Majmou' fatawa Ibn Yaymiyya* 10:516.

la voie de la *sounna* et la représentent dans leurs enseignements et écrits:

> Les grands cheikhs mentionnés par Abou 'Abd al-Rahman al-Soulami dans *Tabaqat al-soufiyya*, et Abou al-Qassim al-Qouchayri dans *al-Rissala*, étaient adhérents à l'école d'*Ahl al-Sounna wa al-Jama'a* et à l'école de ahl al-hadith, tels que al-Foudayl ibn 'Iyad, al-Jounayd ibn Mouhammad, Sahl ibn 'Abd Allah al-Toustari, 'Amr ibn'Outhman al-Makki, Abou 'Abd Allah Mouhammad ibn Khafi al-Chirazi, et autres; leurs discours étaient fondés sur la *Sounna* dont ils rédigèrent des livres.[198]

Dans son traité sur la différence entre les formes permises d'adoration et celles innovées intitulé *Rissala al-ibadat al-char'iyya wal-farq baynaha wa bayn al-bidiyya*, Ibn Taymiyya déclare sans ambages que la voie licite est la voie de «ceux qui suivent la voie Soufie» ou «la voie de l'ascétisme» *(zouhd)* et ceux qui suivent «ce qui est appelé pauvreté et *tassawwouf*», c'est à dire les *fouqaras* et les Soufis:

> Le licite, c'est ce par quoi on se rapproche d'Allah. C'est la voie d'Allah. C'est la vertu, l'obéissance, les bonnes actions, la charité et la justice. C'est le chemin de ceux qui sont sur la voie Soufie *(al-salikin)*, et la méthode de ceux qui ont l'intention d'atteindre Allah et de L'adorer; c'est celle qu'entreprend quiconque désire Allah et suit la voie de l'ascétisme

---

[198] Ibn Taymiyya, *al-Safadiyya* (Riyad: matabi' hanafa, 1396/1976) 1:267.

IV Dires et écrits des Imams et Savants au Sujet de la Purification du Soi

(zouhd) et les pratiques religieuses, ce qui est appelé pauvreté, *tassawwouf* etc....[199]

En ce qui concerne l'enseignement d'ʿAbd al-Qadir sur le fait que le *salik* ou l'aspirant soufi doit s'abstenir des désirs permis, Ibn Taymiyya dit que l'intention d'ʿAbd al-Qadir est que l'aspirant soufi devrait renoncer à ces choses permises dont l'interdiction ne lui est pas imposée par la loi parce qu'il peut y avoir un danger pour lui. Mais jusqu'à quel point? Si l'Islam est essentiellement apprendre et appliquer les commandements Divins, il doit avoir un moyen pour celui qui s'efforce sur la voie de déterminer la volonté d'Allah dans chaque situation particulière. Ibn Taymiyya reconnaît que le Coran et la *sounna* ne peuvent pas couvrir explicitement chaque événement particulier dans la vie du croyant. Encore, si le but de la soumission de la volonté et du désir à Allah doit être accompli par ceux qui veulent L'atteindre, il doit y avoir une voie pour celui qui s'efforce de s'assurer du commandement Divin dans toutes ses particularités.

La réponse d'Ibn Taymiyya est d'appliquer le concept légal d'*ijtihad* à la voie spirituelle, spécifiquement à la notion d'*ilham* ou d'inspiration. Dans ses efforts d'unir sa volonté à celle d'Allah, le vrai soufi atteint un état où il ne désire rien d'autre que de découvrir la plus belle œuvre, l'action la plus plaisante et la plus aimée d'Allah. Lorsque les données légales extérieures ne peuvent plus le diriger dans ces

---

[199] Ibn Taymiyya, *Majmouʿat al-rassaʾil wa al-massaʾil* (Beyrouth: lajnat al-tourath al-ʿrabi) 5:83.

matières, il peut compter sur les notions d'inspiration *(ilham)* et de perception intuitive *(dhawq)* du Soufi standard :

> Si le disciple déploie ses efforts de manière créative aux devoirs externes de la Chari'a et n'en a vu aucuns concernant l'acte préféré, il peut être alors inspiré du fait de sa bonne intention, combinée de sa peur d'Allah, de choisir parmi deux actions laquelle est supérieure à l'autre. Ce genre d'inspiration *(ilham)* est un signe de vérité. Elle peut être même une plus forte indication que des analogies faibles, des hadiths faibles, des arguments littéraires faibles *(zawahir)*, et une faible présomption de continuité *(istishab)* qui sont employées par plusieurs de ceux qui examinent les principes, les différences légales et le *fiqh* systématisé.[200]

Le point de vue d'Ibn Taymiyya repose sur le principe qu'Allah a prédisposé le genre humain à la vérité, et lorsque cette disposition naturelle est enracinée dans la réalité de la foi et éclairée par l'enseignement Coranique, et celui qui lutte sur la voie demeure incapable de déterminer la volonté précise d'Allah dans des cas spécifiques, alors son cœur lui montrera l'action préférable à accomplir. Une telle inspiration est l'une des plus fortes preuves possibles dans cette situation. Certainement, il se trompera quelques fois, faussement guidé par son inspiration ou sa perception intuitive de la situation, tout comme le *moujtahid* se trompe

---

[200] *Maj,ou' fatawa Ibn Taymiyya* 10:473-474.

IV Dires et écrits des Imams et Savants au Sujet de la Purification du Soi

quelque fois. Cependant, Ibn Taymiyya dit: même quand le *moujtahid* ou le disciple inspiré est dans l'erreur, il reste obéissant.

Faire appel à l'*ilham* et le *dhawq* n'est pas synonyme de suivre ses propres caprices ou ses préférences personnelles.[201] Dans sa lettre à Nasr al-Manbiji, il qualifie cette intuition de «foi non fondée» (*al-dhawq al-imani*). Sa remarque est que, comme dans le commentaire des *Foutouh*, l'expérience de l'inspiration est de nature ambiguë et a besoin d'être certifiée et informée par les critères du Coran et de la *Sounna*. L'inspiration ne peut pas conduire selon lui à la certitude de la vérité, mais elle peut donner au croyant une assise pour choisir la plus correcte action à accomplir dans une instance donnée et l'aide à soumettre sa volonté à celle de son Créateur, et cela, même dans les détails les plus infimes de sa vie.[202]

D'autres travaux d'Ibn Taymiyya abondent en éloges sur les enseignements Soufis. Par exemple dans son livre *al-ihtijaj bi al-qadar*, il défend l'accent mis sur l'amour d'Allah par les Soufis et leurs volontarisme plutôt que l'approche intellectuelle de la religion comme étant en accord avec les enseignements du Coran, le hadith authentique et l'*ijma' al-salaf*:

> En ce qui concerne les Soufis, ils proclament l'amour d'Allah, et c'est ce qui les distingue le plus. La base de leur voie est simplement la volonté et l'amour. L'affirmation de l'amour

---

[201] *Ibid.* 10:479.
[202] Ibn Taymiyya, *Majmou'a al-rassa'il wal-massa'il* 1:162.

d'Allah est notoire dans le langage de leurs maîtres depuis toujours comme cela est affirmé dans le Livre et la *Sounna* et dans le consensus des *Salaf*.[203]

Ibn Taymiyya est aussi connu pour ses condamnations d'Ibn ''Arabi. Cependant, ce qu'il condamna n'était pas Ibn 'Arabi lui-même mais un petit livre qu'il écrivit, intitulé *Fousous al-hikam*. Quant à l'œuvre maîtresse d'Ibn 'Arabi, *al-Foutouhat al-makkiya* (Les révélations divines de Makka), Ibn Taymiyya n'était pas moins un admirateur de ce chef d'œuvre puisqu'il déclare dans sa lettre à Abou al-Fath Nasr al-Mounayji (d.709) publiée dans le volume intitulé *tawhid al-rouboubiyya* de ses *Fatawa*:

> J'étais l'un de ceux qui auparavant avaient une bonne opinion d'''Ibn Arabi et faisaient ses éloges à cause des bienfaits que j'ai vu dans ses livres, par exemple: *al-Foutouhat, al-Kanh, al-Mouhkam al-marbout, al-Dourra al-fakhira, Matali' al-noujoum*, et d'autres travaux de ce genre.[204]

Ibn Taymiyya continue jusqu'à dire qu'il changea ses opinions, non à cause du contenu de ces livres, mais seulement après qu'il eut lu le *Foussous*.

Intéressons nous à présent à la preuve de l'affiliation d'Ibn Taymiyya à la Voie Soufi Qadiri en se basant sur son

---

[203] Ibn Taymiyya, *al-Ihtijaj bi al-qadar* (Le Caire: al-matba'a al-salafiyya, 1394/1974) p.38.

[204] Ibn Taymiyya, *Tawhid al-rouboubiyya* dans *Majmou'a al-Fatawa al-koubra* (Riyad, 1381) 2:464-465.

IV Dires et Écrits des Imams et Savants au Sujet de la Purification du Soi

affirmation rapporté par son disciple Ibn 'Abd al-hadi (d.909), qu'il reçut la *khirqa* Qadiri ou manteau d'autorité d'"Abd al-Qadir al-Gilani à travers une chaîne de trois cheikh. Ces cheikhs sont nul autres que les trois Ibn Qoudamas qui font figure parmi les autorités établies dans la jurisprudence de l'école Hanbalite.[205]

Dans un manuscrit de Youssouf ibn 'Abd al-Hadi al-Hanbali, Ibn Taymiyya est cité dans une généalogie spirituelle Soufie avec d'autres savants Hanbali bien connus. Les liens dans cette généalogie par ordre descendant sont:

1. 'Abd al-Qadir al-Gilani (d.561 AH)

2.a-Abou Oumar ibn Qoudama (d.607 AH)
2.b-Mouwaffaq al-Din ibn Qoudama (d.620 AH)

3. Ibn Abi 'Oumar ibn Qoudama (d.682 AH)
4. Ibn Taymiyya (d.728 AH)
5. Ibn Qayyim al-Jawziyya (D.751)
6. Ibn Rajab (D.795)[206]

Abou 'Oumar ibn Qoudama et son frère Mouwaffaq al-Din reçurent directement la *khirqa* d'"Abd al-Qadir en personne.

---

[205] Cette information fut publiée par George Makdisi dans une série d'articles publiés dans les années 1970. George Makdisi, "L'*isnad* initiatique soufi de Mouwaffaq ad-Din ibn Qoudama," dans *Cahiers de l'Herne: Louis Massignon* (Paris: Edition de l'Herne, 1970) p.88-96; "Ibn Taimiya: A Soufi of the Qadiriya Order," in *American Journal of Arabic Studies* I (Leiden: E.J. Brill, A974) p.118-129; "The Hanbali School and Soufism," in *Boletin de la Asiciatcion Espanola de Orientalistas* 15 (Madrid, 1979) p.115-126.

[206] Youssouf ibn 'Abd al-Hadi al-Hanbali intitulé *Bad' al-'ilqa bi labs al-khirqa* (Le début de la protection dans le port du manteau Soufi)

Ibn Taymiyya est ensuite cité par Ibn Abd al-Hadi, affirmant son affiliation Soufie à la fois à l'ordre Qadiri et à d'autres ordres:

> J'ai porté le manteau Soufi d'un certain nombre de cheikh appartenant à diverses tariqas (*labistou khirqata at-tassawwouf min tourouqi jama'atin min al-chouyoukhi*), parmi lesquels le Cheikh Abd al-Qadir al-Gilani dont la *tariqa* est la plus grande et bien connue.

Il dit plus loin:

> La plus illustre Voie Soufie (*ajallou al-tourouq*) est celle de mon maître (*sayyidi*) 'Abd al-Qadir al-Gilani, qu'Allah répande Sa miséricorde sur lui.[207]

D'autres confirmations viennent d'Ibn Taymiyya lui-même dans l'une de ses œuvres telle que *al-Masala at-tabriziyya*:

> *labistou al-khirqa al-moubarakata li al-cheikh 'Abd al-Qadir wa bayni wa baynahou ithnan.* Je portai le manteau Soufi béni d''Abd al-Qadir duquel je fus séparé par deux cheikhs.[208]

Ibn Taymiyya affirme donc qu'il était un lecteur assidu d'*al-Foutouhat al-makkiyya* d'Ibn Arabi, qu'il considère

---

[207] Ibn 'Abd al-Hadi, *Bad' al-'ilqa bi labs al-khirqa*, ms. al-Hadi, Collection Arabe de la Bibliothèque de Princeton, fols. 154a, 169a, 171b-172a; et l'université de Damas, copie originale du manuscript Arabe, 985H; aussi mentioné dans at-Talyani, manuscript Chester Beauty 3296 (8) à Dublin, fol. 67a.

[208] Manuscript de Damas, Zahiriyya # 1186 H.

IV Dires et écrits des Imams et Savants au Sujet de la Purification du Soi

'Abd al-Qadir al-Gilani son cheikh, et qu'il fait partie de l'ordre Qadiri ainsi que d'autres ordres Soufis. Il écrivit même un commentaire sur le *Foutouh al-ghayb* de ce dernier. Que dit Ibn Taymiyya au sujet du *tassawwouf* et des Soufis en général?

Dans son essai intitulé al-soufiyya wa al-fouqara' publié dans le onzième volume (al-tassawwouf) de son majmou'a fatawa Ibn Taymiyya al-Koubra, il déclare:

> Le mot *soufi* n'était pas bien connu au cours des trois premiers siècles mais devint d'usage courant par la suite. Un nombre important de cheikh en parlèrent tels qu'Ahmad ibn Hanbal, Abou Soulayman al-Darani et autres. Il a été rapporté que Soufyan al-Thawri l'embrassa. Certains mentionnèrent que ce fut le cas de Hassan al-Basri.[209]

Ibn Taymiyya va jusqu'à déduire que le *tassawwouf* est originaire de Basra et commença parmi les générations qui suivirent les *tabi'in*, parce qu'il découvrit que les premiers Soufis provenaient de cette ville alors qu'il ne trouva aucune trace ailleurs. Dans ce cas, il commet une erreur en limitant le *tassawwouf* à une place et une époque spécifique, le déracinant de ses liens avec le temps du Prophète ﷺ et de ses illustres Compagnons. Voilà l'une des aberrantes conclusions qui suscite des questions parmi les «salafis» d'aujourd'hui telle que: «Où dans le *Coran* et la *sounna* le *tassawwouf* est-il mentionné?». Ibn 'Ajiba répondit à ce genre de question:

---

[209] Ibn Taymiyya, *Majmou'a al-fatawa al-koubra* 11:5.

Le fondateur de la science du *tassawwouf* est le Prophète ﷺ lui-même à qui Allah l'enseigna aux moyens de la révélation et de l'inspiration.[210]

Ibn Taymiyya continue:

Le *tassawwouf* a des réalités *(haqa'iq)* et des états d'expériences *(ahwal)* que les Soufis mentionnent dans leur science... Certains disent que le Soufi est celui qui se purifie de tout ce qui le distrait du souvenir d'Allah et dont les pensées ne sont que pour l'au-delà à tel point que l'or et la pierre ont la même valeur à ses yeux. D'autres disent que le *tassawwouf*, c'est de préserver les valeurs précieuses, de renoncer à toute prétention à la vanité et la célébrité etc.… Ainsi le sens du mot *soufi* fait allusion au sens de *siddiq* ou celui qui a atteint le niveau complet de véracité, car les meilleurs des êtres humains après les Prophètes sont les *siddiqin*, comme Allah le mentionna dans le verset suivant:

Quiconque obéit à Allah, au Messager, ceux-là seront avec ceux qu'Allah a comblé de Ses bienfaits: les prophètes, les saints véridiques, les martyrs, et les vertueux; ah, et quelles bonnes compagnies que ceux-là! (4:69).

Ils considèrent cependant qu'après les prophètes il n'y a plus de vertueux autres que

---

[210] Ibn 'Ajiba, *Iqaz al-himam* p.6.

IV Dires et écrits des Imams et Savants au Sujet de la Purification du Soi

les Soufis, et que le Soufi est en réalité, un saint parmi d'autres sortes de saints véridiques, un genre de *siddiq* spécialisé dans l'ascétisme et l'adoration (*al-soufi houwa fi al-haqiqa naw'oun min al-siddiqin fahouwa al-siddiq allahi ikhtassa bi al-zouhdi wa al-'ibada*). Le Soufi est l'homme vertueux de la voie; tout comme d'autres sont appelés les vertueux des *oulémas* et les vertueux des émirs...

Ici Ibn Taymiyya nie la déclaration des Soufis qu'ils représentent les Véridiques après les Prophètes, et il rabaisse leur statut à celui du large groupe des honnêtes serviteurs. Ceci découle de sa première prémisse que le *tassawwouf* apparu plus tard et que son origine est autre que la Sounna du Prophète ﷺ. Nous avons déjà mentionné que cette prémisse était fausse. Tous les Soufis considèrent que les porteurs de leurs connaissances et disciplines ne sont nuls autres que les Compagnons et les Successeurs, qui l'acquirent du Prophète ﷺ lui-même. Dans ce cas, les Soufis et les illustres Compagnons ainsi que les Successeurs ne sont pas différents en essence, bien que la préséance soit accordée aux Compagnons et aux Successeurs selon le hadith du Prophète ﷺ.

Ibn Taymiyya sépare arbitrairement les Soufis et les savants en deux groupes distincts alors que nous avons vu que nombres des Soufis étaient de grands savants, et plusieurs grands savants étaient des Soufis. Al-Jounayd anticipa de telles distinctions injustes dans sa fameuse déclaration: «Cette connaissance qui est la nôtre est basée sur le Coran et la sounna.» Ensuite, faisant allusion à cette erreur dans son *Tabaqat al-Koubra*, Cha'rani cite al-Jounayd et poursuit :

> Chaque vrai Soufi est un savant de la Loi Sacrée, quoique l'inverse ne soit pas nécessairement vrai.[211]

Ibn Taymiyya continue :

> Certains critiquèrent les Soufis et le *tassawwouf* en les taxant d'innovateurs et d'être en marge de la *sounna*... mais la vérité est qu'ils exercent l'*ijtihad* dans l'obéissance d'Allah comme l'ont fait d'autres qui Lui sont obéissants. Ainsi, parmi eux, vous trouverez le plus proche dans la Proximité divine (*al-sabiq al-mouqarrab*) par vertu de son effort, pendant que certains d'entre eux sont des Gens de la Droite... il existe parmi eux des personnes injustes envers eux-mêmes, se rebellant contre leur Seigneur. Ceux-là sont des sectes d'innovateurs et de libertins (*zindiq*) qui prétendent être affiliés aux Soufis alors que dans l'opinion des véritables Soufis, ils n'en font pas partie, par exemple al-Hallaj.

La citation inappropriée d'al-Hallaj par Ibn Taymiyya est plus représentative de sa mauvaise compréhension du *tassawwouf* pour illustrer à quoi il veut aboutir. En réalité, comme 'Abd al-Qahir al-Baghdadi dit au sujet d'al-Hallaj : «Son cas parmi les Soufis n'est pas clair quoique Ibn 'Ata' Allah, Ibn Khafif et Abou al-Qassim al-Nassir Abadi

---

[211] al-Cha'rani, *al-Tabaqat al-koubra* 1:4.

IV Dires et écrits des Imams et Savants au Sujet de la Purification du Soi

l'approuvent.»[212] Comme nous l'avons déjà dit, plusieurs grands savants de l'école d'Ibn Taymiyya ont rejeté les charges établies contre al-Hallaj et le considérèrent comme un saint, tels qu'Ibn 'Aqil et Ibn Qoudama. Ibn Taymiyya peut-il être inconscient de toutes ces positions qui invalident son point de vue, ou est-ce purement un signe d'ignorance?

Ibn Taymiyya continue:

> Le *tassawwouf* a ses branches et sa diversité, et les Soufis sont connus sous trois groupes:
>
> 4) *Soufiyyat al-haqaiq*: Les Soufis des Réalités; ce sont les vrais Soufis que nous avons mentionné dans les paragraphes précédents;
>
> 5) *Soufiyyat al-arzaq*: Les Soufis «professionnels» qui vivent des dons religieux des auberges et des écoles Soufis; et il n'est pas nécessaire pour eux d'être parmi les gens des vraies réalités dans la mesure où cela est une chose très rare...
>
> 6) *Soufiyyat al-rasm*: les Soufis par apparence seulement, qui sont préoccupés à endosser le nom et la tenue vestimentaire etc.[213]

23.1. Ibn Taymiyya au sujet de *fana'* et *chatahat*

Au sujet de *fana'* – un terme utilisé par les Soufis signifie littéralement extinction ou extinction de soi – et

---

[212] 'Abd al-Qahir al-Baghdadi, *Ousoul al-din* p.315-16.
[213] Ibn Taymiyya, *Majmou'a al-fatawa al-koubra* 11:16-20.]

chatahat ou les déclarations transgressives des Soufis, Ibn Taymiyya dit:

> Cet état d'amour caractérise plusieurs des Gens amoureux d'Allah et les Gens de la Recherche (*Ahl al-irada*). Un homme s'évanouit dans l'objet de son amour – Allah – à travers l'intensité de son amour. Il se souviendra d'Allah et non de lui-même, invoquera Allah et non lui-même, prendra Allah à témoin et non lui-même, existera en Allah et non en lui même. Lorsqu'il atteint cet état, il ne ressent plus sa propre existence. C'est la raison pour laquelle il peut dire dans cet état: *ana al-haqq* (Je suis la Vérité), ou *soubhani* (Gloire à moi!), et *mafi al-joubba illa Allah* (Il n'y a rien dans ce manteau sauf Allah, parce que, ivre dans l'amour d'Allah, il ressent un plaisir et une joie qu'il ne peut contrôler…
>
> Ce phénomène a en lui même à la fois vérité et mensonge. Mais lorsqu'une personne entre dans un état d'amour extatique (*'ichq*) pour Allah, il atteindra un état d'absence d'esprit, et lorsqu'il est dans un tel état, il se verra accepter le concept d'*ittihad* (l'union avec Allah). Je ne considère pas cela comme un pêché parce que cette personne est innocente et nul ne peut la punir parce qu'elle n'est pas consciente de ce qu'elle fait. Le *calam* condamne l'insensé que lorsqu'il reprend ses esprits (et commet le même acte). Alors, lorsqu'il est dans cet état et

IV Dires et Écrits des Imams et Savants au Sujet de la Purification du Soi

commet une erreur, il est sous la protection d'Allah:

O notre Seigneur ! Ne nous punis pas pour des fautes commises par oubli ou par erreur (2:286). Il n'y pas de blâme si vous commettez une erreur de manière involontaire.[214]

Il est rapporté le récit de deux hommes d'un amour mutuel intense à tel point qu'un jour, lorsque l'un tomba dans l'océan, l'autre s'y jeta aussitôt après lui. Le premier demanda au second: «Qu'est-ce qui t'as poussé à te jeter ici comme moi?» Le second répondit: «J'ai disparu en toi et je ne me voyais plus. Je pensais que tu étais moi et que j'étais toi»... Par conséquent, aussi longtemps que l'individu n'est pas ivre de quelque chose interdite, son action est acceptée, mais s'il est ivre de quelque chose interdite (c'est à dire l'intention était mauvaise), alors il n'est pas excusé.[215]

Les pages ci-dessus montrent la familiarité d'Ibn Taymiyya avec les grandes lignes du *tassawwouf*. Une telle connaissance faisait partie de l'éducation complète de quiconque prétendait au savoir du temps d'Ibn Taymiyya et de ses prédécesseurs. Le *Tassawwouf* n'était pas quelque chose d'extérieure ou d'étrangère au grand corpus des sciences Islamiques. Pourtant, dans sa relation à l'*aqida* que nous avons traité dans les pages précédentes, la mauvaise

---

[214] Op.cit.2:396-397.
[215] Op.cit. 10:339.

compréhension du *tassawwouf* par Ibn Taymiyya l'emporta massivement sur sa compréhension. Ce point fut illuminé avec une précision quasi-chirurgicale par le grand Imam Soufi Cheikh Ibn 'Ata' Allah dans le débat qu'il eut avec Ibn Taymiyya dans la mosquée d'al-Azhar au Caire.

23.2. Le débat entre Ibn Ata Allah al-Iskandari et Ibn Taymiyya

L'un des grands Imams Soufis qui fut aussi un *mouhaddith*, un prêcheur, un juriste Maliki, est Abou al-Fadl Ibn 'Ata'Allah al-Iskandari (d.709). Il est l'auteur de plusieurs œuvres importantes y compris:

- *al-Hikam* (Aphorisme)
- *Miftah al-falah*, (La clef du succès)
- *al-Qasd al-moujarrad fi ma'rifat al-ism al-moufrad* (L'objectif pur concernant la connaissance du Nom Unique)
- *Taj al-'arous al-hawi li tadhhib al-noufous* (La couronne du marié contenant la discipline des âmes)
- *'Ounwan al-tawfiq fi adab al-tariq* (Le signe du succès concernant la discipline de la voie)
- La biographie *al-lata'if fi manaqib Abi al-'Abbas al-Moursi wa cheikhhihi Abi al-Hassan* (Les miséricordes imperceptibles dans les vies saintes d'Abou al-Abbas al-Moursi et son maître Abou al-Hassan al-chadhili), et autres.

Il fut un élève d'Abou al-'Abbas al-Moursi (d.686) successeur du fondateur de l'ordre Soufi, l'Imam Abou al-Hassan al-Chadhili.

IV Dires et écrits des Imams et Savants au Sujet de la Purification du Soi

Ibn Ata Allah' fut l'un de ceux qui affrontèrent Ibn Taymiyya pour ses attaques excessives contre les Soufis qu'il n'approuvait pas. Il n'a jamais cité Ibn Taymiyya de nom dans ses travaux, mais c'est explicitement à son sujet qu'il fait allusion lorsqu'il dit dans ses *Lata'if* qu'Allah a mis les Soufis à l'épreuve à travers ce qu'il appelle «les savants de la connaissance externe».[216] Dans les pages suivantes est relatée la première traduction en français[217] de cet évènement qui eut lieu entre les deux.

23.3. Texte du débat
Extrait d'*Oussoul al-Woussoul*
par Mouhammad Zaki Ibrahim

Ibn Kathir, Ibn al-Athir, et d'autres auteurs des biographies et dictionnaires biographiques nous ont transmis ce débat historique[218]. Il donne une idée de l'éthique du débat chez les érudits. Le débat nourrit la

---

[216] Ibn 'Ata Allah, *Lata'if al-minan fi manaqib sounna al-'Abbas*...sur les notes de *Lata'if al-minan wa al-akhlaq* (Le Caire, 1357) 2:17-18 de Cha'rani

[217] Note du traducteur: Nous avons utilisé l'expression "en Français" parce que le document lit: "La première traduction en Anglais"; et nous n'avions pas sous nos mains jusqu'au jour où cette traduction fut finie une version en Français du débat.

[218] Voir Ibn al-'Imad, *Chadharat al-dhahab* (1350/1931) 6:20f.;al-Zirikly, *al-A'lam* (1405/1984) 1:221; Ibn Hajar, *al-Dourar al-kamina* (1348/1929) 1:148-273; Al-Maqrizi, *Kitab al-soulouk* (1934-1958) 2:40-94; Ibn Kathir, *al-Bidaya wa al-nihaya* (1351/1932) 14:45; Soubki, *Tabaqat al-chafi'iyya* (1324/1906° 5/177f. et 9:23f.; Souyouti, *Housn al-mouhadara fi akhbar mirs wa al-qahira* (1299/1880) 1:301; al-Dawadari, *al-Dourr al-fakhir fi sirat al-malik al-Nassir* (1960) p. 200f.; al-Yafi'i, *Mir'at al-janan* (1337/1918) 4:246; Cha'rani, *al-Tabaqat al-koubra* (1355/1936) 2:19f.; al-Nabahani, *Jami' karamat al-awliya'* (1381/1962) 2:25f.

controverse entre une personnalité, pivot du *tassawwouf*, Cheikh Ahmad ibn 'Ata' Allah al-Iskandari, et une personne tout aussi importante du soit disant mouvement «Salafi», Cheikh Ahmad Ibn 'Abd al-Halim Ibn Taymiyya, pendant la période des Mamloukes en Egypte sous le règne du Sultan Mouhammad Ibn Qalawoun (al-Malik al-Nassir).

La déposition d'Ibn Taymiyya à Ibn 'Ata' Allah:

Cheikh Ibn Taymiyya avait été emprisonné à Alexandrie. Lorsque le Sultan lui gratifia son pardon, il revint au Caire. A l'heure de la prière du coucher du soleil, il alla à la mosquée d'al-Azhar où *salat al-maghrib* devait être dirigée par Cheikh Ahmad Ibn 'Ata' Allah al-Iskandari. Après la prière, Ibn 'Ata' Allah était surpris de constater qu'Ibn Taymiyya avait prié derrière lui. Le saluant avec un sourire, le Cheikh Soufi souhaita cordialement la bienvenue à Ibn Taymiyya au Caire, disant: «*as-Salamou alaykoum*». Ensuite Ibn 'Ata' Allah commença à parler avec l'érudit visiteur.

Ibn 'Ata' Allah: «D'habitude, je prie la prière du soir dans la mosquée de l'Imam Houssayn et la prière de la nuit ici. Mais regarde comment le plan Divin intervient! Allah a ordonné que je sois le premier à te saluer (après ton retour au Caire). Dis-moi Oh *faqih*! Me blâmes-tu pour ce qui t'est arrivé?»

Ibn Taymiyya: «Je sais que tu ne me veux aucun mal, mais nos différences d'opinions demeurent inchangées. Dans tous les cas, quiconque m'a fait du tort dans quoique ce soit, à partir de ce jour même, je

IV Dires et écrits des Imams et Savants au Sujet de la Purification du Soi

le disculpe et lui pardonne de tout blâme en la matière.»

Ibn 'Ata' Allah: «Qu'est ce que tu sais à mon sujet, Cheikh Ibn Taymiyya?»

Ibn Taymiyya: «Je te sais un homme d'une piété scrupuleuse, de savoir abondant, d'intégrité et de véracité dans le parlé. Je témoigne que je n'ai pas vu de pareil à toi en Egypte ou en Syrie qui aime Allah le plus, qui soit plus effacé en Lui, qui soit plus obéissant et prompt à exécuter ce qu'Il a commandé et à éviter ce qu'Il a interdit. Néanmoins, nous avons sur le *Tawassoul* nos différences. Que sais-tu à mon sujet? Prétends-tu que je suis égaré lorsque je nie la validité de faire appel à quiconque autre qu'Allah pour une aide (*istaghtha*)?

Ibn 'Ata' Allah: «Certainement, mon cher collègue, tu sais que *istaghtha* ou demander de l'aide est la même chose que *tawassoul* ou chercher un moyen pour arriver à Allah et demander l'intercession (*chafa'a*); et que le Messager, sur lui la paix, est celui dont l'aide est convoitée dans la mesure où il est notre moyen et celui dont l'intercession est recherchée.»

Ibn Taymiyya: «Pour ce problème, je suis ce que la *Sounna* du Prophète ﷺ a établi dans la Chari'a, car il a été transmis dans un hadith authentique: «J'ai reçu le pouvoir d'intercession.»[219] J'ai aussi collectionné ce

---

[219] Boukhari et Mouslim, hadith de Jabir: «J'ai été octroyé cinqs choses qui n'ont été donné à aucun prophète avant moi...»

que disent les versets Coraniques: *Peut être que ton Seigneur te ressuscitera (O Prophète) en une position de gloire* (17:79) où la position de gloire est l'intercession. De plus, lorsque la mère du Commandant des Croyants Ali est morte, le Prophète ﷺ pria Allah à sa tombe et dit:

O Allah qui vit et ne meurt jamais, qui vivifie et donne la mort! Pardonne les péchés de ma mère Fatima bint Assad, élargis sa demeure dans laquelle elle entre au moyen de mon intercession, Ton Prophète ﷺ, et celle des prophètes qui apparurent avant moi. En vérité Tu es le plus miséricordieux des miséricordieux.[220]

C'est cette intercession que possède le Prophète ﷺ. En ce qui concerne le fait de chercher l'aide de quelqu'un d'autre qu'Allah, cela touche à l'idolâtrie, car le Prophète ﷺ commanda à son cousin Abd Allah ibn

---

[220] Al-Tabarani le rapporte dans *al-Kabir*. Ibn Hibban et al-Hakim le déclarent authentique. Ibn sounna Chayba sur l'autorité de Jabir rapporte une narration similaire. Similairement aussi est ce qu'Ibn 'Abd Al-Barr sur l'autorité d'Ibn 'Abbas et d'Abou Nou'aym dans son *Hilya* sur l'autorité d'Anas Ibn Malik raconte, comme al-Hafiz al-Souyouti mentionna dans le *Jami' al-Kabir*, Haythami dit dans *Majma' al-zawa'id*: «La chaîne de Tabarani contient Rawh ibn Salah qui a certaines faiblesses mais Ibn Hibban et al-Hakim le déclare digne de confiance. Le reste de ses sous-narrateurs sont des gens ds hadith authentiques.» Cette Fatima est la mère d'"Ali, qui éleva le Prohphète.

IV Dires et écrits des Imams et Savants au Sujet de la Purification du Soi

Abbas de ne demander l'aide à personne sauf Allah.»[221]

Ibn 'Ata' Allah: «Qu'Allah te fasse prospérer, Oh *faqih*! En ce qui concerne le conseil que le Prophète ﷺ donna à son cousin Ibn Abbas, il voulait qu'il se rapproche d'Allah non pas par sa relation familiale mais à travers sa connaissance.

En ce qui concerne ta compréhension de l'*istighatha* comme le fait de chercher l'aide d'autrui autre qu'Allah et le fait que c'est une idolâtrie, je te demande: Y a-t-il un musulman ayant une foi réelle et croyant en Allah et en Son Prophète ﷺ qui pense qu'un autre qu'Allah a un pouvoir autonome sur les évènements et est capable d'exécuter tout seul ce qu'Il a décrété à son propos? Y a-t-il un vrai musulman qui croit que quelqu'un d'autre qu'Allah peut le récompenser pour ses bonnes actions et le punir pour ses mauvaises actions?

En marge de ceci, nous devons considérer qu'il y a des expressions qui ne doivent pas être prises dans leur sens littéral. Ceci n'est pas à cause de la peur d'associer un partenaire à Allah et en vue d'éliminer

---

[221] Hadith: «O jeune homme... si tu as besoin de demander, demande Allah. Si tu as besoin d'aide, demande l'aide d'Allah...» (*ya ghoulam ala ou'allimouka...*): Tirmidhi (#2516 hassan sahih); Bayhaqi dans *Asma' wa al-sifat* p.75-76 et *Chou'ab al-iman* 2:27-28 (#1074-1075) et 7:203 (#10000); Ahmad 1:307; Tabarani, Ibn Hibban; Abou Dawoud; al-hakim; Nawawi l'inclut dans ses *40 Hadiths* (#19) mais Ibn al-Jawzi le plaça parmi les forgéries.

ce qui conduit à l'idolâtrie. En effet, quiconque cherche l'aide du Prophète ﷺ sollicite seulement son pouvoir d'intercession auprès d'Allah comme tu dirais: «Cette nourriture satisfait mon appétit.» Est-ce la nourriture elle-même qui satisfait ton appétit? Ou est-ce Allah qui satisfait ton appétit à travers la nourriture?

En ce qui concerne ta déclaration qu'Allah a interdit aux musulmans de faire appel à quiconque autre que Lui, as tu vu un musulman faire appel à quelqu'un d'autre qu'Allah? Le verset que tu cites dans le Coran fut révélé au sujet des idolâtres et ceux qui avaient l'habitude d'avoir recours à leurs fausses déités et ignorer Allah. Alors que La seule voie pour les musulmans de demander l'aide du Prophète ﷺ est dans le sens du *tawassoul* ou chercher un moyen, grâce au privilège qu'il a reçu d'Allah (*bi haqqihi 'inda Allah*), et *tachaffou'* ou chercher l'intercession par le mérite du pouvoir d'intercession qu'Allah lui a octroyé.

Quant à ton verdict que l'*istighatha* ou chercher l'aide est interdite dans la Chari'a parce qu'elle peut conduire à l'idolâtrie, si telle est le cas, alors nous devons aussi interdire les raisins parce qu'ils sont un moyen de production du vin, et castrer les hommes non mariés parce que ne pas le faire laisserait dans le monde un moyen de commettre la fornication et l'adultère.

Sur ces propos les deux cheikhs rirent.

IV Dires et écrits des Imams et Savants au Sujet de la Purification du Soi

Ibn Ata' Allah continua: Je suis familier avec toutes les subtilités et la clairvoyance de l'école fondée par ton Cheikh, l'Imam Ahmad, et connais la vaste étendue de ta propre théorie légale et ses principes à bloquer les moyens au mal (*sadd al-dhara'i*) aussi bien que le sens de l'obligation morale d'un homme de ta compétence en jurisprudence Islamique et la responsabilité dont tu te sens qualifié. Mais je réalise aussi que ta connaissance du langage demande que tu cherches le sens caché des mots qui est souvent voilé derrière leur sens évident.»

En ce qui concerne les Soufis, le sens pour eux est comme un esprit, et les mots en eux même sont comme son corps. Tu dois pénétrer profondément en ce qui est derrière le corps verbal en vue de saisir la profonde réalité de l'esprit du mot.

Tu as trouvé maintenant une cause pour porter jugement contre Ibn 'Arabi dans le *Foussous al-hikam* alors que le texte a été manipulé par ses ennemis qui y ont ajouté non seulement ce qu'il n'a pas dit, mais aussi des déclarations qu'il ne pouvait pas avoir l'intention de dire (vu la nature de son Islam). Lorsque Cheikh al-Islam al-'Izz ibn 'Abd al-Salam comprit ce qu'Ibn 'Arabi réellement a dit et analysé, et qu'il saisit et comprit le sens réel de ses paroles symboliques, il demanda le pardon d'Allah pour ses opinions qu'il tenait auparavant au sujet du Cheikh et reconnut que Ibn 'Arabi était un Imam de l'Islam.

Quant à la déclaration d'al-Chadhili contre Ibn Arabi, tu dois savoir qu'Abou al-Hassan al-Chadhili n'est pas la personne concernée mais l'un de ses élèves parmi les Chadhili. En faisant cette déclaration, cet élève parlait de certains des disciples de Chadhili. Ainsi ses mots ont été interprétés en une manière que lui même n'a pas voulue.

Que penses-tu du Commandeur des Croyants, Sayyidina 'Ali ibn Abi Talib, qu'Allah soit satisfait de lui?

Ibn Taymiyya: «Dans le hadith, le Prophète ﷺ dit: Je suis la cité de la connaissance et 'Ali est sa porte.»[222] Sayyidina 'Ali est le *moujahid* qui n'est jamais allé en bataille sans retourner victorieux. Quel juriste ou savant après lui a combattu pour la cause d'Allah à la

---

[222] Tiré de *Reliance of the Traveller* (*Oudat al-Salik*) p.954-957: «('Ali Qari:) Le Hadith « Je suis la cité de la connaissance et 'Ali est sa porte» fut mentioné par Tirmidhi... [qui] dit qu'il n'est pas reconnu. Boukhari dit la même chose, et met en doute son authenticité. Ibn Ma'in le traite de mensonge sans base, comme dirent aussi Abou Hatim et Yahya ibn Sa'id. Ibn Jawzi l'inclut dans son livre de Hadith forgés, et fut confirmé par Dhahabi, et autres. Ibn Daqiq al-'Eid disait, «Ce hadith n'est pas confirmé par les savants, et certains le considère inventé.» Daraqoutni dit qu'il ne fut pas corroboré. Ibn Hajar 'Asqalani fut quesstioné au sujet de ce hadith, et il repondit qu'il était bien authentique (*hassan*), non rigoureusemnt authentique (*sahih*), comme Hakim a dit, mais non une forgérie (*mawdou'*), comme Ibn Jawzi le prétend. Ceci fut mentioné par Souyouti. Le maître de Hadith (*hafiz*) Abou Sa'id 'Ala'i dit, «La vérité est que le hadith est bien authentifié (*hassan*), vu ses multiples voies de transmission, étant ni rigoureusement authentifié (*sahih*) ni faible (*da'if*), encore moins un faux» (Rissala al-mawdou'at, 26).»

IV Dires et écrits des Imams et Savants au Sujet de la Purification du Soi

fois avec la parole, la plume et le sabre? Il était un Compagnon méritoire du Prophète ﷺ, qu'Allah honore son visage. Ses paroles sont un phare qui m'a illuminé au cours de ma vie après le Coran et la *Sounna*. Ah! Quelqu'un qui est toujours à court de provision et long dans son voyage.

Ibn 'Ata' Allah: «L'Imam 'Ali a-t-il demandé à quelqu'un de prendre parti avec lui dans une faction? Car cette faction prétend que l'Ange Gabriel a commis une erreur en délivrant la révélation à Mouhammad – sur lui la paix – au lieu d'Ali! Ou leur a-t-il demandé de déclarer qu'Allah s'est incarné dans son corps et que l'Imam est devenu divin? Ou ne les a-t-il pas combattu et massacré et donné une *fatwa* (une décision légale) qu'ils doivent être exécutés où qu'ils se trouvent?

Ibn Taymiyya: «Sur la base de cette *fatwa*, je sortis les combattre dans les montagnes de Syrie pendant plus de douze ans.»

Ibn 'Ata' Allah: «Et l'Imam Ahmad – qu'Allah soit satisfait de lui – critiqua les actions de certains de ses disciples qui avaient l'habitude d'aller en patrouille, brisant les tonneaux ouverts de vin (dans les magasins des marchands Chrétiens où qu'ils les trouvent), déversant leur contenu par terre, bastonnant les chanteuses et confrontant les gens dans la rue. Tout cela, ils le firent au nom de prêcher le bien et interdire le mal. Cependant, l'Imam ne donna aucune *fatwa* leur motivant à censurer ou réprimander tous ces gens. Par conséquent, ces disciples (responsables de ces actions) furent fouettés, jetés en prison, assis à dos d'ânes tête-bêche.

Dans ce cas, l'Imam Ahmad est-il lui-même responsable du mauvais comportement que les pires et les plus vicieux Hanbalis continuent de perpétrer jusqu'à nos jours, au nom de vouloir ordonner le bien et interdire le mal?

Tout ceci est pour dire que Cheikh Mouhyiddin Ibn 'Arabi est innocent de ce que certains de ses disciples font, qui absolvent les gens de leurs obligations légales et morales établies par la religion et commettent les actions qui sont interdites. Ne voyez vous pas cela?»

Ibn Taymiyya: «Mais ont- ils du respect pour Allah? Parmi vous les Soufis sont ceux qui avancent que lorsque le Prophète ﷺ donna la bonne nouvelle aux pauvres et dit qu'ils entreraient au paradis avant les riches, les pauvres tombèrent en extase et commencèrent à déchirer leurs garnements en pièces, et qu'à ce moment, l'Ange Gabriel descendit du ciel et dit au Prophète ﷺ qu'Allah demandait sa portion légitime de ces garnements; et que l'Ange Gabriel en transporta un et l'accrocha au trône d'Allah. C'est pour cette raison, ils disent, que les Soufis portent des garnements rapiécés et s'appellent *fouqara'* ou «pauvre»!

Ibn 'Ata' Allah: «Tous les Soufis ne portent pas des vestes et des habits rapiécés. Me voici juste devant toi:

IV Dires et écrits des Imams et Savants au Sujet de la Purification du Soi

Qu'est ce que tu n'approuves pas dans mon apparence?»

Ibn Taymiyya: «Tu fais partie des gens de la Chari'a et enseigne à al-Azhar.»

Ibn 'Ata' Allah: «Al-Ghazali fut à la fois un Imam dans la Chari'a et dans le *tassawwouf*. Il traita des jugements légaux, la *sounna* et la Chari'a avec la pensée des Soufis. Et en appliquant cette méthode, il fut capable de revivifier les sciences religieuses. Nous savons que le *tassawwouf* reconnaît que ce qui est souillé ne fait pas partie de la religion et que la propreté a le caractère de la foi. Le vrai et sincère Soufi doit cultiver dans son cœur la foi reconnue par les Musulmans Sunnites.

Deux siècles auparavant, le phénomène de pseudo soufis apparut que toi même critiqua et rejeta. Il y avait des personnes qui cherchaient à réduire la pratique de la prière et des obligations religieuses, raccourcir le jeûne et abolir l'obligation des cinq prières quotidiennes. Ils erraient comme des bêtes sauvages dans les vastes arènes de la paresse et de l'insouciance, affirmant qu'ils avaient été libérés des chaînes de l'esclavage de l'adoration divine. Non satisfaits de leurs propres actions ignobles jusqu'à ce qu'ils aient revendiqué des déclarations des plus extravagantes réalités et états mystiques comme l'Imam al-Qouchayri lui-même le décrit dans sa *Rissala* bien connue qu'il dirigea contre eux. Il établit aussi en détail ce qui constitue la vraie voie d'Allah, qui consiste à tenir fermement au Coran et à la *Sounna*.

Les Imams du *tassawwouf* désirent arriver à la pure réalité non seulement par les moyens des preuves rationnelles perçues par l'esprit humain qui sont susceptibles d'être fausses ou vraies, mais aussi au moyen de la purification du cœur et de l'ego, à travers un cursus spirituel. Ils mettent de côté tout ce qui concerne la vie de ce monde autant que possible comme le vrai serviteur d'Allah ne doit s'affairer avec rien d'autres que de l'amour d'Allah et de Son Prophète ﷺ. Ceci est un très haut ordre d'affaire qui rend un serviteur pieux, saint et prospère. Cette occupation réforme ces choses qui corrompent la créature humaine, telles que l'amour de l'argent et l'ambition personnelle dans la société. Ce faisant, c'est un ordre d'affaire qui est constitué de rien d'autre qu'une lutte spirituelle pour l'amour d'Allah.

Mon ami érudit! Interpréter les textes selon leurs sens littéraux pourrait souvent conduire à l'erreur. Le littéralisme a causé ton jugement au sujet d'Ibn 'Arabi qui est l'un des Imams de notre Foi reconnu pour sa scrupuleuse piété. Tu as compris ce qu'il a écrit d'une façon superficielle; alors que les Soufis sont des maîtres en subtilité littéraires qui laissent entendre des sens profonds, usant d'un langage hyperbolique qui indique une haute conscience spirituelle et des mots qui véhiculent des secrets concernant le domaine de l'invisible.»

IV Dires et écrits des Imams et Savants au Sujet de la Purification du Soi

Ibn Taymiyya: «Ce raisonnement est contre toi, non en ta faveur, car lorsque l'Imam al-Qouchayri vit ses disciples dévier de la voie d'Allah, il entreprit de les corriger. Que font les Cheikhs Soufis de nos jours? Je demande seulement que les Soufis suivent la voie de la *sounna* de ces grands et pieux ancêtres de notre foi (*salaf*): les ascétiques (*zouhhad*) parmi les Compagnons, la génération qui leur succéda, et la génération qui suivit leurs pas!

Quiconque agit de cette manière, je l'estime hautement et le considère un Imam de la religion. En ce qui concerne l'innovation qui égare et l'importation des idées des idolâtres tels que les philosophes grecs et les Bouddhistes Indiens, ou l'idée que l'homme peut incarner Allah (*houloul*) ou atteindre l'unité avec Lui (*ittihad*), ou la théorie que toute existence est une (*wahdat al-woujoud*) et ces autres choses que ton Cheikh prêche aux gens: tout ceci est clairement hérésie et mécréance.»

Ibn 'Ata' Allah: «Ibn 'Arabi fut l'un des grands juristes qui suivit l'école de Dawoud al-Zahiri après Ibn Hazm al-Andalousi, qui est proche de votre méthodologie en loi Islamique, Oh Hanbali! Mais quoique Ibn 'Arabi fut un *Zahiri* (c'est à dire un littéraliste en matière de loi Islamique), la méthode qu'il appliquait pour comprendre l'ultime réalité (*al-haqiqa*) était de faire sortir le sens spirituel caché (*tariq al-batin*) qui est de purifier le moi interne (*tathir al-*

batin).²²³ Cependant, tous les disciples à la recherche de ce qui est caché ne sont pas les mêmes.

En vu de ne pas être en erreur, reprends ta lecture d'Ibn 'Arabi avec une compréhension fraîche de ses symboles et inspirations. Tu le verras être semblable à al-Qouchayri. Il a pris sa voie dans le *tassawwouf* sous la protection du Coran et la *sounna* comme la Preuve de l'Islam Cheikh al-Ghazali, qui entreprit des débats au sujet de la différence doctrinale en matière de credo et des issues d'adoration, mais les considéra comme occupation manquant de valeur réelle et de bénéfice. Il invita les gens à observer que l'amour d'Allah est la voie du vrai serviteur par rapport à la foi.

As-tu une objection à cela Oh *faqih*! Ou préfères-tu les disputes des juristes Islamiques? L'Imam Malik, qu'Allah soit satisfait de lui, fut très prudent au sujet de tels débats en matières de credo et avait l'habitude de dire: «Chaque fois qu'une personne entre en discussion au sujet du credo, sa foi diminue.» Similairement al-Ghazali dit: Le moyen le plus rapide à se rapprocher d'Allah est par le cœur et non par le corps. Par cœur, je ne veux pas dire cette chose en chair palpable à la vue, à l'écoute et au toucher. Au contraire, je veux dire le plus profond secret d'Allah

---

[223] Une équivalence clé dans les Hikam d'Ibn 'Ata' Allah, par exemple #205: «Quelques fois les lumières te parviennent et trouvent ton cœur garni de formes des choses crées, alors elles retournent de là où elles sont descendues.» Ibn 'Ata' Allah, *Les Aphorismes Soufi* (*Kitab al-hikam*), trad. Anglaise de Victor Danner (Leiden: E.J. Brill, 1984) p.53.

IV Dires et écrits des Imams et Savants au Sujet de la Purification du Soi

Lui même le plus Exalté qui est imperceptible à la vue et au toucher.

En effet, les Sunnites sont certainement ceux qui ont nommé le Soufi Cheikh al-Ghazali: «La Preuve de l'Islam»,[224] et il n'y a personne pour réfuter ses opinions, même si des savants ont été excessifs dans l'éloge de son livre lorsqu'ils disent: «Le *Ihya' 'oulum al-din* était presque le Coran.»[225]

L'exécution d'une obligation religieuse (*taklif*) selon Ibn 'Arabi et Ibn al-Farid est une adoration dont le *mihrab* ou niche de prière indiquant l'orientation est son aspect intérieur et non seulement son rite externe. Quelle est l'importance d'être arrêté ou assis en prière si ton cœur est préoccupé avec autre qu'Allah? Allah fait l'éloge des gens dans le Coran lorsqu'il dit: «*Ceux qui sont humbles dans leur prière*» (23:2). Et Il blâme les gens lorsqu'Il dit: «*Ceux qui sont insouciants dans leur prière*» (107:5). Ceci est ce que Ibn 'Arabi veut dire

---

[224] Comme illustré par Salah al-Din al-Safadi dans l'introduction de Ghazali dans son dictionnaire bibliographique: «Mouhammad ibn Mouhammad ibn Mouhammad ibn Ahmad, la Preuve de l'Islam, l'Ornement de la Foi, Abou Hamid al-Toussi...» al-Safadi, *al-Wafi bi al-wafayat* 1:274.

[225] Ironiquement, une louange du même genre sur le propre livre *al-Hikam* d'Ibn 'Ata' Allah est rapporté sur l'autorité du grand cheikh Mawlay al-'Arabi al-Darqawi par Ibn 'Ajiba dans *Iqaz al-himan* (p.3-4): «J'entendis le juriste al-Bannani dire: «Le Hikam d'Ibn 'Ata' Allah est presqu'une révélation (*wahy*). S'il était permis de réciter la prière quotidienne sans le Qour'an, les mots du *Hikam* auraient été permis.» Il veut dire par cela qu'il n'y a rien dans le *Hikam* sauf ce qui procède du Qour'an et s'y réfère, et Allah est plus savant.

quand il dit: «L'adoration est la niche (*mihrab*) du cœur, ce qui est l'aspect interne de la prière et non l'externe.»

Le Musulman est incapable d'arriver à la connaissance de la certitude (*'ilm al-yaqin*) ni à la certitude elle même (*'ayn al-yaqin*) dont le Coran mentionne à moins qu'il vide son cœur de tout ce qui le distrait dans la vie mondaine et se consacre sur la contemplation interne. Alors, la manifestation de la réalité Divine remplira son cœur, et de là produira sa subsistance.

Le Soufi réel n'est pas celui qui obtient sa subsistance de la mendicité et des quêtes d'aumônes aux gens. Le seul sincère est celui qui élève son cœur et son esprit à s'annihiler en Allah en Lui obéissant. Peut-être qu'Ibn 'Arabi a amené les juristes à se révolter contre lui à cause de son mépris sur leurs préoccupations avec les arguments et les disputes aux sujets d'affaires de foi, des cas légaux d'actualités et des situations hypothétiques, dans la mesure où il voyait que cela les distrayaient de la purification du cœur. Il les nomma «les juristes des menstruations des femmes.» Qu'Allah te préserve à ne pas être parmi eux! As-tu lu la déclaration d'Ibn'Arabi: «Quiconque établit sa foi exclusivement sur des preuves démonstratives et des arguments déductifs, construit une foi sur laquelle il est impossible de se fonder, parce que il est affecté par la négativité des constantes objections. La certitude (*al-yaqin*) ne dérive pas des évidences de l'esprit mais

IV Dires et écrits des Imams et Savants au Sujet de la Purification du Soi

jaillit des profondeurs du cœur.» As-tu jamais lu une déclaration aussi pure et agréable?»

Ibn Taymiyya: «Tu as bien parlé, si seulement ton maître était comme tu le dis, il aurait été ainsi loin de la mécréance. Mais à mon avis, ce que tu as dit ne peut pas corroborer le sens que tu lui as donné.»[226]

24. Taj al-Din al-Soubki (D.771 AH)

Cheikh al-Islam Taj al-Din al-Soubki, le fils de Cheikh al-Islam *al-hafiz* Taqi al-Din al-Soubki (d.756) qui fut un disciple d'Ibn 'Ata' Allah, mentionna dans son livre *Mou'id al-ni'am* sous le chapitre intitulé Soufisme:

> Qu'Allah les (les Soufis) salue et leur donne vie, et qu'Il nous place avec eux au paradis. Trop de choses ont été dites à leur sujet, et trop de gens ignorants ont dit des choses qui ne les concernent pas... La vérité est que ces gens ont laissé ce bas monde et se sont consacrés à l'adoration.
>
> Cheikh Abou Mouhammad al-Jouwayni (Le père de l'Imam al-Haramayn) dit: Ils sont parmi les gens d'Allah et de Son élite. Sa miséricorde est recherchée à travers leur souvenir d'Allah, et la pluie descend par leur

---

[226] Dans Mouhammad Zaki Ibrahim, *Ousoul al-woussoul* (Le Caire: 1404/1984) 299-310.

invocation. Qu'Allah soit satisfait d'eux et qu'Allah soit satisfait de nous grâce à eux.[227]

25. Imam Abou Ishaq al-Chatibi al-Maliki (D.790 AH)

L'un des savants fondateurs des *Ousoul al-fiqh* ou méthodologie de la loi dont les livres comme ceux d'al-Ghazali, sont requis dans ce domaine, il mit l'accent sur l'exigence de la complète connaissance et l'érudition de la langue arabe et non seulement la bonne compréhension pour ceux qui pratiquent l'*ijtihad*. Dans son livre *al-Mouwafaqat fi ousoul al-chari'a* (Les harmonies des sources de la Loi Divine), il soutient que le langage du Coran et de la *Sounna* sont la clef de la compréhension de tels savants, et que l'*ijtihad* de toute personne déficiente à cet égard n'était pas accepté. Dans la mesure que l'opinion du *moujtahid* est une *houjja* ou preuve pour le commun des gens, ce degré d'autorité nécessite un accès direct aux sources et une pleine compétence en langue arabe.[228]

Il écrit dans son livre *al-I'tissam*:

> Plusieurs ignorants pensent que les Soufis sont laxistes dans la Chari'a. Loin d'eux de telles fausses croyances qui leurs sont attribuées! La première fondation de leur voie est la *Sounna* et d'éviter tout ce qui s'y oppose!

---

[227] al-Soubki, *Mou'id al-n'iam wa moubid al-niqam* p.190.
[228] Al-Chatibi, *al-Mouwafaqa fi ousoul al-chari'a* (Le Caire: al-maktaba al-tijariyya al-koubra, 1975) 4:60

IV Dires et écrits des Imams et Savants au Sujet de la Purification du Soi

Leur porte-parole d'élite, le maître de leur voie et pilier de leur groupe, Abou al-Qassim al-Qouchayri, déclara qu'ils acquirent le nom de *tassawwouf* en vue de se dissocier des Gens d'Innovation. Il mentionna que les plus honorables des Musulmans après le Prophète ﷺ ne s'attribuèrent pas en leurs temps d'autres titres sauf Compagnons, car il n'y a pas de mérite au-dessus de celui d'être un Compagnon – ainsi ceux qui succédèrent furent appelés Successeurs. Après cela, les gens se différèrent et la disparité des niveaux devint plus apparente parmi eux. Les élites parmi ceux dont la prudence dans la croyance fût intense furent ainsi appelées *zouhhad* et *'oubbad*. Par la suite, toutes sortes d'innovations firent leurs apparitions, et les élites des savants du courant principal Musulman (*Ahl al-sounna wa Jama'a*) qui observèrent leurs obligations avec Allah, et préservèrent leur cœur de l'indifférence, devinrent uniques en leur genre sous le nom de *tassawwouf*. Considères ceci, et tu réussiras par là. Et Allah est plus Savant.[229]

26. Ibn Khaldoun (D.808 AH)

Ibn Khaldoun dit dans sa fameuse *Mouqaddima*:

---

[229] al-Chatibi, *al-I'tissam min al-koutoub*, cité dans *al-Mouslim: majallat al-'achira al-mouhammadiyya* (Dhou al-qi'da 1373).

Le *tassawwouf* est l'une des dernières sciences de Loi dans la communauté Musulmane. La fondation du *tassawwouf* cependant, est (plus ancienne, comme cela est vu dans les faits) que ces gens, et leur voie a été présente parmi les *Salaf* et parmi les plus avancés des Compagnons et des Successeurs, et leur voie est la voie de la vérité et la guidée.

La fondation de la voie des Soufis est la maîtrise de soi dans le monde et une totale dépendance en Allah; éviter l'ornement et le luxe du monde; se priver des plaisirs, de l'argent, et des titres honorifiques comme convenus par la majorité des savants; et s'isoler des créatures dans la retraite et la dévotion dans l'adoration.

Tous ces aspects étaient répandus parmi les Compagnons et les Salafs. Avec l'envahissement de la mondanité au cours du deuxième siècle et le siècle suivant, de même que l'inclination en général des gens vers le bas monde, ceux qui restèrent attachés à l'adoration furent connus sous le nom de Soufi[230].

27. Imam al-Sakhawi (D.902 AH)

Le plus grand disciple d'Ibn Hajar al-'Asqalani, grand juriste, historien, et maître de hadith, Chams al-Din

---

[230] *Mouqaddimat ibn Khaldoun*, p.328.

IV Dires et écrits des Imams et Savants au Sujet de la Purification du Soi

Mouhammad ibn 'Abd al-Rahman al-Sakhawi, comme Taqi al-Din al-Soubki et al-Souyouti, appartenait à l'ordre Chadhili fondé par Abou al-Hassan al-Chadhili, représenté aussi par le grand Maître Maliki Ibn 'Ata' Allah. Il transmit cinq livres d'Ibn Ata Allah aux générations futures, y compris le commentaire du cheikh Chadhili Ahmad Zarrouq (d.899) sur les *Hikam*.

Dans sa biographie des gens fameux de son temps intitulée *al-Daw' al-lami'*, al-Sakhawi révèle que son père Zayn al-Din 'Abd al-Rahman ibn Mouhammad (d.874) était un Soufi d'une grande piété né au Caire, et un membre de la communauté Soufie Baybarsiyya où Ibn Hajar, le professeur de Sakhawi, enseigna pendant quarante ans.[231]

Dans la section de son *al-Jawahir al-moukallala fi al-akhbar al-moussalsala* consacré à la transmission de hadith à travers des chaînes exclusivement de narrateurs Soufis, Sakhawi déclare qu'il a reçu lui-même la voie Soufi de Zayn al-Din Ridwan al-Mouqri au Caire[232]. Dans la même œuvre, Sakhawi mentionne aussi plusieurs de ses maîtres et disciples de hadith qui furent Soufis. Voici quelques-uns, avec les expressions que lui-même utilisa pour les décrire dans son œuvre bibliographique *al-Daw' al-lami'* :

- Abou Bakr ibn Mouhammad al-Hichi al-Halabi al-Chafi'i (d.848), le chef des Soufis Bistamiyya à Aleppo, la source mère de l'ordre Soufi Naqshbandi affilié à Abou Yazid al-Bistami. Il

---

[231] al-Sakhawi, *al-Daw' al-lami'* (Bèyrout: dar maktabat al-hayat, 1966) 4:124-125.
[232] A.J. Arberry, *Sakhawiana: A study Based on the Chester Beatty Ms. Arab. 773* (London: Emery Walker Ltd., 1951) p.35.

passa deux ans à la Mecque avec Sakhawi qui lui offrit une *ijaza* ou autorisation d'enseigner. Dans cette *ijaza* Sakhawi l'appelle: «Notre maître, le talentueux Imam de mérites et conseiller, l'Educateur des *Mourides* (disciples dans la voie Soufie), le Pilier des Pèlerins de la voie Soufie, le Noble Abou bakr al-Hichi al-Halabi, qu'Allah le préserve et bénisse ses gracieux prédécesseurs (c'est à dire la chaîne de ses cheikh dans la voie Soufie), et qu'Allah nous gratifie de leur bienfait de même qu'à tous les Musulmans.»[233]

- Badr al-Din Houssayn ibn Siddiq al-Yamani al-Ahdal (d.903): al-Sakhawi lui donna une *ijaza* complète permettant d'enseigner tous ses livres.[234]
- Abou al-Fath Mouhammad ibn Abi Bakr al-Madani al-Maraghi (d.859): Sakhawi étudia le hadith sous sa tutelle. Il fut recteur de deux *khaniqas* au Caire, la Zamamiyya et la Jamaliyya. Il mena une vie de retraite (spirituelle) et rédigea un commentaire sur le manuel de Loi de Nawawi, *Minhaj al-talibin*, et un résumé du *Fath al-bari* d'Ibn Hajar. Il fut assassiné devant la Ka'ba par un fanatique pour avoir défendu Ibn 'Arabi,.[235]

---

[233] al-Sakhawi, *al-Daw' al-lami'* 11:96-97, 74-75.
[234] *Ibid*. 3:144-145.
[235] *Ibid*. 7:162-165.

IV Dires et écrits des Imams et Savants au Sujet de la Purification du Soi

- Taqi al-Din Abou Bakr ibn Mouhammad al-Qalqachandi (d.867) aussi appelé 'Abd Allah. Il reçut la *khirqa* ou manteau d'autorité au Caire. On dit qu'il lut entièrement Sahih *al-Boukhari* en trois jours quand il était à la Mecque. Il vécut à al-Qouds, où al-Sakhawi le rencontra et étudia le hadith avec lui.[236]
- Thiqat al-Din Abou al-'Abbas Ahmad ibn Mouhammad al-'Ouqbi (d.861). Il enseigna le hadith et le *tajwid* à la Mecque où Sakhawi étudia sous sa tutelle.[237]
- Kamal al-Din Mouhammad ibn 'Abd al-Wahid al-Sikandari al-Sawassi (d.861). Il fut un maître de toutes les sciences et enseigna à la Madrassa al-Achrafiyya au Caire, puis dirigea la *khaniqa* Soufie Chaykhouni. Il fut l'auteur de plusieurs livres.[238]
- Abou 'Abd Allah Mouhammad ibn 'Ali al-Houssayni al-Qahiri al-Chafi'i al-Soufi (d.876). Le juge adjoint de Mounawi au Caire, disciple d''Izz al-Din ibn Jama'a, de Jala al-Din al-Boulqini et plusieurs autres; un ami et un disciple du maître de Sakhawi, Ibn Hajar dont il publia par deux fois l'œuvre, *Fath al-bari*. Professeur de jurisprudence et de hadith, il rédigea un résumé du *Kitab al-ansab* d'Ibn Athir. Il fut un ami de longue date du père de

---

[236] *Ibid*. 11:69-71.
[237] *Ibid*. 2:212-213.
[238] *Ibid*. 8:127-132.

Sakhawi; par conséquent, il traita Sakhawi «avec un respect remarquable.» Il fut l'un des dix disciples auxquels Ibn Hajar légua son autorisation d'enseigner le hadith.[239]

- Abou Khalid Mouhammad ibn Abi Bakr al-Jibrini (d.860). Un auteur, un archer, un cavalier et un cheikh Soufi à la *zawiya* de Jibrin, al-Sakhawi le rencontra et fut certifié en hadith sous sa tutelle. Sakhawi dit de lui: «Il était beau, modeste, généreux, courageux, doté d'une force spirituelle et d'un dynamisme dans la succession des cheikhs de la vraie majesté.»[240]
- Zaki al-Din Abou al-'Abbas Ahmad ibn Mouhammad al-Ansari al-Khazraji al-Sa'di al-Mouqri al-Soufi (d.875). Un associé d'Ibn Hajar et un auteur prolifique, il écrivit une autobiographie s'étendant sur plus de quinze volumes, quoique Sakhawi dit qu'il était simple, sympathique, avait la larme facile et était rapide en réplique.[241]
- Thiqat al-Din Abou 'Ali Mahmoud ibn Ali al-Soufi al-Khaniki (d.865). Il naquit et grandit dans la *Khaniqa al-Siryaqoussiyya* du Caire où il enseigna tard dans sa vie. Il rendit l'âme à la Mecque, en pèlerinage.[242]

---

[239] *Ibid.* 8:176-178.
[240] *Ibid.* 7:197.
[241] *Ibid.* 2: 146-149.
[242] *Ibid.* 10:140-141.

IV Dires et écrits des Imams et Savants au Sujet de la Purification du Soi

- Abou al-Faraj 'Abd al-Rahman ibn Khalil al-Dimachqi al-Soufi (d.869). Il était un *Mouhaddith*. Al-Sakhawi étudia sous sa tutelle au Caire et à la Mosquée Oumayyade à Damas.[243]

28. Jalal Al-Din al-Souyouti (D.911 AH)

Cheikh al-Islam al-Souyouti, le Rénovateur du Huitième siècle Islamique et l'Imam *Moujtahid*. Il dit dans son livre sur le *tassawwouf* intitulé *Ta'yid al-haqiqa al-'aliyya wa-tachyid al-tariqa al-chadhiliyya* (Le maintien de la haute vérité et le soutien de la voie Chadhilie):

> Le *tassawwouf* en lui même est une honorable science. Elle explique comment suivre la *Sounna* du Prophète ﷺ et éviter l'innovation, comment purifier l'ego… et se soumettre réellement à Allah…
>
> J'ai observé les problèmes au sujets desquels les Imams de la Chari'a ont critiqué les Soufis, et je ne voie pas un seul vrai Soufi coupable de telles critiques. Au contraire, ces propos sont tenus par les gens d'innovation et les extrémistes qui se sont revendiqués les titres de Soufis alors qu'en réalité ils ne le sont pas…
> La recherche de la science des cœurs, la connaissance de ses maladies telles que la jalousie, l'arrogance, la fierté… et les

---

[243] *Ibid*. 4:76.

abandonner sont une obligation qui incombe à tout Musulman.²⁴⁴

29. Zakariyya ibn Mouhammad Ansari (D.926 AH)

Cheikh al-Islam Zakariyya Ansari fut connu comme le Cheikh des Cheikhs. Il était un maître de hadith, juge et un exégète du Coran. Il était le professeur de Cheikh al-Islam Ibn Hajar al-Haytami et auteur de plusieurs livres sur le soufisme y compris un commentaire sur la *Rissala* de Qouchayri qui fut éditée plusieurs fois.

Dans son commentaire sur Qouchayri, Ansari donne les définitions suivantes pour le *tassawwouf*:

> Le *tassawwouf* est l'abandon de l'évaluation de ses actes. Il est aussi dit: C'est la protection des sens et être attentif à chaque souffle; c'est la complète sincérité dans la progression vers le Roi des rois; c'est la dévotion dans les bonnes œuvres et le souci d'éviter les vices; et autres explications... Le *Soufiyya* ou les Soufis sont ainsi appelés à cause de la Vérité pour laquelle – Allah – les a rendu purs (*safahoum*) et les favorisa sans réserve (*akhlassa lahoum al-niʿam*) à travers ce qu'Il leurs a permis de voir.²⁴⁵

---

²⁴⁴ Al-Souyouti, *Taʾyid al-haqiqa al-ʿaliyya wa-tachyid al-tariqa al-chdhiliyya*, éd. ʿAbd Allah ibn Mouhammad ibn al-Siddiq al-Ghoumari al-Hassani (Le Caire: al-matbaʿa al-islamiyya, 1934), p.56-57.
²⁴⁵ Zakariyya al-Ansari, *Charh al-rissala al-qouchayriyya* (Le Caire: dar al-koutoub al-ʿarabiyya al-koubra, 1330/1912) p.126.

IV Dires et écrits des Imams et Savants au Sujet de la Purification du Soi

30. Ibn Hajar al-Haytami (D.974 AH)

Cheikh al-Islam Ibn Hajar al-Haytami était un élève de Zakariyya al-Ansari. Comme mentionné auparavant, il représente la plus importante source d'opinion légale (*fatwa*) dans l'école Chafi'ite tardive. Il fut une fois interrogé sur le statut légal de ceux qui critiquent les Soufis. Y a t'il raison à de telles critiques? Il répondit dans ses *Fatawa hadithiyya*:

> Il est obligatoire pour toute personne dotée d'esprit et de foi de ne pas tomber dans le piège de critiquer ce groupe (les Soufis), car c'est un poison mortel, comme cela a été démontré dans le passé et récemment.[246]

Comme plusieurs autres firent sur le même sujet, il donna une importante *fatwa* disant: «Quiconque nie, rejette, ou désapprouve les Soufis, Allah rendra sa connaissance vaine.» Voici le texte complet de cette *Fatwa*:

> Notre Cheikh, le savant gnostique (*'arif*) Abou al-Hassan al-Bakri (d.952) me dit, selon l'autorité du cheikh et savant Jamal al-Din al-Sabi- mot à mot – et il est l'un des élèves les plus distingués de notre Cheikh Zakariyya al-Sabiq (al-Ansari), qu'al-Sabi avait l'habitude de critiquer la voie de l'honorable Ibn al-Farid. Une fois, Al-sabi vit en rêve que c'était le Jour du Jugement, et il portait un fardeau qui l'épuisait, puis il entendit quelqu'un dire: «Où est le groupe d'Ibn al-Farid?» Il dit:

---

[246] Ibn Hajar al-Haytami, *Fatawa hadithiyya* (Le Caire: al-Halabi, 1970) p.331.

J'avançai en vu d'entrer avec eux, mais on me dit: «Tu n'es pas l'un d'eux, retournes.» Lorsque je me réveillai, j'eus extrêmement peur, et je ressentis du regret et du chagrin, alors je me repentis à Allah d'avoir rejeté la voie d'Ibn al-Farid, et je renouvelai mon engagement à Allah, puis je retournai à la conviction qu'Ibn al-Farid est l'un des *awliya* – saints et amis – d'Allah. L'année suivante et au cours de la même nuit, je fis le même rêve. J'entendis dire: «Où est le groupe d'Ibn al-Farid? Laissez-les entrer au paradis.» Alors que je m'avançai, j'entendis: «Entres, car tu es maintenant l'un d'eux.»

Examine cette affaire très attentivement, car elle est rapportée par un homme de savoir en Islam. Il apparaît – et Allah est savant – que c'est à cause de la *baraka* ou la bénédiction de son cheikh Zakariyya al-Ansari qu'il a vu le rêve qui lui a fait changer d'avis. Autrement, combien de leurs opposants sont restés dans leur aveuglement jusqu'à ce qu'ils se sont retrouvés en perdition et en destruction!

Si tu demandes: «Certains éminents savants, le dernier étant al-Biqa'i et ses disciples, et autres sous lesquels toi-même tu as étudié (c'est à dire al-Haythami) ont désapprouvé des Soufis, pourquoi donc préférez-vous cette voie au-dessus des autres?

IV DIRES ET ÉCRITS DES IMAMS ET SAVANTS AU SUJET DE LA PURIFICATION DU SOI

Je réponds: J'ai préféré cette voie pour un certain nombre de raisons, parmi lesquelles:

- Ce que Notre cheikh a rapporté dans le *Charh al-rawd* sur l'autorité de Sad al-Din al-Taftazani (d.791),[247] le vérificateur de l'Islam, le chevalier de l'arène, celui qui élimine des signes de l'obscurantisme... que ce dernier dit, répondant à la déclaration d'Ibn al-Mouqri: «Quiconque doute en la mécréance (*koufr*) du groupe d'Ibn Arabi est lui même un mécréant». «La vérité est qu'Ibn Arabi et son groupe sont les élites de la *Oumma* et al-Yafi'i, ibn 'Ata Allah et autres ont nettement déclaré qu'ils considèrent Ibn Arabi comme un *wali* (saint) et que le langage que les Soufis utilisent est agréé parmi les experts de son usage, et que le gnostique (*'arif*), lorsqu'il devient complètement absorbé dans l'océan de l'Unité, pourrait faire certaines déclarations qui sont susceptibles de mauvaises interprétations comme l'incarnation (*houloul*) et l'union (*ittihad*), alors qu'en réalité il n'y a ni incarnation ni union.»
- Il a été clairement dit par nos Imams tels que al-Rafi'i dans son livre *al-'Aziz* et al-Nawawi dans *al-Rawda*, *al-Majmou*, et autres que:

---

[247] Sad al-Din Mas'oud ibn 'Oumar al-Taftazami, l'un des *moujtahid* d'immense érudition de l'école Chafi'i, il fut l'auteur de plusieurs livres de *tafsir, kalam, oussoul, fiqh, 'ilm al-mantiq* (la logique), la grammaire, la rhétorique, et la philologie.

«Lorsqu'un moufti est interrogé au sujet d'une phrase qui a une connotation de mécréance, il ne doit pas immédiatement décider que l'auteur soit mis à mort ni de donner la permission à l'effusion de son sang. Au contraire qu'il dise: Le coupable doit être interrogé au sujet de ce qu'il a voulu dire par sa déclaration, et il doit écouter son explication, ensuite agir en conséquence.» Examines ces directives – qu'Allah te guide! – et tu verras que les détracteurs de ce grand Imam (Ibn 'Arabi) et ceux qui déclarent absolument sa mécréance sont sur des montures aveugles, et trébuchent comme un chameau myope. En vérité, Allah leur a ôté la vue et l'ouïe et les a privé de ce discernement, c'est ce qui leur causa du mépris et rendit leurs connaissances vaines.

- Leur grande connaissance et totale renonciation à ce monde et à tout ce qui n'est pas Allah témoigne de leur innocence de ces terribles accusations. Nous préférons rejeter de telles accusations parce que leurs déclarations sont des réalités dans la façon dont ils les ont exprimé. Leur voie ne peut pas être niée sans d'abord connaître le sens de leurs déclarations et les expressions qu'ils utilisent, ensuite les juger pour les appliquer à leurs significations et voir si elles correspondent ou non. Nous remercions Allah que tous leurs adversaires

IV Dires et écrits des Imams et Savants au Sujet de la Purification du Soi

soient ignorants dans ce genre de connaissance, puisque aucun d'eux n'a maîtrisé les sciences du dévoilement (*moukachafat*), ou même les a senties de loin; ni aucun d'eux ne suit sincèrement l'un des *awliya* afin qu'il puisse maîtriser leur terminologie.

Si tu objectes disant: Je ne concède pas que leurs expressions s'appliquent à une réalité plutôt qu'à des phrases métaphoriques, alors montres moi quelque chose de plus compréhensif que les explications qui ont été données!

Je dis: Rejeter cela fait preuve d'entêtement. Admettons que tu désapprouves ce que j'ai mentionné, mais la meilleure façon d'établir l'objection est de dire: «Cette déclaration pourrait être interprétée de plusieurs manières» et procéder à les expliquer; ne dis pas: «Si cela signifie ceci, alors... et si cela signifie cela, alors...»[248] et affirmer d'entrée que «Ceci est *koufr*»! Cela est de l'ignorance et va au-delà des limites de la *nassiha* ou le bon conseil qui a été revendiqué par la critique.

Ne vois-tu pas que si la réelle motivation d'Ibn al-Mouqri était de prodiguer de bons conseils, il n'aurait pas exagéré en disant: «Quiconque doute de la mécréance du groupe d'Ibn Arabi, est lui-même un mécréant»? Ainsi, il

---

[248] Une allusion à Ibn Taymiyya qui fonda son jugement d'Ibn ʿArabi sur l'illusion qu'il comprenait ses terminologies et leurs sens.

universalise son jugement de la mécréance d'Ibn Arabi pour inclure toute personne qui doute de leur mécréance. Vois ce fanatisme qui dépasse les bornes et qui s'écarte du consensus des Imams et va très loin jusqu'à accuser toute personne qui doute de leur *koufr*. «*Gloire à Toi, ceci est une énorme calomnie!*» (24:16) «*Quand vous colportiez la nouvelle avec vos langues et disiez de vos bouches ce dont vous n'avez aucun savoir, et vous le comptez comme insignifiant alors qu'auprès d'Allah cela est énorme*» (24:15).

Note aussi que sa déclaration suggère que c'est une obligation pour toute la Communauté de croire qu'Ibn Arabi et ses disciples sont des mécréants, autrement ils seront taxés aussi de mécréants – et personne ne pense de cette manière. Effectivement, cela pourrait conduire à quelque chose d'interdite comme lui même le déclara distinctement dans son livre *al-Rawd* quand il dit: «Quiconque accuse un Musulman d'être un mécréant sur la base d'un péché qu'il a commis et sans essayer de l'interpréter favorablement, a lui-même commis une mécréance.» Et voici qu'ici il accuse un groupe entier de Musulman de mécréant! Encore, aucune considération ne doit être accordée à son interprétation parce qu'il cite seulement le genre d'interprétation qui vise ceux qu'il critique. Et c'est tout ce qu'il pouvait dire à ce sujet.

IV Dires et écrits des Imams et Savants au Sujet de la Purification du Soi

En ce qui concerne ceux qui considèrent les expressions d'Ibn Arabi et des Soufis comme une lumière pure et croient en leur sainteté – comment un musulman peut-il les attaquer en les accusant de mécréance? Personne n'oserait faire cela à moins d'accepter la possibilité d'être appelé soi-même mécréant. Ce jugement reflète un fanatisme exacerbé, et une agression contre presque tous les Musulmans. Nous demandons Allah, à travers Sa Miséricorde, de pardonner à celui qui l'a proféré.

Il a été rapporté à travers plusieurs sources, et cela est bien connu, que quiconque s'oppose aux Soufis, Allah lui rendra sa connaissance vaine, et il sera affligé de la pire et répugnante maladie, et nous avons vu cela arriver à plusieurs détracteurs. Par exemple, al-Biqa'i (d.885), qu'Allah lui pardonne, était l'un des savants les plus distingués avec plusieurs actes de dévotions à son actif. Il était doté d'une intelligence exceptionnelle et d'une excellente mémoire dans toutes sortes de connaissances, spécialement dans les sciences exégèses et hadith, et il écrivit plusieurs livres, mais Allah ne permit pas à ses œuvres de bénéficier à quiconque. Il rédigea aussi un livre sur les *Mounassabat al-Qour'an* s'étendant sur dix volumes, connu seulement par les élites, et inaperçu du reste. Si ce livre avait été écrit par notre Cheikh Zakariyya, ou par quiconque croit (aux *awliyya*), il aurait été rédigé avec de l'or, parce qu'en fait, il n'a pas d'égal «*Nous accordons abondamment à tous, ceux-ci comme des dons de ton Seigneur. Et les dons de ton Seigneur ne sont refusés à personne*» (17:20).[249]

Al-Biqa'i dépassa les limites dans son rejet et écrivit d'autres livres à ce sujet, tous excessivement fanatiques et déviant du droit chemin. Mais, il paya amplement et même plus pour son action, car il fut pris en flagrant délit à plusieurs occasions et fut jugé de mécréant (*kafir*). Il fut établi que son sang soit effusé, et il fut presque exécuté, mais il demanda l'aide et la protection de quelques personnes d'influence qui le sauvèrent de ce sort, après quoi il fut envoyé à Salihiyya, en Egypte pour se repentir et renouveler son Islam. Au cours de cette dernière occasion, il fut interrogé: «Que désapprouves-tu exactement chez le Cheikh Mouhiyyiddin (Ibn 'Arabi)?» Il répondit: «Je ne l'approuve pas sur certains passages, environ quinze ou moins, dans son livre *al-Foutouhat*.»

---

[249] Al-Biqa'i est l'auteur, entre autres, d'une attaque violente contre le *tassawwouf* et les Soufis intitulé *Masra' al-tassawwouf aw tanbih al-ghabi ila takfir Ibn 'Arabi wa-tahdir al-'ibad min ahl al-'inad* (La destruction du *tassawwouf*, ou: L'avertissement des ignorants concernant la déclaration de la mécréance d'Ibn 'Arabi et la mise en garde des serviteurs d'Allah contre les Gens Bornés).

IV Dires et écrits des Imams et Savants au Sujet de la Purification du Soi

Considère cet individu qui se contredit lui-même à travers ses livres où il mentionne qu'il s'oppose à plusieurs passages dans *al-Foutouhat* et autres livres et déclare qu'ils constituent de la mécréance: y a t-il d'autres raisons à ceci que le fanatisme? Il avait quelques célèbres disciples qui écoutaient ses discours et y croyaient, parmi lesquels certains de mes cheikhs, mais ils n'acquirent aucune vraie connaissance parce que certains ne réussirent point à rédiger de livres, alors que d'autres réalisèrent sur le *fiqh* des livres égalant ceux de Saʿd al-Din al-Taftazani et autres dans leur éloquence, la beauté de leur style et l'excellence de leur diction. Cependant, ils n'eurent pas de succès et les gens les ignorèrent.

Il m'est arrivé à constater avec l'un d'entre eux, lorsque j'étudiais sous sa tutelle, qu'il commençait à avoir des difficultés à respirer, et je ne savais pas à cette époque qu'il s'opposait aux Soufis. Au cours d'une de ses séances, le nom de Cheikh ʿOumar Ibn al-Farid, qu'Allah sanctifie son secret, fut mentionné, il fut interrogé: «Que penses-tu de lui?» Il dit: «C'est un grand poète»; ensuite il fut interrogé, «et quoi d'autre ?» Il dit: «C'est un *kafir*.» Alors je pris congé de lui, et je revins plus tard pour lui lire quelque chose, et je l'examinais attentivement pour voir s'il s'était repenti, mais je le trouvais sérieusement malade et opprimé dans son souffle au point qu'il fut près de la mort. Je lui dis: «Si tu crois en Ibn al-Farid (c'est à dire à son Intimité avec Allah), je te garantis qu'Allah te guérira de ta maladie.» Il dit: «Je suis dans cette condition depuis des années.» Je dis: «Cela n'a pas d'importance». Il dit, «D'accord, je le ferai» après quoi il commença à se sentir mieux. Un jour, alors que je marchais avec lui, essayant de corriger sa doctrine (*'aqida*), il me dit: «En ce qui concerne cet homme, je ne le juge pas d'être un *kafir*, mais en ce qui concerne ses discours, ils contiennent du *koufr*.» Je dis: «De deux mauvaises actions, une de moins,» après cela j'arrêtais d'étudier sous sa tutelle, et cette maladie demeura avec lui, mais plus tard il se porta relativement bien par rapport à sa condition précédente.

L'un des disciples d'al-Biqa'i, le savant Cheikh Nour al-Din Al-Mahalli, avait aussi l'habitude de dire «En ce qui concerne cette personne, je ne le juge pas d'être un *kafir*, mais en ce qui concerne ses expressions, elles contiennent du *koufr*.»[250]

---

[250] Ce raisonnement «Un mal au lieu de deux» est la caractéristique des «Salafis» d'aujourd'hui qui n'hésitent pas à qualifier globalement et individuellement les soufis de mécréants; ensuite lorsqu'ils sont sermonnés pour leur action répréhensible, ils répondent: «Je ne les juge pas d'être *kafir*, mais leurs dires contiennent du *koufr*»! Comme Haytami le dit, critiquer les Soufis est un poison mortel et un écueil qui

IV Dires et écrits des Imams et Savants au Sujet de la Purification du Soi

> Si tu poses la question: Allah n'a-t'Il pas rendu bénéfique la connaissance de certains des ennemis des Soufis?
>
> Je dis: Il a y deux groupes de dénigreurs: dans le cas de ceux que nous avons mentionné, leur intention n'était pas de donner de simples conseils aux Musulmans, mais c'est le fanatisme pur, voilà pourquoi ils croyaient en tout ce qu'ils croyaient. Ils étaient envahis par un genre de désir et d'envie d'être différents de leurs contemporains, de se distinguer aux moyens de ces choses peu communes et d'avoir de la réputation qu'ils désapprouvent toutes sortes d'actions répréhensibles sans avoir peur de personne; et ce genre d'intentions corrompues ne contiennent pas la moindre portion de sincérité.[251]

31. 'Abd al-Wahhab al-Cha'rani (D.973 AH)

Un savant Hanafi de *fiqh* comparé et auteur de plusieurs œuvres sur la Loi et le *tassawwouf*, parmi lesquelles *al-Tabaqat al-koubra* dans lequel il écrit, comme cité dans *'Oumdat al-Salik*:

> La voie des Soufis est basée sur le Coran et la *Sounna* ainsi que vivre en conformité avec la morale des prophètes et des purifiés. Elle ne doit être blâmée que si elle viole exclusivement

---

endommage de manière irrémédiable notre foi, et nous demandons Allah de nous en protéger.
[251] al-Haytami, *Fatawa hadithiyya* p.52-54.

une déclaration explicite du Coran, de la *Sounna* ou du consensus des savants. Si elle ne contredit pas l'une de ces sources, la seule chose que l'on puisse dire: c'est une compréhension qui a été offerte aux Musulmans; alors laissez quiconque souhaite s'y embarquer, et quiconque ne veut pas, s'en abstenir; cela étant vrai autant pour les travaux que pour la compréhension. Ainsi, aucun prétexte n'existe pour la condamner sauf pour quelqu'un qui a une mauvaise opinion des autres ou qui interprète de vanité ce qu'ils font. Cela est interdit.

Quiconque examine minutieusement les branches de connaissance des Gens d'Allah Le Très Haut, trouvera qu'aucun d'eux ne va au-delà de la Loi Sacrée. Comment peuvent ils aller au-delà de la Loi Sacrée alors que c'est la loi qui relie à tout moment les Soufis à Allah? Au contraire, la raison des doutes de quelqu'un qui n'est pas familier avec la voie des Soufis, qui est l'essence même de la Loi Sacrée, est que cette personne n'a pas profondément maîtrisé la connaissance de la loi. Voilà pourquoi Jounayd – qu'Allah Le Très Haut lui fasse miséricorde – dit en réponse à ses contemporains et autres qui imaginent qu'elle est en dehors des limites du Coran et de la *Sounna*: «Cette connaissance qui est la notre est basée sur le Coran et la *souna*».

IV Dires et écrits des Imams et Savants au Sujet de la Purification du Soi

Le Groupe, de manière unanime, reconnaît que nul n'est apte à enseigner dans la voie d'Allah Tout Puissant et Majesté sauf une personne dotée d'une maîtrise de la Loi Sacrée, qui connaît ses règles explicites et implicites, quelles soient d'applications générales ou particulières; elle doit savoir aussi celles qui abrogent et celles qui sont abrogées. Elle doit maîtriser la langue arabe, être familière avec ses modes figuratives et comparatives, etc.... Ainsi, tout Soufi est un savant de la Loi Sacré, quoique l'inverse ne soit pas toujours vrai.

En résumé, ne nient les états des Soufis que les ignorants de la voie. Qouchayri dit: «Aucune époque de la période Musulmane n'a eu de vrai cheikh de ce groupe sans que les Imams et les savants de ce temps s'en remettent à lui, lui fassent preuve d'humilité, et le visitent pour bénéficier de sa grâce spirituelle (*baraka*). Si le Groupe n'avait pas de supériorité ou de fiabilité, c'est le contraire qui se serait passé.»[252]

32. Moulla 'Ali al-Qari (D. 1014 AH)

L'un des grands maîtres Hanafis de hadiths et des Imams de *fiqh*, de commentaire du Coran, de langage, d'histoire de *tassawwouf*, il fut l'auteur de plusieurs grands commentaires tels *al-Mirqat* sur le *Michkat al-massabih* en

---

[252] *al-Tabaqat al-koubra al-moussamma bi Lawaqih al-anwar fi tabaqat al-akhyar* (1374/1954) (Reproduit, Béirout: dar al-fikr, n.d.) I:4. Dans *Reliance of the Traveller* p.863-864.

plusieurs volumes, une série de deux volumes de commentaire sur *al-Chifa'* de Qadi 'Iyad, et deux volumes de commentaire sur la version abrégée du *Ihya* de Ghazali intitulé *'Ayn al-'ilm wa zayn al-hilm* (La fontaine de connaissance et la décoration de la compréhension). Son livre d'invocations prophétiques, *al-Hizb al-a'zam* (Le suprême *dhikr* journalier) forme la base du célèbre manuel de *dhikr* de l'Imam al-Jazouli, *Dala'il al-khayrat*, qui avec le Coran sont récités quotidiennement par les Musulmans pieux à travers le monde entier.

Il écrivit dans l'avant-propos de son commentaire sur Ghazali:

> J'écrivis ce commentaire sur la version de l'abrégée du *Ihya' 'ouloum al-din* de la Preuve de l'Islam et la Confirmation des Créatures dans l'espoir d'avoir des bénédictions émanant des mots des plus purs connaisseurs d'Allah, de bénéficier des faveurs qui se dégagent des pages des Cheikhs et des Saints afin que je puisse être mentionné parmi eux et être élevé dans leur assemblée, même si je dois m'épuiser dans leur poursuites et leur services, car je compte sur mon amour et me contente de mon désir ardent pour eux.[253]

Sur l'obligation de chercher à purifier le cœur, il écrivit:

> Les plus grands des grands (*al-akabir*) se sont efforcés de prier seulement deux *rak'at* sans

---

[253] Al-Qari, *Charh 'Ayn al-'ilm wa zayn al-hilm* 1:1.

IV Dires et écrits des Imams et Savants au Sujet de la Purification du Soi

converser avec leur ego au sujet du monde, et ils furent incapables de le faire. Nous n'avons donc nullement l'ambition d'y arriver. L'un pourrait sauver seulement la moitié de sa prière, ou seulement le tiers, des murmures des pensées circulant à travers l'esprit. Il est comme celui qui mélange le bon et le mauvais, comme un verre rempli de vinaigre dans lequel on verse de l'eau: évidemment, le vinaigre est déversé en proportion de la quantité de l'eau, et les deux quantités ne coexistent jamais. Qu'Allah nous aide![254]

Le dernier chapitre du commentaire de Qari sur Ghazali, peut être le plus important de son travail, est consacré aux explications du verset «*Si vous aimez Allah, suivez moi, et Allah vous aimera!*» (3:31)[255]. Dans ce livre, Qari cite al-Hassan al-Basri disant: «(Certainement), quiconque connaît son Seigneur L'aime, et (certainement), quiconque connaît le monde y vit sans s'y attacher.» Qari commence le chapitre avec un avertissement que les divers états spirituels de l'amour d'Allah décrit par les Soufis dans leurs terminologies proviennent tous de la source Coranique, et il n'est pas permis de les nier à moins que l'on renie la source elle même:

> L'amour et la discipline de la voie (*al-mahabba wa al-soulouk*) signifient la voie de l'amour et de

---

[254] *Ibid.* 1:78.
[255] Le travail de Qari nous rappelle le *Kitab sad maydan* d'al-Harawi sur le même sujet.

désir ardent, et quiconque ne s'abreuve pas de l'océan du gnosticisme ne connait pas la réalité de l'amour, même si le genre, les exemples et la terminologie sont différentes. L'amour n'a pas d'autre sens que l'exhortation à l'obéissance, et quiconque nie l'amour nie la familiarité (*ouns*), la passion (*chawq*), le goût (*dhawq*), l'effacement (*mahou*), la clarté (*sahou*), l'extinction (*fana'*), la subsistance (*baqa'*), la contraction (*qabd*), l'expansion (*bast*) et tout le reste des caractéristiques nécessaires de l'amour et de la convoitise, et le reste des degrés des gnostiques.[256]

33. Ibn 'Abidin al-Hanafi (D.1252 AH)

Surnommé le Sceau des savants accomplis (*khatimat al-mouhaqqiqin*), le grand savant et juriste Ibn 'abidin dit dans sa *fatwa* sur la permissivité du *dhikr* audible en assemblée intitulée *Chifa' al-'alil wa ball al-ghalil fi houkoum am-qassiyya bi al-khatama wa al-tahalil*:

> L'imam des Deux Groupes (Soufis et *fouqaha'*), notre maître al-Jounayd fut interrogé: «Un certain groupe de gens se livrent en *wajd* ou comportement extatique et oscillent avec leur corps?» Il répondit: «Laissez-les dans leur joie avec leur Seigneur. Ils sont ceux dont l'amour a été fracassé par la voie et dont les poitrines ont été déchirées par l'effort, et qui sont incapables

---

[256] *Ibid.* 2:354-355.

IV Dires et écrits des Imams et Savants au Sujet de la Purification du Soi

de le supporter. Il n'y pas de blâme sur eux s'ils respirent un moment en guise de remède pour leur état intense. Si vous goûtez à ce qu'ils goûtent, vous leur pardonnerez leur cri»...

Les disciples dans cette voie ne prêtent l'oreille qu'à la Présence Divine, et ils n'aiment rien sauf Lui. Lorsqu'ils se souviennent de Lui, ils pleurent, et lorsqu'ils Le remercient ils sont joyeux; lorsqu'ils Le trouvent ils poussent des cris, et lorsqu'ils Le voient ils sont tranquilles; lorsqu'ils marchent en la Présence Divine, ils fondent; ... certains d'entre eux sont ivres avec Ses bénédictions et perdent leur contrôle...

Leurs assemblées de *dhikr* et de récital (*sama'*) aboutissent à la connaissance Divine et aux réalités spirituelles qui ne se produisent seulement qu'à l'écoute de la description des attributs d'Allah, des exhortations à la sagesse et des louanges au Prophète ﷺ. Nous n'avons de même aucun mot de reproche pour ceux qui les suivent dans leurs méthodes et trouvent en eux même les expressions de la passion (*'ichq*) pour les caractéristiques d'Allah dans certains de leurs états.[257]

---

[257] Ibn 'Abidin, Septième Lettre dans *Chifa' al-'alil fi houk, al-wassiyya wa al-tahalil* p.172-173.

34. Abou al-'Ala' al-Mawdoudi (D.1399)

Le plus fameux penseur Musulman contemporain du sous-continent indien et auteur d'un commentaire de Coran en Ourdou et en Anglais; il écrivit dans son *Mabadi' al-islam* (Les Principes de l'Islam):

> Le *fiqh* s'adresse seulement aux actions externes: les as-tu accompli selon ce qui est recommandé? La condition de ton cœur n'est pas prise en considération. Quant à la science qui tient compte des états du cœur et ses conditions: c'est le *tassawwouf*. Les questions posées par le *fiqh* sont: As-tu fini convenablement ton ablution? As-tu prié en direction de la *Qibla*? As-tu accompli les piliers de la prière? Si tu as fait tout ceci, ta prière est bonne selon les règles du *fiqh*. En ce qui concerne le *tassawwouf*, il pose des questions au sujet de ton cœur: T'es-tu repenti et dirigé vers ton Seigneur dans ta prière? As-tu vidé ton cœur des préoccupations de ce monde dans ta prière? As-tu prié dans la peur d'Allah et ayant en esprit qu'Il te voit et t'entend?... Si tu as fait tout ceci et autres choses, alors ta prière est bonne selon le *tassawwouf*, dans le cas contraire elle est défectueuse... Le *tassawwouf* est l'établissement de la Loi de l'Islam au plus

IV Dires et écrits des Imams et Savants au Sujet de la Purification du Soi

haut degré de la sincérité, de la clarté de l'intention et de la pureté du cœur.[258]

---

[258] Abou al-'Ala' al-Mawdoudi, *Mabadi' al-Islam* p.114-117.

V - Pour en savoir plus sur l'histoire et le sens du tassawwouf

Le sujet du *tassawwouf* a été analysé en profondeur dans les chapitres précédents. A présent, nous allons nous pencher sur des questions spécifiques sous forme de synthèse. Historiquement, le *tassawwouf* fait référence à *zouhd*, (l'ascétisme). Lexicalement, il signifie *souf* (la laine) et sémantiquement, il désigne *tazkiya al-nafs* (la purification de l'âme et du comportement).

1. Pour résumer, le terme «Soufi» est un mot du second siècle, employé pour désigner un type de musulman appelé auparavant *zahid* (ascète, celui qui renonce au monde et se retire). Il existe plusieurs origines lexicales du terme «Soufi», mais voici celles que nous avons retenues:

> *Souf* = laine
> *Safa* = pureté

Bien que la première origine du terme soit la plus plausible, la préférence est accordée à la deuxième. Abou Ali al-Roudhari (d.322) a parfaitement réunis les deux termes lorsqu'il a dit:

> Le Soufi est celui qui porte la laine (*souf*) par-dessus la pureté (*safa*) (*al-soufi man labisa al-soufa ala al-safa*).[259]

---

[259] Souyouti, *Tayid al-haqiqa al-aliyya*.

V - Pour en savoir plus sur l'histoire et le sens du *tassawwouf*

Ce sont les étymologies les plus courantes qui ont été mentionnées par al-Qouchayri, al-Houwjiri, Ibn Taymiyya, al-Chatibi et bien d'autres.

Il a été établi que porter de la laine est une *sounna* du Prophète ﷺ:

> Al-Moughira ibn Chouba dit: [Le Prophète ﷺ] a porté un manteau de laine (*joubbatoun min al-souf*) alors qu'il se lavait le visage et les mains.[260]

Anas dit: «Le Messager d'Allah vêtit la laine (*labisa al-souf*).»[261] Ibn Rajabal-Hanbali dit dans son livre sur l'amour d'Allah et sur l'amour du Prophète ﷺ:[262]

> L'amour du Prophète ﷺ a deux niveaux ... Le deuxième niveau est supérieur. Ce genre d'amour consiste à suivre son exemple de façon excellente et à suivre sa *sounna* par respect pour son comportement, ses manières, ses actes volontaires, ses actes non obligatoires, sa façon de manger, de boire, de s'habiller, son excellent comportement envers ses épouses et ses autres manières et conduites parfaites.

---

[260] Cette narration a été rapportée par Boukhari dans son ouvrage intitulé *Sahih*

[261] Ibn Majah a rapporté cette narration dans *Sounan* à partir de deux chaînes de transmission faibles, mais les narrations sont attestées par les narrations de Bukhari dans les trois chapitres concernant le fait de porter la laine dans le Livre de L'habillement (*Kitab al-libas*)

[262] Ibn Rajab al-Hanbali, *Istinshaq nasim al-ouns min nafahat riyad al-qouds*. (Respirer la brise de l'intimité qui vient des parfums des jardins de la sainteté).

Dans son œuvre majeure sur la définition de *bida* (l'innovation), Al-Chatibi (d.790) rejeta de façon catégorique et précise l'idée que les Soufis et le *tassawwouf* représentent une innovation en Islam.[263]

La troisième étymologie du mot *tassawwouf* vient des Compagnons démunis qui demeuraient dans la mosquée du Prophète ﷺ et qu'on appelait *ashab al-souffa*, les Compagnons du Banc. Ils étaient sans aucun doute les premiers Soufis en Islam, des *fouqara* ou des personnes à charge littéralement, un mot qui, comme le terme *zahid*, fut le premier synonyme de Soufi.

> Fadala ibn Oubayd dit que lorsque le Prophète ﷺ priait avec les gens, certains s'écroulaient au cours de la prière à cause de la durée de leur prière et à cause de leur dénuement. Ils étaient les Compagnons du Banc (*ashab al-souffa*). Cela arriva à un point que les bédouins Arabes dirent: «Ce sont des gens possédés.» (Un jour), quand le Prophète ﷺ termina sa prière, il alla vers eux et leur dit: «Si vous connaissiez votre valeur en la Présence Divine, vous souhaiteriez être encore plus démunis et dans le besoin.» Fadala ajouta: «Ce jour-là, j'étais en compagnie du Messager d'Allah.[264]

---

[263] Al Chatibi, *al-Itissam*.
[264] Tirmidhi rapporte cet événement en se basant sur une chaîne de transmission forte, dans *Sounan*, Book of *zouhd*, et il dit : « c'est un hadith authentique (*sahih*). »

V - POUR EN SAVOIR PLUS SUR L'HISTOIRE ET LE SENS DU *TASSAWWOUF*

Ahl al-souffa fut un terme qui désignait un groupe de quatre vingt dix nécessiteux et sans-abri qui vivaient grâce à la charité de la communauté Musulmane. Ils demeuraient dans ce qu'on appelle *souffa*, dans la mosquée du Prophète ﷺ à Médine et c'était un *saqifa*, un toit ou un abri, fait avec des branches et des feuilles de palmier. Dans *Lisan al-arab*, ce refuge est défini de la façon suivante: *mawdi mouzallal min al-masjid kana yawi ilayhi al-massakin*, « un ombrage de la mosquée où le pauvre trouve refuge. »[265]

2. En ce qui concerne le terme *zahid*, l'Imam Ahmad (d.241) a souligné qu'il s'applique avant tout au Prophète ﷺ et à ses Compagnons, qu'Allah soit satisfait d'eux tous. Il s'applique également à tous les prophètes d'Allah.

Abd al-Qadir al-Baghdadi (d. 429) employa les termes *zahid* et Soufi vice versa dans ses classifications des principaux groupes (*Ahl al-sounna wa Jama'a*) en Islam:

> Sachez que les Sunnites sont divisés en huit groupes...le sixième groupe étant celui des Ascètes Soufis (*al-zouhhad al-soufiyya*), ceux qui ont vu les choses pour ce qu'elles sont et les ont donc évitées, ceux qui ont su par expérience et ont donc été véritablement attentifs, ceux qui ont accepté la part allouée

---

[265] Souyouti, *Tayid al-haqiqa al-aliyya* (Caire: al-matbaa al-islamiyya, 1352/1934) p.15; Qouchayri, *al-Rissala*, introduction et chapitre sur le Tassawwouf et leur commentaire par Cheikh al-islam Zakariyya al-Ansari, aussi le court traité *Tartib al-soulouk fi tariq Allah*; Houwjiri, *Kashf al-mahjoub*, Introduction; Ibn Taymiyya, voir référence ci-dessous; al-Chatibi, *al-Itisam* (Beyrouth: Dar al-koutoub al-ilmiyya, 1415/1995) p. 150-159 : Ibn Manzour, *Lisan al-arab* 3:451.

par Allah et se sont contentés de ce qui est à la portée.²⁶⁶

3. Le terme «Soufi» a été employé par les grand Imams de la Jurisprudence, par opposition à *faqih* (juriste) et désignait respectivement les aspects extérieurs et intérieurs de la religion.

L'Imam Al-Chafii dit:

(Soyez) à la fois un juriste (*faqih*) et un Soufi:

Ne soyez pas seulement un des deux.

Certainement, au nom de la Vérité d'Allah, je vous conseille avec sincérité.

(*faqihan wa Soufiyyan fa koun laysa wahidan fa inni wa haqqillahi iyyaka ansahou*)²⁶⁷

L'Imam Malik dit:

Celui qui pratique le *tassawwouf* sans apprendre les Lois Sacrées corrompt sa foi, tandis que celui qui apprend les Lois Sacrées

---

²⁶⁶ Ahmad ibn Hanbal, al-Zouhd, 2ᵉ ed. (Beyrouth: Dar al-koutoub al-ilmiyya, 1414/1994); Abd al-Qadir al-Baghdadi, *al-farq bayn al-firaq* (Beyrouth: Dar al-koutoub al-ilmiyya, n.d.) 242-243.

²⁶⁷ Al-Chafii, *Diwan*, (Beyrouth et Damas : Dar al-fikr) p.47; Imam Malik : voir Ali al-Qari, *Sharh ayn al-ilm wa-zayn al-hilm* (Caire: Maktabat al-thaqafa al-diniyya, 1989) 1:33 et *Mirqat al-mafatih sharh mishkat al-massabih* 1:256: Ahmad Zarrouq, *Qawaid al-tassawwouf* (Caire, 1310); Ali al-Adawi, *Hashiyat al-adawi ala sharh Abi al-Hasan li-risalat* Ibn Abi Zayd al-Mousammat kifayat al-talib al-rabbani li-risalat Ibn Abi Zayd al-Qayrawani fi madhhab Malik (Beyrouth?: Dar ihya al-koutoub al-arabiyah, <n.d>) 2:195; Ibn Ajiba, *Iqaz al-himam fi sharh al-hikam* (Caire: Halabi, 1392/1972(p.5-6. Voir aussi la déclaration de Soufyan al-Thawri, cité ci-dessus, qui dit que le meilleur parmi les gens est le Soufi qui maîtrise le *fiqh*.

V - Pour en savoir plus sur l'histoire et le sens du *TASSAWWOUF*

sans pratiquer le *tassawwouf* se corrompt lui-même. Seul, celui qui réunit les deux confirme la vérité. (*man tassawwafa wa lam yatafaqqah fa qad tazandaqa wa man tafaqqaha wa lam yatassawwaf fa qad tafassaqa wa man jamaa bayn al-ithnayn fa qad tahaqqaqa*)

4. Le hafiz Ibn al-Jawzi rédigea un ouvrage d'une centaine de pages sur la vie et la personnalité de al-Hasan al-Basri, intitulé *Adab al-Shaykh al-Hasan ibn Abi al-Hasan al-Basri*. Ibn al-Jawzi également mentionna un texte que al-Hassan laissa un manteau blanc (*joubba*) en laine, vêtement qu'il vêtit, et rien d'autres, pendant vingt ans, en été comme en hiver. Lorsqu'il décéda, ce manteau était immaculé, propre et en bon état.[268]

Nous ne pouvons déterminer exactement la période à laquelle sont apparus les premiers Soufis. Nous ne pouvons dater leur apparition qu'en nous basant sur Abd al-Wahid ibn Zayd (d.177), l'élève de Hasan al-Basri qui a construit la première *khaniqa* Soufie ou maison-hôte et une école à Abadan, à la frontière actuelle de l'Iran et de l'Iraq.[269] Le *hafiz* al-Harawi al-Ansari (d. 481) souligne, dans ses biographies des maîtres Soufis, que le premier à être appelé «Soufi» fut Abou Hashim al-Soufi (d.150 ?), un contemporain de l'Imam Soufyan al-Thawri (d.165). Al-Thawri dit:

---

[268] Dans le chapitre sur al-Hassan dans son recueil sur les saints intitulé *Sifat al-safwa*, basé sur *Hilyat al-awliya* de Abou Nouaym.
[269] Cela est rapporté par le hafiz Abou Nouaym (d. 430) et confirmé par Ibn Taymiyya.

> « Si ce n'était pas grâce à Abou Hashim al-Soufi, je n'aurai jamais perçu les formes les plus subtiles de l'hypocrisie du moi... Le meilleur de l'élite est le Soufi qui maîtrise la jurisprudence.[270]

L'observation de Soufyan al-Thawri accentue l'importance d'un maître de la purification de soi. Cheikh Abd al-Qadir al-Jilani dit :

> Qu'il soit bien su qu'Allah Tout-Puissant a fait en sorte qu'il existe sur terre le cheikh et le *mouride*, le compagnon et l'accompagné, celui qui suit et celui qui est suivi. Il en a été ainsi depuis l'époque d'Adam et cela demeurera jusqu'à ce que l'Heure arrive. (*wa liyatahaqqaq bi annallaha azza wa jall ajra al-ada bian yakouna fi al-ardi shaykhoun wa mourid sahiboun wa mashoub tabi wa matbou min ladoun adam ila an taquma al-saa.*)

Abd al-Rahman Jami, le célèbre étudiant de Khwaja Oubayd Allah Ahrar, dit dans son livre intitulé *Nafahat al-ouns* :

> Tous les prophètes sont venus pour aider les gens à ouvrir leurs yeux pour qu'ils voient leurs fautes et la perfection d'Allah, leur faiblesse et le pouvoir d'Allah, leur injustice et la justice d'Allah... Le cheikh est également là

---

[270] Abou Nouaym l'a mentionné dans *Hilyat al-awliya* et al-Ansari dans son livre intitulé *Tabaqat*, tandis que Ibn al-Jawzi, qui n'aime pas le terme « Soufi » l'appelle Abou Hashim al-Zahid dans *Sifat al-safwa*.

V - Pour en savoir plus sur l'histoire et le sens du *TASSAWWOUF*

afin d'ouvrir les yeux de ses disciples. «*Les pires des bêtes auprès de Dieu, sont, en vérité, les sourds-muets qui ne raisonnent pas.*» (8:22)

Ali ibn Talib, qu'Allah soit satisfait de lui, dit:

Ainsi disparaît la connaissance lorsque ceux qui la possèdent disparaissent. Par Allah! Je le jure, il ne manquera jamais sur terre celui qui montre les preuves d'Allah d'une manière telle que Ses preuves et Ses signes ne cessent jamais. Ils sont peu nombreux, mais ils sont les plus élevés devant Allah. À travers eux, Allah préserve Ses preuves jusqu'à ce qu'ils les lèguent à leurs semblables (avant de continuer leur chemin) et les gravent dans leurs cœurs. Grâce à eux, la connaissance a pris d'assaut la réalité des choses d'une manière telle qu'ils ont trouvé facile ce que les gens qui ont reçu la grâce ont trouvé difficile, et ils ont trouvé l'intimité dans ce que l'ignorant a trouvé désert. Ils ont parcouru le monde dans des corps aux esprits tenus dans la plus grande estime (*al-mahall al-ala*). Ah, ah! Chacun rêve de les voir ![271]

---

[271] Ibn al-Jawzi, *Sifat al-safwa* 2(4):10 (#570) et 1(2):203 (#254); Abou Nouaym, *Hilyat al-awliya* 6:155 et s.v «Abou Hashim»; Ibn Taymiyya, *al-Soufiyya wa al-fouqara*, début du volume 11 de son *Majmoua al-fatawa al-koubra* intitulé al-Tassawwouf; al-Harawi al-Ansari, *Tabaqat al-Soufiyya*, Mawlayi ed. (1983) p.1, p.159; Cheikh Abd al-Qadir al-Jilani, *al-Ghounya lit alibi tariq al-haqq* (p.840); Abd al-Rahman Jami, *Nafahat al-ouns*, ed. M. Tauhidipour, 1336/1957 (p.441).

C'est la notion de «rêver de voir» ceux qui possèdent et lèguent la connaissance qui prévaut dans les hadiths du Prophète ﷺ concernant le cheikh et le disciple comme le hadith suivant:

> Abou Hourayra dit que le Prophète ﷺ dit: «La terre et tout ce qu'elle contient est maudite sauf le *dhikr* et assister au *dhikr* ainsi que le cheikh et le disciple.»[272]

Ce hadith du Prophète ﷺ confirme l'importance de suivre un maître qui a la connaissance afin de s'attirer les bénédictions et non la malédiction. C'est à cela qu'Abou Yazid al-Bistami fit allusion quand il dit: «Quiconque n'a pas de cheikh, son cheikh c'est satan.» Cela est confirmé par deux autres hadiths du Prophète ﷺ:

> Soyez un érudit (*alim*), ou un élève en quête de savoir (*moutaallim*) ou un auditeur (*moustami*) ou un amateur (*mouhibb*), mais ne soyez jamais le cinquième sinon vous serez perdu.

Al-Haythami dit: «Tabarani l'a rapporté dans *al-Moujam al-saghir* (2:9), dans *al-Moujam al-awsat* et dans *al-Kabir* ainsi que al-Bazzar (dans son livre intitulé *Mousnad*), et

---

[272] Rapporté par Tirmidhi qui dit que c'est *hassan*, Ibn Majah dit la même chose, Bayhaqi et les autres. Souyouti le cite dans *al-Jamil al-saghir* d'après la narration similaire d'al-Bazzar qui vient de Ibn Massoud et il l'a déclaré *sahih*. Tabarani l'a aussi rapporté dans *al-Awsat* d'après Abou al-Darda.

V - Pour en savoir plus sur l'histoire et le sens du *TASSAWWOUF*

les narrateurs de ce hadith sont des gens dignes de confiance.»[273] Sakhawi dit[274] :

> Ibn Abd al-Barr dit: «Le cinquième est l'hostilité envers les savants et du mépris pour eux, et quiconque ne les aime pas a du mépris pour eux ou est sur le point d'avoir du mépris pour eux, et là se trouve la destruction.»[275]

Le deuxième hadith est le suivant:

> Le Prophète ﷺ dit: «La bénédiction se trouve chez les aînés.» (*al-baraka ma akabirikoum*)

Il a été relaté par Ibn Hibban dans *Sahih*, par al-Hakim qui dit que ce hadith est *sahih* et Ibn Daqiq al-Eid le confirma. Une autre narration dit: «Lorsque les jeunes enseignent aux plus âgés, il n'y a plus de bénédiction.»[276]

Le plus important est ce que le Prophète ﷺ a dit: «Les savants sont les héritiers des prophètes.» Ibn Khaldoun a considéré cette phrase comme une des preuves de la nécessité de suivre un cheikh des sciences du *tassawwouf*.[277] Il dit: «Ne pas avoir besoin d'un héritier équivaut à ne pas avoir besoin du Prophète ﷺ).»

---

[273] Al-Haythami dans *Majma al-zawaid* (1:122). Il l'a aussi été rapporté par Abou Nouaym dans *Hilyat al-awliyya* (7:237) et al-Khatib dans *Tarikh Baghdad* (12:295).
[274] Sakhawi, dans *al-Maqasid al-hassana* (p.88 #134).
[275] Voir l'ouvrage de Ibn Abd al-Barr intitulé *Jami bayan al-ilm wa fadlih* (1:30)
[276] Voir *al-Maqasi al-hasana*, l'ouvrage de Sakhawi (p. 158-159 #290).
[277] Ibn Khadoun, dans le sixième chapitre de son livre *Shifa al-sail li tahdhib al-masail* (le chapitre sur suivre un cheikh soufi).

5. Les critiques négatives du *tassawwouf* attribuées à l'Imam Al-Shafii et qui sont citées aujourd'hui doivent être analysées en fonction du contexte. L'imam rejetait certains individus qui prétendaient être des Musulmans ou des Soufis alors qu'ils n'étaient rien d'autre que des hypocrites, des libres penseurs et des gens dépravés. Toute personne qui se trouve face à des «Salafis» doit garder cela en mémoire, car ils utilisent les paroles de Ibn al-Jawzi, auteur de *Talbis Iblis* comme preuve que l'Imam Chafii désapprouvait le *tasawwouf*. Comment l'Iman Chafii peut-il à la fois désapprouver le *tassawwouf* et conseiller les *fouqaha* (juristes) d'être des Soufis comme nous l'avons mentionné précédemment?

Le *mouhaddith* al-Ajlouni rapporte aussi que l'Imam Chafii a dit:[278]

> Trois choses de ce monde me sont chères: éviter l'affectation, témoigner de la gentillesse aux gens et suivre la voie du *tassawwouf*.

Ibn al-Qayyim et al-Souyouti disent également que l'Imam Chafii a dit:

> J'ai suivi les Soufis et j'ai obtenu d'eux, trois déclarations: la première est: le temps est une épée; si vous ne le coupez pas, il vous coupe; la deuxième est: si vous ne dirigez pas votre ego vers la vérité, il vous dirigera vers le

---

[278] Al-Ajlouni, dans son livre *Kashf al-khafa wa mouzil al-albas* (1:341 #1089).

V - Pour en savoir plus sur l'histoire et le sens du *TASSAWWOUF*

mensonge; la troisième est: le dénuement est l'immunité.[279]

Le cheikh Maliki Ahmad al-Alawi dit:

> Méditez sur la sincérité de ce grand imam (Chafii) et comment il devint un témoin des Soufis et confirma leur sérieux et leur lutte. Cheikh Charani, qu'Allah soit satisfait de lui, dit: Méditez sur la manière dont Chafii apprit cela des Soufis et non d'autres personnes. C'est par ceci que vous reconnaissez leur supériorité aux autres, les gens de la connaissance externes auprès desquels il apprit autrefois.[280]

Une autorité que les «Salafis» s'approprient est Ibn Qayyim al-Jawziyya. Cependant, Ibn Qayyim fit plusieurs déclarations qui contredisent ce que revendiquent les «Salafis.» Il dit[281]:

> La religion consiste entièrement en de bon caractère (*al-dinou koullouhou khoulouq*). Quiconque vous surpasse en bon caractère, vous surpasse dans la religion, et il en est de même dans le *tassawouf*. Al-Kattani dit: Le *tassawwouf*, c'est le bon caractère (*al-tassawwouf khoulouq*). Quiconque vous surpasse en bon caractère, vous surpasse dans le *tassawwouf*.

---

[279] Ibn al-Qayyim, *Madarij al-salikin* (3:128) et Al-Souyouti, *Tayid al-haqiqa al aliyya* (p.15).
[280] Ahmad al-Alawi, tel que cité dans la traduction de son ouvrage intitulé *Knowledge of God* (p.xxi).
[281] Ibn Qayyim, *Madarij al-salikin* (2:307)

LA SCIENCE DE LA PURIFICATION DU CŒUR

Il serait intéressant de savoir si les «Salafis» connaissent la position d'Ibn Abd al-Wahhab sur le *tassawwouf*. Il est évident que la majorité d'entre eux ignorent qu'Ibn Abd al-Wahhab reconnut que le *tassawwouf* est attribué au Prophète ﷺ lui-même. Ibn Abd al-Wahhab dit:

> Sachez – qu'Allah vous guide – qu'Allah a envoyé Mouhammad, paix et bénédictions sur lui, avec une véritable guidée qui consiste en savoir bénéfique, et avec une véritable religion qui consiste en des actes vertueux. Voici ceux qui adhèrent à la religion: parmi eux, il y a ceux qui sont absorbés par le savoir et le *fiqh* et qui en discutent tels que les juristes; et il y a ceux qui sont absorbés par la dévotion et la recherche de l'au-delà tels que les Soufis. Allah a envoyé Son Prophète ﷺ avec cette religion, laquelle englobe les deux: la jurisprudence et la purification de soi (*tassawwouf*)[282].

Ceux qui discréditent les Soufis prennent l'ouvrage d'Ibn al-Jawzi, *Talbis iblis*, comme référence dans lequel il attribue à Al-Chafii des paroles qui causent du tort aux Soufis ou des paroles de l'Imam Ahmad qui portent préjudice à l'Imam al-Harrith al-Mouhassibi. Toutefois, Dhahabi dit: «Nous appelons Ibn al-Jawzi, *hafiz* (celui qui mémorise les hadiths) par respect pour la profusion de ses

---

[282] Ibn Abd al-Wahhab, dans le troisième volume de l'ensemble de ses travaux publiés par l'Université Ibn Saud, à la page 31 du *Fatawa wa rassil*, Cinquième Question.

V - Pour en savoir plus sur l'histoire et le sens du *TASSAWWOUF*

écrits et non pour son érudition.» Ainsi, il n'était pas fiable quand il s'agissait de rapporter des narrations.

Les remarques suivantes ont été formulées par l'ancien *mouhaddith* de Syrie, Cheikh abd al-Fattah Abou Ghoudda:

> Notre confiance est en Allah! Ibn al-Jawzi rédigea un ouvrage important sur les hadiths falsifiés afin que les juristes, ceux qui prêchent et les autres puissent les éviter, ensuite, vous le verrez citer dans ses travaux, des hadiths falsifiés et des histoires sans queue ni tête qui ont été rejetées, sans aucune honte ou hésitation. On finit par croire que «Ibn al-Jawzi», c'est deux personnes et non une seule! C'est pour cette raison qu'Ibn al-Athir le blâma dans son ouvrage *al-Kamil* (10:228) en disant:

> Ibn al-Jawzi blâma [Ghazali] pour un grand nombre de choses entre autres sa narration de hadiths faibles dans ses exhortations. On se demande comment il pourrait le critiquer pour cela, car ses propres ouvrages en abonde (*mahshouw bihi wa mamlou minh*)!

> Et al-Sakhawi, le maître des hadiths dit dans *Charh al-alfiyya* (p.107): Ibn al-Jawzi cita des falsifications et des choses du même genre en abondance dans ses œuvres exhortatives![283]

---

[283] Abd al-Fattah Abou Ghoudda, des notes pour *Raf wa al-takmil* écrit par al-Loucknawi p.420-421.

La Science De La Purification Du Cœur

Mise à part cela, voici le conseil que l'Imam Taj al-Din al-Soubki donna pour les élèves sincères des sciences islamiques, cité dans les paragraphes précédents:

> Prenez garde d'écouter ce qui s'est passé entre ... Ahmad ibn Hanbal et al-Harith al-Mouhassibi. Si vous êtres affairés avec cela, je crains la mort pour vous. Ceux-là sont les notables en religion et leurs paroles ont plusieurs explications que certains ont peut être mal compris. En ce qui nous concerne, nous n'avons rien autres que d'approuver ce qu'ils ont dit et de ne rien dire concernant ce qui a eut lieu entre eux, tout comme ce qui s'est passé entre les Compagnons, qu'Allah soit satisfait d'eux ... Oh toi qui cherche à être guidé! ... laissez ce qui eut lieu entre eux et préoccupez vous de ce qui vous concerne, et laissez ce qui ne vous concerne pas![284]

Dhahabi formule une série d'insinuations contre certains des premiers et tardifs Soufis dans son *Mizan al-itidal* où il dit, après avoir cité des rapports qui portent préjudice à al-Mouhassibi:

> Où sont les semblables de al-Harith al-Mouhassibi? Que se passerait-il si Abou Zoura avait vu les livres des (Soufis) tardifs, comme le *Qout al-qouloub* d'Abou Talib (al-Makki), et où sont les livres du même genre que le *Qout*? Que se passerait-il s'il avait vu *Bahjat al-asrar*

---

[284] Subki, *Qaida* p.53.

V - Pour en savoir plus sur l'histoire et le sens du *TASSAWWOUF*

d'Abou Jahdam, et *Haqaiq al-tafsir* de al-Soulami, il sauterait au plafond! Que se passerait-il s'il avait vu les livres d'Abou Hamid al-Tusi (Imam Ghazali) … ? le *Ghounya* de cheikh Abd al-Qadir [Jilani]…*Fousous al-hikam* et *al-Foutouhat al-makiyya* [d'Ibn Arabi]?[285]

Ces affirmations doivent être analysées comme l'a recommandé Souyouti qui les a rejetées:

> Ne soyez pas trompés par les phrases marmonnées par Dhahabi, car il est allé jusqu'à discréditer l'Imam Fakhr al-Din ibn al-Khatib (al-Razi) et celui qui est plus grand que l'imam: Abou Talib al-Makki, l'auteur de *Qout al-Qouloub*, et celui qui est plus grand que Abou Talib: Cheikh Abou al-Hassan al-Ashari dont la célébrité a empli le firmament! Et les livres de Dhahabi en abondent: *al-Mizan, al-Tarikh* et *Siyar al-noubala*. Allez-vous accepter sa parole contre la leur? Jamais, par Allah! Ses allégations à leur égard ne sont pas acceptées. Au contraire, nous acceptons le droit qu'ils ont sur nous et nous le leur donnons entièrement.[286]

---

[285] Dhahabi, *Mizan al-itidal*, (1:430 #1606).
[286] Souyouti, dans son explication intitulée *Qam al-mouarid bi nousrat* Ibn al-Farid (L'apprivoisement du pessimiste avec l'explication de Ibn al-Farid) tel que cité par Imam al-Loucknawi dans *al-Raf wa al-takmil fi al-jarh wa al-tadil* (p. 319-320).

1. Réfutation d'arguments peu convaincants contre le *tassawwouf*

Questions et Réponses

Q. Qu'en est-il de ceux qui condamnent la déclaration d'al-Jounayd selon laquelle le véritable *mouride* évite les savants?

R. Ce n'est pas ce que l'Imam al-Jounayd a dit. Ibn al-Qayim rapporte[287]:

> Abou abd al-Rahman al-Soulami a dit (dans *Tabaqat al-soufiyya*): J'ai entendu Mouhammad ibn Moukhlid dire, j'ai entendu Jafar dire, j'ai entendu al-Jounayd dire: Le véritable chercheur n'a pas besoin des savants (*al-mourid al-sadiq ghaniyyoun an al-oulama*).
>
> Il dit également: J'ai entendu al-Jounayd dire:
>
> Lorsque Allah veut du bien pour le chercheur, Il fait en sorte qu'il accourt vers les Soufis et l'empêche de suivre ceux qui lisent les livres (*idha arada allahou bi al-mouridi khayran awqaahou ila al-Soufiyya wa manaahou souhbat al-qourra*)
>
> Allah dit: «*Sauf celui qui vient à Allah avec un cœur sain.*» (26:89) et nous a donc ordonnés de ne pas rester seulement en compagnie des savants, mais avec les véridiques «*O vous qui croyez! Craignez Allah et soyez avec les véridiques.*» (9:119). Al-Izz ibn Abd al-Salam souligne que la

---

[287] Ibn al-Qayyim, *Madarij al-salikin* (2:366).

V - Pour en savoir plus sur l'histoire et le sens du TASSAWWOUF

parole suivante d'Allah: «*Le parti d'Allah*» (5:56, 58:22) désigne les Soufis, parce que précisément, selon sa définition, le *tassawwouf* est «l'amélioration des cœurs à travers lesquels la santé des corps est saine et à travers lesquels les maladies corporelles sont des maux.» Il considéra la connaissance des règles légales externes comme une connaissance de la Loi dans ses généralités, tandis que la connaissance des matières internes comme une connaissance de la Loi dans ses détails les plus subtiles.[288] Dans une *fatwa* célèbre, il donne la priorité aux gnostiques ou les Connaisseurs d'Allah (*arifin*) plutôt qu'aux juristes et dit:

> Une preuve de la supériorité des gnostiques vis-à-vis des juristes est qu'Allah accomplit des miracles à travers les gnostiques et jamais à travers les juristes, sauf s'ils suivent la voie des gnostiques et acquièrent leurs caractéristiques.[289]

Al-Jounayd fait référence à cette réalité. Ceux qui s'opposent à ces déclarations ont oublié ou se sont aveuglés sur le fait que l'objectif de la création est d'adorer Allah et de Le connaître et non l'accumulation de la connaissance – même si c'est la connaissance de la *charia*! Par conséquent, les expressions d'al-Jounayd ne peuvent être comprises par les étudiants occidentaux de l'Islam, qui ont embrassé la recherche de la connaissance et ont abandonné le but de la connaissance. En fait, c'est une forme de polythéisme (*chirk*),

---

[288] Al-izz ibn Abd al-Salam, *Qawaid al-ahkam* (Dar al-sharq li al-tibaa, 1388/1968) 1:29, 2:212.
[289] Al-Izz ibn Abd al-Salam, *Fatawa*, ed. Abd al-Rahman ibn Abd al-Fattah (Beyrouth: Dar al-marifa, 1406/1986) p. 138-142.

qui est une caractéristique d'Iblis, lequel avait une si grande connaissance des révélations d'Allah, mais qui n'a pas reçu un iota de sagesse.

Il existe un grand nombre d'illustrations des paroles d'al-Jounayd comme nous l'avons vu.[290] Un autre exemple sur l'importance de rester en compagnie des soufis plutôt qu'en compagnie des savants est donné par Bichr al-Hafi. Ibn Sad, dans *Tabaqat*, et d'autres auteurs rapportent qu'Abou Nasr Bichr al-Hafi (d.227) qui considéra l'étude du hadith comme une science hypothétique en comparaison à la certitude qu'il acquit par la fréquentation de Foudayl ibn 'Iyad (d.187).[291]

Qassim al-Joui et Foudayl ibn Iyad ne sont pas seulement des savants, mais ce sont aussi les maîtres des plus grands savants et les imams de la vertu et de piété scrupuleuse parmi les Salaf. Ibn Taymiyya considère Foudayl ibn Iyad comme l'un des premiers cheikhs Soufis et l'une des autorités du courant principal Islamique (*Ahl al-sounna wa Jama'a*):

Les grands cheikhs mentionnés par Abou Abd al-Rahman al-Soulami dans *Tabaqat al-soufiyya* et par Abou al-Qassim al-Qoushayri dans *al-Rissala*, faisaient partie de l'école du courant principal Islamique le plus répandu et de l'école de *ahl al-hadith* tels que Foudayl ibn Iyad, al-Jounayd ibn Mouhammad, Sahl ibn Abd Allah al-Toustari, Amr ibn Outhman al-Makki, Abou Abd Allah Mouhammad ibn

---

[290] Ibn Abi Hatim, *Sifat al-safwa* (2/2:200 #763).
[291] Voir Ibn Sad, *Tabaqat* (ed. Sachau) 7(2):83, al-Aroussi, *Nataij al-afkar al-qoudsiyya* (Boulaq, 1920/1873); et Abd al-Wahhab al-Sharawi, *al-Tabaqat al-koubra* 1:57.

V - Pour en savoir plus sur l'histoire et le sens du *tassawwouf*

Khafif al-Shirazi, ainsi que d'autres. On trouve leur discours dans la *sounna*, et ils ont rédigé des ouvrages sur la *sounna*.[292] Dans son livre intitulé *Siyar alam al-noubala*, Dhahabi a aussi fait des éloges de al-Jui.

Par conséquent, la déclaration d'al-Jounayd ne recommande pas d'abandonner les savants. Au contraire, il suggère de préférer la compagnie de ces maîtres plutôt que celle des savants des livres dont la priorité est la transcription et la collection des livres de hadiths. Les gens qui mémorisent sont nombreux, mais il y en a peu qui mettent en pratique ce qu'ils ont mémorisé. Cela est encore plus vrai à propos du Coran comme cela a été rapporté par l'Imam Ibn Sallam (d.224):

> Ceux qui ont mémorisé le Coran sont de trois sortes: d'abord, ceux qui utilisent le Coran comme une marchandise au bien de laquelle ils gagnent leur pain; le deuxième type sont ceux qui respectent les lettres et perdent leur sens, se déclarant supérieurs aux gens de leur pays et l'utilisant pour obtenir un profit auprès des dirigeants. Un grand nombre de gens qui mémorisent le Coran sont de cette catégorie. Fasse Allah que leur nombre ne s'accroisse pas. Enfin, il y a ceux qui ont recherché la guérison du Coran et l'ont placé sur leurs cœurs malades, s'enveloppant et se précipitant avec à leurs lieux de prières. Ceux-là ont ressenti la crainte et se sont parés de tristesse. Ce sont

---

[292] Ibn Taymiyya, *al-Safadiyya* (Riyad: matabi hanifa, 1396/1976) 1:267.

ceux pour l'amour desquels Allah envoie la pluie et la victoire contre les ennemis. Par Allah! Ce genre de personne qui mémorise le Coran est plus rare que le soufre rouge[293].

Aujourd'hui, ce genre de corruption est devenu un phénomène courant. Au lieu d'acquérir la connaissance auprès des savants qui mettent en pratique leur savoir, les jeunes passent leur temps à dénigrer les grands cheikhs du passé. Ibn Assakir, le *hafiz* et l'historien de Damas nous mit en garde sur le fait de critiquer les savants. Il dit:

> Sache, mon frère, que la chair des savants est empoisonnée (Celui qui les critique risque l'empoisonnement, car selon le Coran, la médisance est comparable au fait de manger la chair de son frère mort) et le Supplice d'Allah concernant ceux qui les insultent est bien connue. Donc, quiconque insulte les savants de cette *oumma*, Allah causera la mort de son cœur dans ce monde-ci.

Malheureusement, telle est la situation actuelle car aujourd'hui, l'Islam est enseigné à travers les mots et les livres par des gens qui ne le pratiquent pas dans sa pureté, ou qui ne se purifient pas eux-mêmes à travers leur pratique. Ils sont plutôt prêts à censurer et à condamner les autres; et telle est aussi la pratique de ceux qu'ils ont malavisés. Ceci fut décrit dans plusieurs hadiths qui disent: «Ils ordonneront

---

[293] Al-Hassan al-Basri dans Fadail al-qouran (p.60 #4)

V - Pour en savoir plus sur l'histoire et le sens du *tassawwouf*

aux autres et ne ferons pas attention à leur propre avertissement, et ils sont le pire des gens.»[294]

Telle ne fut pas la voie des Compagnons tels que *Ahl al-Souffa* au sujet desquels le verset suivant fut révélé:

> *Résigne-toi à la compagnie de ceux qui évoquent leur Seigneur au début du jour et à sa fin dans l'espoir de (voir un jour) Son visage. Et ne laisse pas tes yeux se détourner d'eux, désirant le luxe de ce bas monde; et n'obéis pas à celui dont nous avons rendu le cœur inattentif à Notre Rappel, qui poursuit sa passion et dont le comportement est outrancier. (18:28)*

Ceci ne fut pas non plus la voie d'Abou Bakr al-Siddiq au sujet duquel Bakr ibn 'Abd Allah dit: «Abou Bakr n'a de préséance sur vous non pas parce qu'il prie et jeûne beaucoup, mais à cause d'un secret qui a pris racine dans son cœur.»[295] Ceci ne fut non plus la voie des Tabi'in tels que Hassan al-Basri, Soufyan al-Thawri et autres de la génération de soufis qui les ont suivi et prirent pour model. Al Qoushayri rapporte que al-Jounayd dit: «La purification de soi (*tassawwouf*) n'est pas l'abondance de prière et de jeûne, mais le vide de la poitrine et ne pas être sous l'emprise de

---

[294] Rapporté sous l'autorité d'Oumar, Ali, Ibn Abbas, et autres. Récits rassemblés par Abou Talib al-Makki dans le chapitre intitulé «La Différence entre les savants de ce monde et ceux de l'au-delà» dans son livre *Qout al-qouloub fi mouamalat al-mahboub* (Caire: Matba'at al-maymouniyya, 1310/1893) 1:140-141.

[295] Transmit par Ahmad avec une chaîne valable dans *Kitab fada'il al-Sahaba*, ed. Wasi Allah ibn Mouhammad 'Abbas (Mecca: Mou'assasat al-risala, 1983) 1:141 (#118).

son soi.»²⁹⁶ Ceci ne fut pas non plus la voie des Quatre Imams qui placèrent l'ascétisme (*zouhd*), l'acquisition de la piété scrupuleuse (*wara*) et la véracité au-dessus de la simple pratique des obligations.

Imam Nawawi dit:

> Al-Chafi'i (qu'Allah lui accorde Sa Miséricorde) dit: «Seul le sincère (*moukhlis*) connaît ce qu'est l'hypocrisie (*riya'*)». Ceci signifie qu'il est impossible de connaître la réalité de l'hypocrisie et voir ses aspects cachés sauf celui qui cherche la sincérité de manière résolue (*arada*). Celui-ci lutte pendant une longue période, cherchant, méditant et examinant profondément en soi-même jusqu'à ce qu'il connaisse ou ait une idée de l'hypocrisie. Cela n'arrive pas à tout le monde. En vérité, cela n'arrive seulement qu'aux élites (*al-khawass*). Mais pour un simple individu, affirmer qu'il connaît ce qu'est l'hypocrisie est signe d'ignorance de sa part.²⁹⁷

L'Imam Ahmad rédigea deux livres, dont les titres sont respectivement *zouhd* et *wara*. Dans le premier, il place la connaissance des saints au-dessus de celle des savants comme l'indique le rapport suivant de son élève Abou Bakr al-Marwazi:

---

[296] Al-Qoushayri, *Risalat kitab al-sama'* dans *al-Rasa'il al-qoushayriyya* (Sidon et Béirout: al-maktaba al-'asriyya, 1970) p. 60.

[297] Nawawi, *Boustan al-arifin fi al-zouhd wa al-tassawwouf* (Le jardin des gnostiques dans l'ascétisme et la purification de soi p. 53).

V - Pour en savoir plus sur l'histoire et le sens du *TASSAWWOUF*

J'entendis Fath ibn Abi al-Fath dire à Abou 'Abd Allah (l'Imam Ahmad) pendant sa dernière maladie: «Invoque Allah pour nous afin qu'Il nous donne un bon successeur (khalifa) pour te succéder.» Il continua: «Qui devrons-nous consulter en matière de connaissance après toi?» Ahmad répondit: « consultez 'Abd al-Wahhab.» Quelqu'un qui était présent dit: «Mais il n'a pas assez de connaissance!» Abou 'Abd Allah répliqua: « C'est un saint *(innahou rajouloun salih)*, et ainsi il lui est accordé de dire vrai.»[298]

La même articulation est placée sur la perfection interne par l'Imam Malik dans sa déclaration: «La Religion ne consiste pas en la connaissance de plusieurs narrations, mais en la lumière qu'Allah place dans la poitrine.» Et Ibn 'Ata Allah cita Ibn 'Arabi disant: «La Certitude *(al-yaqin)* ne dérive pas des évidences de la raison mais sort des profondeurs du cœur.»

C'est la raison pour laquelle plusieurs Imans mirent en garde contre la pure et simple soif du savoir au dépend de l'asservissement de l'ego. L'Imam Ghazali abandonna les arènes du savoir au milieu d'une prestigieuse carrière en vue de se consacrer à la purification du soi par souci pour son âme. C'est à l'issue de cette période qu'il rédigea son chef-d'œuvre *Ihya' 'Ouloum al-din* dans lequel il lance un avertissement à tous ceux qui réduisent la religion en l'étude pure et simple de la jurisprudence.

---

[298] Ahmad, *Kitab al-wara* (Beyrouth: Dar al-kitab al-arabi, 1409/1988) p.10.

La Science De La Purification Du Cœur

Le même avertissement fut lancé par l'un des plus grands *houffaz* ou maîtres de hadith de son temps et par l'un des premiers soufis, Soufyan al-Thawri (d. 161), à tous ceux qui prennent la narration de hadith pour la religion, lorsqu'il dit: «Si le hadith était avantageux, il aurait disparu de même que toutes les bonnes choses ont disparu... Poursuivre l'étude du hadith ne fait pas partie de la préparation à la mort, mais c'est une maladie qui préoccupe les gens.»

Dhahabi cite cette parole et commente:

> Par Allah! Il a dit la vérité... Aujourd'hui, la recherche du savoir et du hadith ne signifie plus pour les savants l'obligation de s'y conformer, ce qui est le but du hadith. Il a raison en ce qu'il dit parce que poursuivre l'étude du hadith est autre que le hadith lui-même.[299]

C'est pour le «hadith en soi», dans le but de vivre en conformité avec la *Sounna* du Prophète ﷺ qui est synonyme de vivre en conformité avec le saint Coran[300] que les grands maîtres de la purification du soi renoncèrent à la simple poursuite de la science en tant que séduction mondaine et préférèrent l'acquisition de l'*ihsan* ou le caractère parfait. C'est le sens des déclarations de l'Imam al-Jounayd lorsqu'il

---

[299] Dadhhabi ainsi cité dans Sakhawi, *al-jawahir wa al-dourar fi tarjamat cheikh al-islam* (al-'asqalani), ed. Hamid 'Abd al-Majid et Taha al-zayni (Le Caire: *wizarat al-awqaf, al-majlis al-a'la li al-shou'oun al-islamiyya, lajnah ihya'al-tourath* al-islami, 1986) p.21-22.

[300] Vivre selon la *sounna* du Prophète est semblable au fait de vivre selon les préceptes du Saint Coran d'après le hadith célèbre de Aïcha, qui décrit le Prophète.

V - Pour en savoir plus sur l'histoire et le sens du *tassawwouf*

dit que le chercheur véridique se suffit par rapport aux savants.

William Chittick cite dans son recueil des enseignements Soufis:

> Les célèbres savants de l'époque ont cherchés la petite bête dans toutes les sciences. Ils ont acquis une connaissance totale et une complète maîtrise de sujets qui ne les concernent pas. Mais pour ce qui est le plus important et le plus proche de lui que toute chose, c'est-à-dire, son soi même, ce grand savant l'ignore.[301]

Il cite encore:

> Cet homme immoral connaît des centaines de choses superflues dans les sciences, mais il ne connaît rien de lui même.

> Il connaît les propriétés de chaque substance, mais quand il explique sa propre substance, il est comme un âne.

> «Je connais tout ce qui est permis et tout ce qui n'est pas permis d'après la Loi Divine.» Comment se fait-t-il alors que vous ignorez si vous êtes permis ou si vous êtes une vieille bique?

> Vous savez que ceci est légal et que cela est illégal, mais faites attention: Êtes-vous légal ou illégal ?

---

[301] D'après *Fihi ma fihi* de Jalaloudin Roumi, tiré de *The Sufi Path of Love: the Spiritual Teachings of Rumi* de W.C. Chittick, p.148.

Vous connaissez la valeur de chaque marchandise, mais vous ignorez votre propre valeur – c'est de la stupidité.

Encore vous connaissez chaque étoile favorable et défavorable, mais vous ne cherchez pas à savoir si vous même êtes favorable ou répulsif.

L'essence de toutes les sciences est résumé en ceci: savoir qui vous serez le Jour de la Résurrection.[302]

Il cite finalement Ibn al-Arabi:

Deux voies mènent à la connaissance d'Allah. Il n'existe pas une troisième voie. Celui qui déclare l'unité d'Allah en suivant d'autres voies se fie à sa propre autorité.

La première voie est la voie du dévoilement. C'est une connaissance incontestable qui est actualisée à travers le dévoilement et qu'une personne découvre en elle-même. Elle n'y voit aucune ambiguïté et ne peut donc la rejeter. Elle n'obtient aucune preuve de ce savoir si ce n'est ce qu'elle trouve en elle-même... Ce genre de connaissance peut être matérialisé à travers une manifestation intrinsèque divine dont jouissent ses détenteurs, c'est à dire les messagers, les prophètes et certains saints.

---

[302] Tiré de Mathnawi de Jalalouddin Roumi, Livre 23, vv. 2648-54, cité dans *The Sufi Path of Love: the Spiritual Teachings of Rumi* de W.C. Chittick, p.128.

V - Pour en savoir plus sur l'histoire et le sens du *tassawwouf*

> La deuxième voie est la voie de la réflexion et du raisonnement (*istidlal*) à partir d'une démonstration rationnelle (*bourhan aqli*). Cette voie est inférieure à la première étant donné que celui qui se base là-dessus peut avoir des incertitudes qui amoindrissent ses preuves et c'est avec difficulté qu'il peut les éliminer.[303]

Q. Qu'en est ils des récits rapportés par Abd al-Wahhab al-Charani et les livres d'Ibn Arabi, qui contiennent apparemment des contradictions par rapport à la *charia*?

R. C'est une bonne approche d'employer l'adverbe «apparemment». Les apparences peuvent être trompeuses, et la réalité peut être très éloignée de l'illusion qui motive ceux qui désavouent par négligence ou par cynisme ces grands savants. Ces individus sont les auteurs d'ouvrages anti-Soufis récents, un résultat de l'enseignement «Salafi». Trois de ces livres sont:

- *al-Kashf an haqiqat al-soufiyya* (Dévoilement de la réalité des Soufis),[304]
- *Ila al-tasawwouf ya ibad Allah* (Courez vers le *tassawwouf*, O serviteurs d'Allah!),[305]

---

[303] Cité par William C. Chittick, *The Sufi Path of Knowledge*, p. 169, de l'ouvrage de Ibn al-Arabi, *al-Futuhat al-makkiya* (I 319.27).

[304] Mahmoud Abd al-Raouf al-Qassim *al-Kashf an haqiqat al-soufiyya* (Amman: al-maktaba al-islamiyya, 2e édition, 1413).

[305] Abou Bakr ibn Jabir al-Jazairi, *Ila al-tasawwouf ya ibad Allah* (Caire: Matbaat al-madami, 1408/1987).

- *Hiwar ma al-Maliki fi radd mounkaratihi wa dalalatihi* (Débat avec al-Maliki pour réfuter ses opinions contestées et erronées[306], une attaque odieuse contre Cheikh Mouhammad ibn Alawi.

Ces livres se basent sur des interprétations étranges ou fallacieuses sans tenir compte du contexte et sans aucune vérification. Ils sont une illustration de la malhonnêteté intellectuelle. Les antidotes pour ces livres sont:
- Le livre de 700 pages de Cheikh Abd al-Qadir Issa (*Haqaiq an al-tasawwouf* (Les réalités du tasawwouf)[307]
- La réfutation de 300 pages de Cheikh Ahmad al-Qatani intitulée *Houjja al-mtah fi al-radd ala sahib kitab ila al-tasawwouf ya ibad Allah* (La démonstration pratique qui réfute l'auteur de « Courez vers le *tassawwouf* »)[308]
- La réfutation de 160 pages de l'attaque adressée à Cheikh al-Maliki, intitulée *al-Tahdhir min al-ightirar bi ma jaa fi kitab al-hiwar* (Mise en garde contre les idées aberrantes contenues dans le livre «Débat avec al-Maliki») par les deux cheikhs al-Qarawiyyin Abd al-hayy al-Amrouni et Abd al-Karim Mourad.[309]

---

[306] Par Abd Allah ibn Mani. Publié à Riyadh par al-Riassa al-amma li adarat al bouhouth al-ilmiyya wa al-ifta wa al-dawa wa al-irshad.

[307] Abd al-Qadir Isa, *Haqaiq an al-tasawwouf* (Dimashq: Warathat al-mouallif, 1993).

[308] Ahmad al-Qatani, *al-Houjja al-moutah fi al-radd ala sahib kitab ila al-tasawwouf ya ibad Allah* (Caire: maktabat joumhuriyyat Misr, 1992).

[309] Abd al-Hayy al-Amrouni et Abd al-Karim Mourad, *al-Tadhir min al-ightirar bi ma jaa fi kitab al-hiwar* (Fes: s.n., 1404/1984).

V - Pour en savoir plus sur l'histoire et le sens du *tassawwouf*

Le dernier livre complète d'autres réfutations qui font preuve d'autorité telles que:
- L'excellent ouvrage de 150 pages rédigé par Cheikh Youssouf al-Sayyid Hachim *Adilla ahl al-sounna wa al-jamaa al-moussamma al-radd al-mouhkam al-mani ala shoubouhat Ibn Mani* (Les Preuves des Sunnites intitulées: La réfutation capitale et catégorique des questions absurdes soulevées par Ibn Mani)[310]
- Le livre de Cheikh Rachid ibn Ibrahim al-Marikhi de Bahrain intitulé *Raf al-astar an shoubouhat wa dalalat sahib al-hiwar* (Présentation des opinions absurdes et erronées de l'auteur du «Débat avec al-Maliki»)
- Le livre du savant, le Cheikh al-Sayyid Abd Allah ibn Mahfouz al-Haddad Alawi al-Houssayni al-Hadrami intitulé *al-sounna wa al-bida*.

Le fait est qu'ʿAbd al-Wahhab al-Charani (d.973) est un grand savant du dixième siècle islamique qui avait une connaissance inégalée des Écoles reconnues de son époque. Ses livres sur le *tassawwouf* font partie des grands classiques comme ceux qui ont été écrits par al-Qouchayri, al-Harawi al-Ansari et al-Soulami. Toutefois, il a été démontré que les textes originaux des livres de Charani ont été détruits et falsifiés par ses ennemis, même à son époque, tout comme les ennemis de *Cheikh al-akbar* ont falsifié ses écrits après lui.

Le grand historien Abd al-Hayy ibn al-Imad al-Hanbali dit:

---

[310] Youssouf al-Sayyid Hachim al-Rifai, *Adilla ahl al-sunna wa al-jamaa al-moussamma al-radd al-mouhkam al-mani ala choubouhat Ibn Mani*, 7e éd. (Koweït: Matabi dar al-siyasa, 1410/1990).

Certains groupes enviaient al-Charani, alors ils lui attribuèrent faussement des paroles qui contredisent de toute évidence la Loi, certaines déviations dans la croyance et des sujets qui s'opposaient au consensus. A cause de cela, Allah déshonora ces gens envieux et accorda la victoire au cheikh. Il respectait strictement la *sounna* et craignait véritablement Dieu.[311]

L'imam Abd al-Wahhab al-Charani a écrit lui-même:

Parmi les faveurs que j'ai reçu d'Allah, il y a le courage face aux ennemis envieux qui ont falsifié mes livres avec des paroles qui contredisent complètement la *charia* après le succès de mon livre *al-Bahr al-mawroud fi al-mawathiq wa al-ouhoud*. Quand ce dernier est sorti, les savants des écoles reconnues d'Égypte ont émis des commentaires positifs, et les gens se pressaient de faire des copies jusqu'à ce que quarante copies étaient en circulation. Des gens envieux ont trompé certains de mes associés incompétents en empruntant leurs copies et en rajoutant dans mon ouvrage toute sorte de fausses croyances, de sujets qui s'opposent au consensus des Musulmans, des légendes et des plaisanteries de Jouha (un personnage de conte folklorique) et [Ahmad ibn Yahya] Ibn al-

---

[311] Abd al-Hayy ibn al-Imad al-Hanbali, *Shadharat al-dhahab* (8:374). Abd al-Wahhab al-Sharani, *Lataif al-minan wa al-akhlaq* (Les belles faveurs et les manières raffinées 2:190)

V - Pour en savoir plus sur l'histoire et le sens du *tassawwouf*

Rawandi (un auteur Chiite). Alors, ils ont façonné la substance de mon livre, l'ont versée dans ce nouveau moule et l'ont répandue en plusieurs endroits qu'ils en sont devenus les auteurs. Ils ont alors mis ces nouveaux livres sur le marché de livres le jour où les élèves arrivaient. Ils ont regardé ces écrits et ont vu mon inscrit, et ceux qui n'avaient pas peur d'Allah les ont achetés et les ont apporter aux savants d'al-Azhar, provoquant ainsi une grande *fitna*.[312]

Durant une année environ, les gens continuèrent à faire le tour des mosquées, des marchés et des maisons des princes et le Cheikh Nasr al-Din al-Louqani, ainsi que le Hanbali Cheikh al-Islam et Cheikh Chihab al-Din ibn al-Habali prenaient toujours ma défense. Tout cela se produit sans que je ne le sache. Finalement, un de nos amis bien-aimé qui était à al-Azhar m'informa à ce sujet. J'envoyai alors ma copie personnelle qui contenait l'approbation écrite des savants. Ils l'examinèrent et ne trouvèrent rien de ce que les gens envieux avaient rapporté.

Cheikh Abd al-Qadir Issa dit:

Ils ont falsifié de façon similaire le contenu des livres de Cheikh Mouhyiddin ibn Arabi. Al-Charani a dit dans *al-Yawaqit wa al-jawahir*

---

[312] Abd al-Qadir Issa, *Haqaiq an al-tasawwouf* (p. 508).

(1:9): «Ibn Arabi suivait de façon stricte le Livre et la *sounna* et il avait l'habitude de dire: «Quiconque laisse échapper la balance de la Loi un seul instant, périt...» Tout ce qui contredit la Loi et la doctrine du consensus des savants dans ses livres lui a été faussement rajouté.» Cela m'a été rapporté mot par mot par Sayyidi Abou Tahir al-Moughribi, qui m'a remis une copie de *al-Foutouhat al-makkiyya* qu'il avait comparé à la copie écrite à la main par le Cheikh dans la ville de Qounya. Je ne décelais dans cette copie aucun passage falsifié que j'avais identifié et supprimé auparavant, quand je préparais un résumé du *Foutouhat!*[313]

Ibn Abidin, le grand savant de l'école Hanafi dit:

Ce que j'ai constaté sans aucun doute, est que certains Juifs ont attribué des mensonges au cheikh, qu'Allah sanctifie son secret.[314]

Une preuve propre à cette déclaration est que la copie de *Foutouhat* qui était aux mains d'Ibn Taymiyya ne contenait rien qui pouvait susciter une quelconque objection de sa part, en dépit de sa rigueur excessive. Il dit:

J'étais l'un de ceux qui, auparavant, avait une bonne opinion d''Ibn Arabi et faisaient ses éloges à cause des bienfaits que j'ai vu dans ses livres, par exemple: *al-Foutouhat, al-Kanh, al-*

---

[313] Ibn Abidin, dans son commentaire sur *al-Dourr al-moukhtar* (3:303).
[314] Ibn Taymiyya, *Tawhid al-rouboubiyya* dans *Majmoua al-fatawa al-koubra* (Riyad, 1381) 2:464-465.

V - Pour en savoir plus sur l'histoire et le sens du *tassawwouf*

Mouhkam al-marbout, *al-Dourra al-fakhira*, *Matali' al-noujoum*, et d'autres travaux de ce genre.[315]

Ibn Taymiyya dit qu'il changea ses opinions, non pas à cause du contenu de ces livres, mais après la lecture du minuscule *Foussous al-hikam* au sujet duquel le savant contemporain Mahmoud Mahmoud Ghourab dit qu'il contenait au moins quatre vingt-six passages falsifiés! Ghourab souligne qu'ils contredisent le *Foutouhat* auquel on doit accorder la priorité puisqu'il existe une copie manuscrite de cet œuvre monumentale, une copie qui fut rédigée de la main de l'auteur lui-même, alors qu'il n'existe pas de copie du *Foussous*.

---

[315] Ibn Taymiyya, *Tawhid al-rouboubiyya* dans *Majmou'a al-Fatawa al-koubra* (Riyad, 1381) 2:464-465.

Glossaire

A

ahkam: les règles légales.

Ahl al-bida'a wa al-ahwa': Les Gens des Innovations injustifiées et des Vains Désirs.

ahl al-sounna wa al-jama'a: Les Gens de la Voie du Prophète 🕋 et de la Congrégation des Musulmans.[316]

'aqida, pl. *'aqa'id*: doctrine.

awliya': saints

awrad, ahzab, adhkar: dévotions, pratiques spirituelles.

'aza'im: Les strictes applications de la loi. Celles-ci sont les modes de conduite signifiant la détermination scrupuleuse de l'un à plaire à son Seigneur selon le model du Prophète.

B

bid'da: innovation blamable;

C

chari'a: nom regroupant les principes et applications de la loi Islamique.

chouhada': martyre

D

dalil: guide

dou'a: supplication

dounya: le bas monde, les préoccupations mondaines.

dhawq: goût.

F

---

[316] Voir la section intitulé «Apostasies et Hérésies» dans notre Doctrine de Ahl al-sounna contre le Mouvement «Salafi»

fana': annihilation
faqih, pl. *fouqaha'*: savant de fiqh ou de jurisprudence, généralement «personne de connaissance.»
faqir, pl. *fouqara'*: Soufi, lit. «Pauvre.»
fatwa, pl. *fatawa*: décision légale.
fiqh: jurisprudence;
fitna: discorde, conflit.

G
ghayb: l'invisible.
ghawth: l'Arch-Intercesseur

H
hadith: dire(s) du Prophète ﷺ, et les sciences qui s'y appliquent.
hafiz: maître de hadith, le plus haut rang d'étude de hadith.
haqiqi: littéral.
haqiqa: réalité
hijri: adjectif tiré de hijra s'appliquant aux dates du calendrier Musulman.
haram: illicite
hawa: vains désirs
houkm, pl. *ahkam*: règles légales.

I
'ibadat: nom pluriel regroupant tous les actes d'adoration.
'icha': prière de la nuit.
ihsan: la perfection de la croyance et de la pratique.
ijaza: permission
ijtihad: effort personnel de raisonnement légal qualifié.
'Allah al-batin: connaissance cachée.
'Allah al-yaqin: connaissance de la certitude.

'*Allah al-as-soulouk*: science du voyage à Allah.
'*ilm al-ladounni*: connaissance divine
imam: leader, autorité religieuse érudite.
isnad: chaîne de transmission dans un hadith ou un rapport;
istighfar: demander pardon
istinbat: dérivation (de règles légales).

J

jihad: lutte contre la mécréance au moyen de la main, la langue, et le cœur.
jihad al-nafs: la lutte contre les basses inclinations de l'ego.
joubba: robe.

K

kachf: dévoilé, vision
kalam: théologie dialytique.
karamat: pouvoirs miraculeux.
khafa: caché
khalwah: retraite (spirituelle).
khaniqah: maisons de hôtes, de retraite.
khalaf: les Suivants, nom général pour tous les Musulmans qui ont vécu après les trois premiers siècles.
khawarij: «Etrangers,» une secte qui accusa de mécréants tous les Musulmans qui ne les suivirent pas. Le Prophète ﷺ dit à leur propos comme cela est rapporté par Boukhari: «Ils appliquerons les versets Coraniques se referant aux mécréants aux croyants.» Ibn 'Abidin appliqua le nom khawarji au mouvement Wahhabi.[317]

---

[317] al-Sayyid Mouhammad Amin Ibn 'Abidin al-Hanafi, *Radd al-mouhtar 'ala al-dourr al-moukhtar*, Kitab al-Iman, bab al-boughar [Reponse au perplexe: Un commentaire sur «La Perle Choisie,» Livre de Croyance,

koufr: mécréance.

M

madrassah: centre traditionnel d'apprentissage

madhhab, pl. *madhahib*: une méthode légale ou école de loi en Islam. Les quatre écoles de loi d'Ahl al-Sounna sont les Hanafi, les Maliki, les Chafi'i , et les Hanbali, en dehors desquelles réside l'égarement.

majazi: figurative.

manhaj, minhaj: Voie, ou méthode doctrinale et juridique.

mou'amalat (pl.): nom pluriel regroupant toutes le affaires entre être humains comme opposés aux actes d'adoration ('ibadat).

mou'attila: ceux qui commettent *ta'til*, c'est à dire divertissant Allah de Ses Attributs.

mouhaddith: savant de hadith.

mouhkamat: textes montrant un sens ferme et sans équivoque.

moujahid, pl. *moujahidin*: celui qui va en *jihad*.

moujassima (pl.): ceux qui commettent *tajsim*, attribuant un corps à Allah.

moujtahid: celui qui pratique ijtihad ou un effort personnel de raisonnement légal qualifié.

mounafiq: quelqu'un qui dissimule sa mécréance.

mourid: chercheur (d'Allah), un disciple de la voie Soufie.

mourchid: initiateur

mouchrik, pl. *mouchrikoun*: quelqu'un qui associe des partenaires à Allah.

moutakallim, pl. *moutakallimoun*: expert en *kalam*.

Chapître sur les Rebelles] (Le Caire: Dar al-Tiba'a al-Misriyya 1272/1856) 3:309.

moutachabihat (pl.): texte qui admet certaines incertitudes au sujet de leur interprétation.

mou'tazila: hérésie rationaliste du troisième siècle.

N

nafs: l'ego, l'âme du moi.

Q

qalb: le cœur

qoutb: pôle spirituel

S

safa'a: pureté.

sahih: fiable et authentique, le plus haut degré d'un hadith.

salaf: les Prédécesseurs, nom général des Musulmans des trois premiers siècles.

sohbah: associations, cercle, réunion

soulouk: éthiques personnelles.

sounna: coutume ou pratique du Prophète ﷺ

T

ta'til: divertir Allah de Ses Attributs.

tajwid: lecture de Coran.

taqlid: suivre un raisonnement légal qualifié.

tariqa: voie, spécialement la voie Soufie.

tassawwouf: nom collectif pour les écoles et sciences de la purification du cœur.

tawassoul: chercher un moyen;

tahwid: doctrine Islamique du monothéisme.

tawba: repentance

tawhid: connaissance de l'Unicité d'Allah

ta'wil: interprétation figurative.

tazkiyat al-nafs: purification de l'ego.

O

al-Oumma: la communauté du Prophète Mouhammad, la paix et la bénédiction d'Allah sur lui.
ouns: intimité
oussoul: principes.

W

wali': saint
wassilah: moyens

Z

zahid: ascétique
zakat: la part qui revient au pauvre
zahid: ascétique
zawiya': mosquée-écoles
zindiq: partisan du libre arbitre, athéiste.
zouhd: renonciation au bas monde, s'effacer.

www.ingramcontent.com/pod-product-compliance
Lightning Source LLC
Chambersburg PA
CBHW030307080526
44584CB00012B/478